JOANA VIEIRA SANTOS

Linguagem e Comunicação

LINGUAGEM E COMUNICAÇÃO

AUTORA
JOANA VIEIRA SANTOS

EDITOR
EDIÇÕES ALMEDINA, S.A.
Rua Fernandes Tomás, n.ᵒˢ 76, 78 e 80 – 3000-167 Coimbra
Tel.: 239 851 904 · Fax: 239 851 901
www.almedina.net · editora@almedina.net

DESIGN DE CAPA
FBA.

PRÉ-IMPRESSÃO
Jorge Sêco

IMPRESSÃO E ACABAMENTO
G.C. GRÁFICA DE COIMBRA, LDA.
Palheira – Assafarge
3001-453 Coimbra
producao@graficadecoimbra.pt
Setembro, 2011

DEPÓSITO LEGAL
333797/11

Os dados e as opiniões inseridos na presente publicação são da exclusiva responsabilidade do(s) seu(s) autor(es).
Toda a reprodução desta obra, por fotocópia ou outro qualquer processo, sem prévia autorização escrita do Editor, é ilícita e passível de procedimento judicial contra o infractor.

 GRUPOALMEDINA

BIBLIOTECA NACIONAL DE PORTUGAL – CATALOGAÇÃO NA PUBLICAÇÃO

SANTOS, Maria Joana de Almeida Vieira dos, 1962-

Linguagem e Comunicação
ISBN 978-972-40-4610-5

CDU 81'1
    316

*Para o João,
a Tita, o Zé-Gui,
o João Eduardo e a Ana Tê*

AGRADECIMENTOS

Uma palavra de agradecimento é devida aos coautores anónimos do texto, os alunos, que encontraram a maior parte dos exemplos; à família, amigos e colegas, que encorajaram o projeto; e ao João, por tudo isso e por muito mais.

ÍNDICE

Introdução 13
1. O *Homo loquens* 13
2. Comunicar é sobreviver 14

Capítulo 1
Da linguagem à comunicação 17

1. A linguagem verbal humana 17
   1.1. Uma definição científica da linguagem: o modelo de Saussure 17
   1.2. Funções da linguagem 21
   1.3. Linguagem e ação 24
      1.3.1. Contexto 24
      1.3.2. O *Princípio da Cooperação* de P. Grice e as máximas conversacionais 26
      1.3.3. Pressuposto e subentendido 27
      1.3.4. Os atos ilocutórios de J. Austin e J. Searle 29
   1.4. Variação linguística 30
      1.4.1. Tipos de variação 30
      1.4.2. Padrão e variação 32
   1.5. Linguagem e mente humana 36
      1.5.1. O cérebro e o processamento da linguagem 36
      1.5.2. A aquisição 38
2. A comunicação humana 42
   2.1. Transmissão *versus* significação 42
      2.1.1. A comunicação enquanto transmissão: modelos processuais 42
      2.1.2. A comunicação enquanto significação: modelos semióticos 44
   2.2. Tipologia de sinais 45
   2.3. Comunicação não verbal 49
      2.3.1. Verbal e não verbal 49
      2.3.2. Para-verbal 53

2.3.3. Proxémica	55
2.3.4. Cinésica	59
2.3.5. Vestuário	61
2.4. Comunicação pessoal, em grupo e pública	62

Capítulo 2
Eu e Tu: a identidade na comunicação interpessoal — 65

1. Componentes para uma definição	65
1.1. Componente diádica	65
1.2. Etapas e regras	66
1.3. Competências e estratégias	69
2. Comunicação e identidade	73
2.1. *Eu* e *Tu* segundo E. Benveniste	73
2.2. Personalidade e autoimagem	78
2.3. As representações do "eu" segundo E. Goffman	81
2.4. Gestão das identidades	83
2.5. Identidade coletiva	86
2.5.1. "Eu" com os outros	86
2.5.2. Identidade etária	87
2.5.3. Identidade de género	89
2.5.4. Identidade e língua	92
3. Situações disfuncionais	94
3.1. Discussão *versus* conflito	94
3.2. Tipos de comunicação disfuncional	97
3.3. Resolução de problemas	101
4. Fronteiras da díade interpessoal	105
4.1. Casos-limite: CMC	105
4.2. Perversões: *talkshows* e *reality shows*	109

Capítulo 3
Entre nós: a cooperação na comunicação em grupo — 113

1. Componentes para uma definição	113
1.1. Cruzamento de variáveis	113
1.2. Objetivos comuns	116
1.3. Dimensão restrita	120
1.4. Tipos de grupos	122

2. Dinâmica de funcionamento	125
2.1. A evolução do grupo segundo B. Tuckman	125
2.1.1. Formação	126
2.1.2. Conflito	127
2.1.3. Regulação	130
2.1.4. Concretização	132
2.1.5. Evolução em contextos multiculturais	133
2.2. Regras e padrões de comportamento	139
2.3. Papéis	143
2.3.1. Caraterísticas gerais	143
2.3.2. Tipologia	149
2.3.3. Liderança	158
3. Comunicação intragrupo	163
3.1. Redes de comunicação	163
3.2. Estratégias	167
4. Coesão e conformação: os riscos dos grupos restritos	171

Capítulo 4
Do orador para a audiência: a argumentação na comunicação pública   177

1. Componentes para uma definição	177
1.1. Artifício e poder	177
1.2. Uma história muito antiga	179
1.3. Dimensão teatral	182
1.3.1. Montagem do espetáculo	182
1.3.2. A personagem do orador	183
1.3.3. O público como plateia	185
1.4. Contextos e usos	189
2. Argumentação e persuasão	192
2.1. O argumento segundo S. Toulmin	192
2.2. A *Nova Retórica* segundo C. Perelman e L. Olbrechts-Tyteca	195
2.3. Uso de argumentos quase-lógicos	196
2.3.1. Lógica *versus* quase-lógica	196
2.3.2. Identidade e definição	198
2.3.3. Indução, dedução e silogismo	199
2.3.4. Aproveitamentos pragmáticos	203
2.4. Uso de argumentos baseados na estrutura do real	204
2.4.1. Argumentação por sucessão	204
2.4.2. Argumentação por coexistência	205

2.5. Uso de argumentos que fundamentam a estrutura do real	206
2.5.1. Caso particular	206
2.5.2. Associação: comparação, analogia, metáfora	207
2.6. Disposição dos argumentos	212
2.6.1. Partes do discurso	212
2.6.2. Tipos de planos	216
2.6.3. Um caso particular: o plano dialético	218
2.6.4. Refutação	219
3. Apresentação	220
3.1. Contingências físicas	220
3.1.1. Desigualdade e distância	220
3.1.2. Reflexos na relação de poder	221
3.1.3. Receio do público	222
3.2. Contingências formais	223
3.2.1. Código oral e estilo formal	223
3.2.2. Reflexos nas estratégias verbais	225
3.3. Estratégias para-verbais	227
3.4. Estratégias não verbais	229
4. Limites éticos da comunicação pública	232
4.1. Manipulação da audiência	232
4.2. Apelo ao sentimento: o *pathos*	233
4.3. Peso da autoridade: o *ethos*	235
4.4. Comunicação pública e democracia	237
Conclusão	239
Bibliografia	243

INTRODUÇÃO

1. O *Homo loquens*

Desde o momento em que somos concebidos que temos inscrito no nosso código genético um certo número de caraterísticas, condicionantes em grande parte do que somos quando nascemos e do que seremos quando crescermos. Provavelmente, não nos detemos muito a pensar que, sendo o nosso processo de multiplicação celular idêntico ao dos outros seres vivos, não é isso que nos torna únicos no mundo que nos rodeia. O que nos torna únicos parece ser a capacidade extraordinária que possuímos para utilizar a linguagem verbal, concatenando cérebro, voz e audição, para nos integrarmos no grupo de humanos a que pertencemos através da aquisição de uma língua natural.[1] Na caminhada biológica das espécies, encontrámos uma maneira especial de cooperar com os nossos semelhantes, construída a partir de uma forma superior de comunicação. Não pertencemos apenas à espécie *Homo sapiens*, somos seres falantes, *Homo loquens* (ver Benveniste 1966: 259).

Sabemos, pela simples evidência da observação empírica, que os outros seres vivos também comunicam, ainda que desde muito cedo percebamos também que as suas "linguagens" têm óbvias limitações e diferenças.[2] Qualquer criança,

---

[1] O conceito de língua *natural* evoca a ligação que existe entre as diferentes formas da linguagem humana (as línguas) e a sua expressão oral (todas as línguas do mundo são faladas, ou, pelo menos, foram-no num dado momento da sua história). Distingue-se portanto do conceito de língua *artificial*, cujos meios técnicos são construídos, como a dos computadores (cf. Trenholm 2001: 70).

[2] As formas de comunicação usadas pelos animais não são consideradas verdadeiras linguagens porque não permitem abstração, já que um animal não consegue falar do passado, nem do futuro. Também não são produtivas nem criativas, isto é, não evoluem, e, por outro lado, não são objeto de aprendizagem, uma vez que, se um pássaro isolado canta como todos os seus semelhantes, uma criança isolada não consegue aprender qualquer língua (ver cap. 1, 1.5.2.). Acima de tudo, não são constituídas por articulações de unidades discretas e combináveis (ver cap. 1, 1.1.). Experiências feitas com primatas poderão questionar estes princípios, mas não se consideram por ora suficientemente conclusivas (cf. Akmajian *et alii* 1990: 423 – 430; Yule 2001: 30 – 37).

mesmo antes de usar frases completas, sabe a quem deve pedir comida, um passeio ou que a ajudem a empilhar os blocos do jogo de construções – e não é certamente ao cão ou ao gato da casa, por muito inteligentes que sejam. Isso significa que, também desde muito cedo, terá consciência do mecanismo inato que o seu cérebro possui e que lhe permite aprender qualquer língua do mundo para resolver a maioria das suas necessidades, sejam elas físicas, sociais, ou até identitárias: por um lado, satisfazer a fome e a sede, obter abrigo e calor, por outro, sentir-se reconhecido, acompanhado e amado.

Numa primeira fase, utilizamos meios algo primitivos para atingir esses fins – gritos, choros, gestos descontrolados. Bem depressa, porém, aprendemos a concatenar as diferentes formas de comunicação, ao ponto de conseguirmos articular distintamente "Se não me dás o chocolate, não gosto de ti!". Essa forma de comunicação é certamente superior, em primeiro lugar porque utiliza a linguagem verbal, dita *humana* por não ser partilhada com nenhum outro ser vivo. Em segundo lugar, porque é acompanhada de outras formas de comunicação não verbal, menos sistemáticas, mas nem por isso menos compreensíveis: punhos fechados, sobrolho franzido, talvez um pé a bater no chão e, em casos extremos, a clássica birra incontrolável. E, por fim, porque constitui uma forma de manipulação dos nossos semelhantes – bastante eficaz, diga-se de passagem.

2. Comunicar é sobreviver

Uma vez que os seres humanos são gregários, desenvolvem estratégias de sobrevivência em grupos que vão desde a comunidade de uma pequena aldeia às redes de uma grande metrópole. A procura de comida, água e abrigo resulta sempre melhor do que quando levada a cabo por um indivíduo isolado, como se vê perfeitamente se compararmos as estratégias de caça de manadas de leões ou alcateias de lobos com as dos leopardos e dos tigres, que agem sozinhos. Por isso, uma cooperação harmoniosa garantirá não apenas a nossa vida e a dos outros, mas também que essa vida tenha algumas comodidades. Ou seja, o grupo social a que pertencemos, seja ele restrito ou amplo, depende da eficácia dos atos comunicativos dos indivíduos que o integram, atos esses que garantem a cooperação necessária à subsistência e evolução da espécie. Exemplos comuns disto mesmo são o dos membros de uma família, que se ajudam entre si para organizar um casamento, ou o dos cidadãos de um país, que se unem para resistir a um tirano ou a um invasor externo. Em ambas as situações, a comunicação é vital para levar a cabo um objetivo comum, indissoluvelmente ligado à nossa perpetuação.

A história da humanidade é, no fundo, a história deste caminhar evolutivo, e não é por acaso se um dos grandes saltos desse caminhar se deu com o desenvolvimento da linguagem: a cooperação passa pela comunicação, como muito bem sabe qualquer galinha, por mais estúpida que seja. Ora a comunicação pela linguagem verbal possui dimensões que vão muito para além da procura de minhocas. Por isso mesmo, a nossa dieta é hoje um pouco mais variada, mas, também por isso mesmo, fazemos mais do que as galinhas.

Num nível mais desenvolvido, a vida das comunidades rurais ou urbanas apresenta inúmeros exemplos que ultrapassam a simples satisfação das necessidades básicas. Por exemplo, além de encontrar água potável, temos de garantir a sua salubridade. A obtenção de raízes, bagas, frutos e carne ou peixe tornou-se num problema logístico, já que também temos de garantir a sua distribuição por todas as comunidades do planeta. Certos abrigos tornaram-se bastante sofisticados, assumindo a forma de complexos de apartamentos, museus ou hospitais. A complexidade das formas de vida determina pois um sem-número de projetos e realizações comunitárias, cada um com a sua especificidade, tanto física e mecânica, como cultural e ideológica. No quotidiano, vemo-nos envolvidos em permanência nessas atividades, por sua vez associadas aos diferentes grupos a que pertencemos, ou, melhor dizendo, aos que vamos ajudando a construir e que fazem parte da nossa identidade (ver caps. 2 e 3).

Por todas estas razões, tal como a linguagem, a comunicação faz parte da nossa definição enquanto seres humanos. Dado que pertencemos à espécie *homo loquens*, não somos capazes de *não* comunicar com os nossos semelhantes, como qualquer perspetiva das ciências sociais reconhece (Watzlawick *et alii* 1967: 51). Aliás, no seu sentido etimológico mais antigo, "comunicar" significa "partilhar", pelo que, não obstante as inúmeras definições possíveis do conceito, temos sempre em conta, na sua definição, duas componentes fundamentais: a transmissão de informações e a dimensão do outro, isto é, a vertente social da partilha dessas informações, ambas conjugadas num esforço de interpretar e agir sobre o mundo que nos rodeia (Mercer 2000: 1-3; Wolton 2006: 13).[3]

A ligação entre a linguagem verbal, meio privilegiado da comunicação humana, e o pensamento, necessariamente humano também, está, com toda a probabilidade, nas origens da nossa autoconsciência. Num raciocínio pura-

---

[3] Não são considerados aqui muitos conceitos de *comunicação* que envolvem dimensões técnicas, culturais, até políticas, entre outras. Para um resumo destas questões, ver Ferin 2002: 21-24.

mente cartesiano, sabemos que existimos porque pensamos – "Je pense, donc je suis", como Descartes afirmou já no século XVII (Descartes 1978 [1637]: 28) e pensamos porque temos linguagem. Decorre desta autoconsciência a consciência do outro (para além de mim), a que associamos o sentido individual de responsabilidade pelo bem comum e os valores éticos que preservam a própria sociedade (Cherry 1996 [1957]: 10). Olhamos assim para a sociedade como *sendo* ela própria comunicação, uma simbiose favorecida na época contemporânea por fatores tão importantes quanto a difusão da democracia – que implica a participação de todos os cidadãos –, tão significativos quanto o aumento da alfabetização – que aumenta o nível do conhecimento –, e tão inegáveis quanto o poder dos *media* (Williams 1962: 17-18).[4]

Sendo naturais em nós tanto a comunicação quanto a linguagem, temos por vezes dificuldade em tomar consciência de que são também suscetíveis de estudo refletido, o que exige da nossa parte a distanciação e abstração próprias da investigação científica, objetiva na medida do possível. Não é fácil aceitar que algo de tão familiar e próprio possa ser desmontado por outros e que, por detrás de muitas das ingénuas ideias sobre o que dizemos e como o dizemos estejam radicados fortes preconceitos e falsas seguranças (Lyons 1992 [1968]: 2). No entanto, como confirmam todos quantos se dão ao trabalho de analisar o que nos ocupa a consciência durante a maior parte do tempo em que estamos acordados (e talvez também a dormir, nos nossos sonhos), nada existe de mais fascinante do que perceber o que se passa realmente quando os seres humanos comunicam entre si usando a linguagem verbal humana, em conjunto com outras formas de comunicação, também humanas, mas não verbais. É esse mundo que vamos tentar desvendar.

---

[4] Já nos anos 60 este autor chamou a atenção para o facto de o poder não ser apenas político. Na verdade, partindo do pressuposto de que não se pode separar um facto da sua comunicação, Williams defende que as nossas tentativas para aprender, descrever, compreender e educar configuram e transformam a realidade humana (Williams 1962: 19). Neste sentido, não é apenas a sociedade que é comunicação, a própria essência da humanidade é comunicação. No reverso da medalha, dominar a comunicação significa dominar o poder.

CAPÍTULO 1

DA LINGUAGEM À COMUNICAÇÃO

1. A linguagem verbal humana

1.1. *Uma definição científica da* linguagem: *o modelo de Saussure*
Ainda que a linguagem seja estudada desde sempre – é clássico referir Platão, Aristóteles e, sobretudo, o gramático Dionísio de Trácia (século II a.C) como os primeiros autores que mencionam as categorias e os conteúdos das palavras – o seu estudo científico, que compete propriamente à *Linguística*, é bastante mais recente. Devemos, antes de mais, aos neogramáticos do século XIX, a descoberta de parentescos entre línguas à época geograficamente afastadas, como o sânscrito, o grego e o latim, e a demonstração, por hipótese indutiva e comparação sistemática, das suas correlações evolutivas e transformações regulares (ver, por exemplo, Lyons 1992 [1968]: 24-38).

Neste ambiente de pensamento científico já moderno, coube a Ferdinand de Saussure estabelecer que a linguagem verbal humana é um sistema constituído por subsistemas, organizados em níveis sucessivos. Na formulação que a linguística estruturalista veio mais tarde a consagrar, essa construção organizada está assente num pequeno conjunto finito de sons (algumas dezenas de unidades distintivas para cada língua, os *fonemas*), que os falantes articulam entre si para formar, num plano superior, blocos dotados de sentido (as unidades significativas, bem mais numerosas, mas, ainda assim, em número limitado, os *morfemas*), que são a base das palavras em todas as línguas do mundo. Por sua vez, organizadas de acordo com regras combinatórias como a ordem de ocorrência ou a concordância, as palavras permitem-nos constituir frases por meio das quais exprimimos um número infinito de mensagens dotadas de sentidos múltiplos e irrepetíveis.[1] Num exemplo muito simples, os mesmos fonemas que constituem

---

[1] O termo *regra* tem neste âmbito um sentido não prescritivo, distinto, por isso, da "regra de gramática" aprendida na escola, como "Não começar uma frase com *e*, não separar o sujeito

a palavra *pata* podem ser reorganizados para formar outra palavra: *tapa*. Também as mesmas palavras da frase *O Pedro comeu o crocodilo* podem formar outra mensagem, totalmente distinta e cuja realidade é bem mais funesta (do ponto de vista do Pedro, pelo menos): *O crocodilo comeu o Pedro*. Do plano mais simples dos fonemas – estudado pela disciplina linguística a que chamamos *Fonologia* –, passando pelos planos sucessivamente mais complexos da formação e da combinação de palavras – estudados pela *Morfologia* e pela *Sintaxe* – chegamos assim ao dos sentidos – o plano da *Semântica*.

A novidade da proposta de Saussure consistiu em estabelecer que cada língua do mundo é um código de signos, isto é, de unidades dotadas de uma parte material (o *significante*) e de um valor simbólico, construído por oposição aos valores de outros signos (o *significado*). Todas as nossas mensagens mais não são do que diferentes combinações dessas unidades de base. Ainda que, por razões de intercompreensão no seio de uma dada comunidade linguística, a ligação entre o significante e o significado seja necessária, não deixa por isso de ser convencional, ou *arbitrária* (Saussure 1985 [1915]: 99-102), princípio que nos ajuda a compreender como um objeto formado por paredes e telhado pode ser designado de formas tão diversas quanto *casa, maison, house, Haus, cubata* ou *domus*.[2] Os signos são, por isso mesmo, *símbolos* em sentido restrito, porque representam uma realidade para além de si próprios (ver 2.2.). Reencontramos nestas dimensões não só a múltipla diversidade dos signos das línguas naturais, como também o procedimento idêntico de construção de sentido que é próprio da linguagem verbal humana.

---

do predicado..., etc.". As regras linguísticas correspondem a regularidades de funcionamento das formas, que são próprias de cada língua, mas suscetíveis em alguns casos de generalizações universais (Akmajian *et alii* 1990: 7). Por exemplo, ainda que a flexão possa fazer-se de forma ligeiramente distinta da que conhecemos em Português, todas as línguas possuem verbos.

[2] Na verdade, o princípio da arbitrariedade aplica-se às formas básicas, mas é provável que o funcionamento cognitivo obedeça a uma certa lógica associativa para a formação de palavras mais complexas (Langacker 1987: 12). Por exemplo, é previsível, e portanto, internamente motivada, a criação de nomes de profissão através do sufixo *-or*. A série *trabalhador – professor – pintor – canalizador* suscitará, numa criança ou num falante estrangeiro, a criação de *operador – diretor – cantor – escultor*. Se testarmos a reação dos falantes perante palavras ou expressões inventadas, como *livratina, *carta-piloto ou *desasmatizar, verificamos que imediatamente procuram decompô-las nos elementos que já conhecem, a fim de reconstruírem um sentido global (cf. as soluções encontradas: "um conjunto de livros sem valor", "uma sessão de apresentação de livros", "um mapa utilizado na aviação", "o protótipo de uma carta", "curar uma crise de asma"). Mecanismos destes são, aliás, cruciais na aquisição da linguagem (cf. O'Grady 2005: 7-39; ver 1.5.2.).

No modelo saussuriano, as mensagens resultam das combinatórias desses signos linguísticos, que operam no cruzamento do eixo *sintagmático* – uma cadeia horizontal e linear (falada ou escrita) – com o eixo *associativo*, ou *paradigmático* – a cadeia vertical, onde selecionamos as unidades que queremos combinar (Saussure 1985 [1915]: 170-171). Modificando o exemplo *O Pedro comeu o crocodilo* como se trabalhássemos com os menus de um computador, poderemos assim produzir mensagens variadas que representam outros estados de coisas, como *O Pedro/O patrão/encontrou /roubou/o amigo/o tesouro /...* A escolha é, em certos casos, crucial para o desenvolvimento do discurso e os efeitos conseguidos nos interlocutores (ver cap. 4, 2.5.2.).

Por razões de princípio e organização da natureza fundamentalmente heterogénea da linguagem, Saussure estabeleceu ainda uma dicotomia entre língua e fala (*langue* e *parole*). A primeira é social, coletiva e sistemática, ao passo que a segunda é individual, episódica e assistemática, pelo que apenas a primeira deveria ser objeto de estudo científico (Saussure 1985 [1915]: 38-39).[3] A dicotomia ficará mais clara se compreendida no âmbito de um dos problemas mais complexos da linguagem, que é o da significação dos signos, tanto no âmbito puramente linguístico como no âmbito mais alargado da Semiologia (ou Semiótica).[4] Saussure entendia a significação linguística como a associação de um conceito a uma imagem acústica (Saussure 1985 [1915]: 99), mas estes termos carecem de alguma precisão.

---

[3] É inevitável associar esta dicotomia à que mais tarde Chomsky viria a estabelecer entre *competência* ou conhecimento da estrutura de uma língua, e *performance*, a prática da língua, as produções do falante (Chomsky 1965: 3-4). Ainda que os conceitos não sejam equivalentes, fundamentam também linhas de investigação centradas no sistema (ver Carston 2002: 1-14 para uma discussão global do problema). Posteriormente, Chomsky viria a distinguir a "I-language" ou faculdade linguística mental, e a "E-language", o comportamento exterior, defendendo a centralização da análise na primeira (Chomsky 1996: 26). Contudo, estas dicotomias nem sempre são rigorosas, já que o próprio Saussure não entendia a linguagem como separada da sua principal função – a comunicação. A este respeito, cf. também a posição de Roland Barthes in *Eléments de Sémiologie* (Barthes 1994 [1965]: esp. 1471-1473).

[4] O estatuto particular da linguagem verbal justifica que, embora Saussure tivesse explicitamente situado a Linguística no âmbito mais vasto da ciência dos signos a que chamou Semiologia (Saussure 1915: 33), esta última se considere geralmente como o estudo dos sistemas de signos não linguísticos. Os termos *Semiologia* e *Semiótica* designam a mesma "ciência dos signos", sendo o segundo uma criação do filósofo americano Charles S. Peirce. Os dois autores perspetivam a significação pondo a tónica na sua dimensão social, como é o caso de Saussure, ou lógica, como é o caso de Peirce (ver Guiraud 1971: 5-6).

Num exemplo trivial, vejamos o que acontece com o signo linguístico *carro*. Em primeiro lugar, importa saber que não nomeia diretamente o objeto da realidade até porque tais objetos nem sempre têm existência física: quando são abstratos, como *amor* e *alma*, ou imaginários, como *unicórnios* e *hobbits* (Lyons 1992 [1968]: 403). A partir deste primeiro esclarecimento, podemos desde já distinguir dois conceitos fundamentais: *referente* e *referência*, para o que usaremos o esquema do "triângulo semiótico" (Ogden e Richards 1969 [1923]: 9-13), a que virá depois juntar-se o conceito de *sentido*. A relação entre os dois vértices do triângulo que são a forma material do signo, /kaRu/ ("símbolo", correspondente *grosso modo* ao significante de Saussure), e o *referente*, ou objeto da realidade propriamente dito, passa primeiro por um outro vértice central, o do pensamento ou *referência* (o significado 'carro'), como na Figura 1.[5]

FIGURA 1
Triângulo semiótico [6]

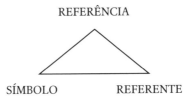

REFERÊNCIA

SÍMBOLO   REFERENTE

O problema do *sentido* insere-se nesta problemática pelo menos desde a clássica questão posta pelo filósofo e matemático Gottlob Frege a respeito de um astro específico, designado em português por *Vénus*, *Estrela da Manhã*, *Estrela da Tarde* ou *Estrela do Pastor* (abstraindo por ora do facto de se tratar de um planeta). Se o referente é sempre o mesmo – tal como pode acontecer com o referente de *carro* –, o *sentido* de todas estas expressões não o é, pelo que não poderemos dizer que *a Estrela da Manhã* tem o mesmo sentido que *a Estrela da Tarde* (Frege 1970 [1892]: 57), tal como *o carro vermelho* não tem o mesmo sentido de *o carro da Patrícia* (como é evidente, ter-se-á percebido que estamos a falar do mesmo carro). Tal acontece também porque o *sentido*, que é interno a uma dada língua, será necessariamente delimitado pelos sentidos dos outros signos.

---

[5] Para um confronto mais detalhado entre os conceitos de Ogden e Richards e os de Saussure, ver Fiske 1990: 41-45; cf. igualmente infra, 2.1.1.

[6] Adaptação de Ogden e Richards 1969 [1923]: 11; ver também Greimas e Courtés 1993: 350.

Sendo o problema um pouco mais complexo do que esta simples explicação faria pensar, podemos estabelecer que, no âmbito linguístico restrito, há uma espécie de núcleo duro de sentido, o *sentido denotativo* do signo *carro* (Lyons 1977: 207-208). Contudo, esse sentido também está associado a imagens dependentes da experiência individual de cada um, e, por isso, encontraremos múltiplos *sentidos conotativos* (Lyons 1977: 175-178). Esta primeira distinção cruza-se com a diferença estabelecida entre a *extensão* do signo – isto é, a classe de objetos aos quais se pode aplicar (que vão desde o veículo automóvel ao brinquedo de 7 cm de comprimento que a criança empurra pelo chão) – e a sua *intensão* – determinadas propriedades representadas pelos traços de sentido ou *semas*, como 'ter rodas', 'ser meio de transporte', etc. (Lyons 1977: 158-159).

Com base nestes parâmetros, compreende-se que o signo *carro* não evoque bem o mesmo para um vendedor da concessionária (que distingue antes de mais os modelos), um funcionário da Direção-Geral de Viação (que pensará primeiro nos aspetos burocráticos, chapas de matrícula, registos de propriedade), um mecânico (que associa a palavra ao seu ganha-pão, e a capôs abertos, com o motor visível), um polícia de trânsito (que começa por imaginar qualquer carro em deslocação ao longo de uma via), um sucateiro (que logo considera um carro destruído), um ambientalista, etc. Contudo, o signo em causa permite a todos, desde que sejam membros de uma mesma comunidade linguística, e abstraindo de sentidos conotativos, falar do mesmo objeto e, o que é mais importante, saber do que se está a falar.

Percebemos assim melhor que, acima dos usos individuais (que Saussure colocaria ao nível da *fala*, ou *parole*), existe um núcleo comum (ao nível da *língua*, ou *langue*) que autoriza a intercompreensão. Da dicotomia saussuriana, foi possível inferir-se ser a linguagem uma instituição social, que um indivíduo por si só não conseguiria nem criar nem modificar, e que seria aprendida no contexto de uma dada comunidade mediante estímulo. O problema pode ser encarado de outros pontos de vista, mas importa sublinhar desde já que a compreensão cabal da linguagem passa por entender o seu funcionamento comunicativo através das diferentes línguas, em consonância com as comunidades em que os falantes se inserem, ainda que a sua sistematicidade não seja tão regular quanto o modelo saussuriano sugeria.

1.2. *Funções da linguagem*

Embora sejam inúmeras as escolas linguísticas que, desde Saussure, construíram modelos de representação para o funcionamento da linguagem, de alguma maneira todas reconhecem o seu carácter sistemático e, em simultâneo, a sua principal utilidade – *comunicar*. Com maior ou menor grau de importância, aliás, a função *comunicativa* da linguagem é unanimemente aceite, ainda que nem todas as linhas de investigação sejam desenhadas de forma a integrar esta componente social na explicação do seu funcionamento (Jackendoff 2001: 34-37). Sem qualquer dúvida, ela é, para os seres humanos, a forma mais eficaz de cooperarem uns com os outros, não apenas pela sua simplicidade combinatória, como ainda por outras caraterísticas bastante práticas, como a disponibilidade e o facto de, dentro dessa função comunicativa global, ser também multifuncional (Thomas *et alii* 2004: 8).

Salvo situações extremas, todos possuímos desde que nascemos um aparelho fonador para a produção e um sistema auditivo para a receção, ambos ligados ao cérebro, para que possamos codificar o que queremos dizer e descodificar o que nos dizem. Mais tarde, desenvolveremos competências motoras e cognitivas que nos permitirão traçar signos sequenciais para representar as nossas mensagens no código escrito (ver 1.4.2.). À medida que nos desenvolvemos, aperfeiçoamos as nossas capacidades verbais, não apenas para as necessidades básicas, mas de igual modo para fins informativos, criativos, lúdicos, ou mesmo manipulatórios. Nem todos seremos grandes cientistas, mas todos somos capazes de transmitir e compreender informações vitais, quanto mais não seja a importantíssima *Olha o semáforo!* ou a mais trivial *Olha a casca de banana!* Nem todos seremos grandes escritores, mas todos somos capazes de fazer trocadilhos, criar palavras novas, brincar com os sons, tal como somos capazes de compreender os jogos dos outros. Nem todos seremos grandes oradores públicos, mas todos somos capazes de elogiar, suplicar, mentir, adular e bajular para atingir fins tão nobres quanto o perpetuar da espécie ou tão corriqueiros como obter favores. Cumprimos assim três das funções da linguagem – a referencial ou informativa, a lúdica e a apelativa – sem que possamos decidir, pelo menos sem conhecer o contexto, qual delas será mais importante, ou se o formato que escolhemos para as levar a cabo se adequa à relação com o nosso interlocutor.[7]

---

[7] Existem vários modelos de representação esquemática das funções da linguagem. O de Bühler, por exemplo, distingue as funções *representativa*, *expressiva* e *apelativa*, centradas, respetivamente, na mensagem, no emissor e no recetor (Bühler 1978 [1934]: 28). O mais conhecido, o de Roman Jakobson (adaptação do modelo de Shannon e Weaver, cf. 2.1.1.), comporta seis parâmetros (Jakobson 1963: 213-222): *emissor* (função emotiva ou expressiva), *recetor* (função conativa ou apelativa), *referente* (função referencial ou informativa), *código* (função metalinguística), *canal de comunicação* (função fática), *mensagem* (função poética). Escolhemos referir aqui as que consideramos mais pertinentes, subsumindo na função dita lúdica algumas dimensões da poética e da metalinguística.

Este processo é distinto, mas indissociável da própria evolução das línguas naturais, que, por funcionarem no seio das sociedades humanas, devem adaptar--se de forma constante às necessidades comunicativas dos falantes. O fenómeno, que alguns leigos puristas erradamente lamentam por o interpretarem como "corrupção da língua", não é mais do que a prova da sua vitalidade (Lyons 1992 [1968]: 43). No Portugal dos anos 60, o enunciado *McDo?* seria considerado uma interjeição incompreensível, ao passo que hoje pode ser entendido como um convite para jantar. Em compensação, poucas pessoas saberão que devem afastar--se de um prédio ao ouvir *Água vai!*, porque as redes públicas de saneamento básico tornaram desnecessário fazer os despejos para a rua. Que seja necessário recorrer a termos ou expressões importadas para designar novas realidades também não implica fatalmente que uma dada língua deixe de existir. Neste aspeto, a importação de anglicismos no âmbito da informática é outra prova de que a língua portuguesa está perfeitamente adaptada às necessidades da comunidade que a fala. Seria francamente errado e inútil insurgirmo-nos contra *downloads, chats, hackers* e outras designações próprias da *Netspeak*, a variedade de língua da Internet (Crystal 2001: 17). Muito pelo contrário, estas e outras mudanças mostram-nos como, aparentemente sem sequer pensarem nisso, os falantes fazem funcionar um sistema linguístico parco de meios (no mínimo), ainda que rico de potencialidades.

O difícil é perceber como pode um sistema aparentemente tão económico produzir mensagens tão elaboradas quanto as de uma encíclica ou de um anúncio publicitário, servir fins tão distintos quanto os de uma receita de cozinha, uma declaração de amor ou uma sentença judicial (sem esquecer que pelo menos uma destas mensagens pode servir vários fins em simultâneo), e até atingi-los, apesar de um considerável número de falhas e mecanismos encravados ou incompletos. Tal acontece, entre outras razões, porque a linguagem verbal humana possui inúmeros mecanismos de apoio no seu funcionamento real, alguns explícitos, outros implícitos. A melhor prova disso é a forma como o nosso cérebro, por um lado, e as nossas capacidades sociais por outro, nos permitem não apenas descodificar sentidos em mensagens incompletas ou deficitárias, como também interpretar sentidos em mensagens não ditas (ver 1.3.).

Não se trata apenas de saber que certas palavras (ditas *homónimas*) possuem significante idêntico, mas significado completamente distinto, como acontece em *A saia azul* e *Saia já daqui!*, ainda que tal exija um considerável esforço cognitivo para ultrapassar os caprichos da evolução morfológica. Também não se trata de descodificar um estereótipo metafórico tão estafado quanto *És a luz da minha vida*, questão de semântica ainda sob a alçada do estudo sistemático da linguagem. Trata-se, mais do que isso, de compreender que *Sal?* tanto pode significar *Achas que esta sopa tem sal a mais?* como *Queres sal?*; que *Quentinho, hein?* pode querer dizer *Está um frio de rachar!*; que *Temos aqui um problemazito chato* implica *O senhor tem de ser operado ao apêndice, e quanto mais depressa melhor*; e que a pergunta *Já chegaste?* quando, obviamente, acabámos de chegar a casa e estamos perante o nosso interlocutor, é uma espécie de saudação, não um verdadeiro pedido de informação. Ainda que estes exemplos não invalidem o modelo estruturalista acima apresentado, mostram como o seu escopo abrange também a influência do meio ambiente no complexo funcionamento da linguagem.

1.3. Linguagem e ação

1.3.1. Contexto

Os inúmeros sentidos que conseguimos construir e interpretar a partir das combinatórias acima descritas assentam em operações um pouco mais complexas do que as descritas no modelo saussuriano (ou mesmo outros modelos mais recentes igualmente abstratos). Transcendem de igual modo a distinção entre *sentido, referente* e *referência* acima estabelecida. São assim construções integradas num ambiente de comunicação, por sua vez integrado também ele numa comunidade, e cujas conotações podem evocar nos interlocutores reações imprevisíveis, precisamente porque as mensagens são potencialmente interpretáveis de muitas maneiras, de acordo com a enciclopédia pessoal e social de cada um. Esta dimensão é difícil de sistematizar, em primeiro lugar pela sua contingência, isto é, a dependência de um contexto específico, e, em segundo lugar, pela sua abrangência, isto é, a impossibilidade de sistematização (Carston 2002: 1-2).

Tendo em conta estes dois fatores, é mais fácil entender que uma palavra como *exército* pode ter impactos muito diferentes em *o nosso exército* e *um exército de talibãs*, ou que uma palavra que se julgaria inocente, como *vermelho*, não provoca as mesmas reações em *o carro vermelho* e *o militante vermelho*, visto que, para tanto, é necessário pelo menos conhecer um pouco da História do século XX. A história das línguas, aliás, está recheada de designações alteradas pelas conotações, por vezes incómodas, que a evolução cultural das sociedades despoletou e que é preciso conhecer, para avaliarmos o seu impacto. Por exemplo, a banalização dos problemas emocionais e dos tratamentos médicos tornou insuficiente a designação *tristeza*, globalmente substituída por *depressão* (ainda que a psiquiatria e o próprio senso comum distingam as duas coisas). Não dizemos hoje *cega, criada, contínua*, mas *invisual, empregada doméstica, auxiliar de ação educativa*, designações que alteram a identidade das pessoas em causa, ou, pelo menos, a perceção dessa identidade (ver cap. 2). O próprio uso da expressão *politicamente correto*, que começou por se aplicar a atos políticos e depois a expressões sexistas, racistas ou de algum modo discriminatórias, mostra hoje conotações ligeiramente negativas, patentes na ironia – quantas pessoas ouvimos nós gabarem-se de ser *politicamente corretas*? Muito pelo contrário, gabam-se de *não* o serem, algo impensável quando a expressão surgiu.

Para além das conotações culturais, as nossas mensagens possuem propriedades mágicas que nos permitem inclusive agir sobre o mundo que nos rodeia, propriedades essas que são estudadas pela *Pragmática* – um plano integrado nos estudos linguísticos mais tardiamente do que os anteriores.[8] Um dos muitos paradoxos a que assistimos nas situações de comunicação é o facto de os falantes comunicarem um "sentido invisível" sem sequer o dizerem (Yule 2001: 127). Um cartaz afixado num poste junto de uma universidade pode anunciar

> ALUGA-SE
>
> RAPAZ INDIVIDUAL
>
> (com serventia de cozinha)

mas muito limitado seria o interlocutor que imaginasse poder alugar um jovem do sexo masculino acompanhado pelo uso de uma cozinha. E mentecapto seria quem esperasse encontrar numa loja com

> SALDOS DE
> HOMEM, MULHER E CRIANÇA

seres humanos variados a preços convidativos.

---

[8] Na realidade, a Pragmática poderia considerar-se como subsumindo todas as outras áreas da Linguística e, de facto, assim é considerada por alguns autores. Na sua aceção mais corrente, interessa-se pelo uso da linguagem, isto é, pelos interlocutores, locais, momentos, maneiras de falar e objetivos do discurso, ultrapassando portanto o domínio do sentido tal como a Semântica o considera.

O fator mais importante para os falantes lidarem com tais desafios, além das suas óbvias competências linguísticas, assenta no conhecimento do seu contexto, desde logo o mais imediato, que é constituído pelas palavras próximas – o chamado *cotexto*. Sabemos assim que *Colas... tintas e vernizes* não pode interessar o mesmo setor de mercado que o de *Colas... sumos e refrigerantes*. Numa aceção mais lata, o contexto corresponde a uma situação comunicativa global, abrangendo desde a situação física (tanto espacial como temporal) às crenças e conhecimentos que temos do mundo, passando pelo relacionamento entre interlocutores, ou seja, um sem-número de sentidos bastante aleatórios, especialmente convocados para esta ou aquela ocasião (Bloomer *et alii* 2006: 82-84 e 92).

1.3.2. O Princípio da Cooperação *de P. Grice e as máximas conversacionais*

Compreendemos agora que os falantes não se limitam a interpretar as mensagens que recebem com base nos sentidos que, para simplificar, podemos associar aos explícitos, ou, ainda, aos que se encontram num dicionário.[9] Com toda a probabilidade, a maior parte dos nossos esforços interpretativos está concentrada antes em toda uma série de efeitos derivados, cuja construção e interpretação se baseiam num complexo processo de inferências e implicaturas. Retomando um dos exemplos acima, os sentidos *Achas que esta sopa tem sal a mais?* ou *Queres sal?* são compreendidos a partir do simples *Sal?* porque o contexto assim o indica, eventualmente porque a comunicação não verbal o confirma: no primeiro caso, uma colher de sopa é tirada da panela e estendida para provar, no segundo aponta-se ou oferece-se mesmo o saleiro.

Uma perspetiva otimista sobre a comunicação verbal explica estes casos com base no "pacto de cooperação", conceito avançado por Paul Grice para designar o acordo tácito estabelecido pelos interlocutores em qualquer ato comunicativo, e no âmbito do qual ambos se comprometem a obedecer a determinadas máximas ou princípios conversacionais. É por esta razão que as nossas comunicações funcionam: porque nos comprometemos a dar toda a informação de que dispomos, mas não mais do que a necessária – a chamada máxima da *quantidade* –, a dar

---

[9] Os sentidos ditos "naturais" são definidos como diretamente codificados, interpretáveis por meios semânticos e, em certa medida, explícitos, ao passo que, por oposição, os sentidos "não-naturais" são implicitamente construídos por outrem (Grice 1989 [1948, 1957]: 213-223). Assim, *Um euro é um euro* constitui uma tautologia do ponto de vista explícito, mas quer certamente dizer mais do que isso do ponto de vista implícito (ver cap. 4, 2.3.2.). A simples entoação pode transformar esta afirmação numa queixa pela carestia da vida, numa avaliação depreciativa da moeda europeia, etc.

informação verdadeira e comprovada – máxima da *qualidade* –, a dar informação que é pertinente, relevante – máxima da *relação* –, e a sermos claros, breves, organizados e não ambíguos – máxima da *maneira* (Grice 1989 [1967]: 26-29).

As regras em causa não são cumpridas mediante uma obediência cega. Existe sim uma utilização criteriosa, de acordo com seleções feitas pelos dois participantes a partir de um contexto mais vasto. O que for considerado *relevante* constitui uma base assumida para se efetuar toda uma série de raciocínios lógicos, conducentes a determinadas interpretações (Sperber e Wilson 1986: 18). Assim conseguimos interpretar, além do que nos dizem, o que nos querem dizer. A melhor maneira de entender o processo é analisar o que acontece quando, num episódio comunicativo, essas regras são aparentemente desrespeitadas:

A – *Não temos leite.*
B – *Vou ao supermercado hoje.*

A nível *explícito*, dir-se-ia que B não obedeceu à máxima da relação (o que é que a réplica tem a ver com a observação inicial de A?) e, possivelmente, que A não respeitou a da quantidade (se B tomou o pequeno-almoço antes, já sabe que não há leite e, por conseguinte, é desnecessário dar-lhe essa informação). Contudo, ambos os enunciados despoletam séries de raciocínios bastante prováveis, que comprovam ser este um intercâmbio discursivo funcional ao nível do *implícito*: (i) (B) se me dizem *Não há leite* (o que não era necessário, porque eu até já sabia) é porque querem que eu arranje leite; (ii) (A) se me dizem *Vou ao supermercado hoje* (o que não parece pertinente), B, que não é parvo, (a) sabe que o supermercado costuma ter leite; (b) certamente deduzirá que vou comprar leite; (c) compreenderá que vou resolver o problema. Todos estes sentidos são despoletados pelo que chamamos *implícito*, um mecanismo pragmático cujo funcionamento é complexo, posto em marcha em todos os nossos episódios comunicativos com uma surpreendente eficácia.

1.3.3. *Pressuposto e subentendido*
Se os sentidos explícitos são diretos, já os implícitos, por seu lado, são indiretos, o que nos leva a discutir a responsabilidade da interação. Com efeito, no exemplo da secção anterior, por muito plausível que seja o raciocínio proposto, a verdade é que nem A disse *Arranja leite*, nem B respondeu *Vou arranjar leite*, nem se pode admitir que exista sinonímia – pelo menos puramente semântica – entre estes enunciados e os realmente proferidos. A sinonímia em causa, de

tipo pragmático, só é legítima porque apoiada nas inferências que podemos tirar dos enunciados, e não nos enunciados em si. Uma inferência corresponde a qualquer informação adicional, que usamos numa situação concreta para interpretar o sentido dos enunciados (Yule 2001: 131). Ora, numa situação imaginária perversa, é preciso antecipar que, se B não trouxer leite para casa, A o poderá acusar de não ter cumprido a promessa – o que apresenta justamente a dificuldade de B não ter prometido coisíssima nenhuma, ao menos na aparência. Entrevemos aqui, aliás, a principal razão pela qual é preferível, em certas circunstâncias, não dizer algo diretamente, antes esperar que o interlocutor tire as suas inferências: é que será então outrem o responsável pelo sentido final do enunciado (Cameron 2001: 78).

Para além do explícito, convém, por isso, diferenciar dois níveis nas interpretações dos sentidos implícitos dos enunciados, um deles bastante mais difícil de negar do que o outro. No caso do exemplo que acabámos de ver, existe alguma margem de manobra para negar a "promessa", uma vez que a interpretação é inteiramente da responsabilidade do recetor, que captou um *subentendido*. Já o caso seguinte apresenta um nível de interpretação distinto, a que chamamos *pressuposto*. Se dissermos *O Pedro divorciou-se da Isabel*, estamos certamente a afirmar que, neste momento, o Pedro e a Isabel não estão casados. Ao mesmo tempo, não podemos negar que também dissemos, indiretamente, ou seja, implicitamente, que *O Pedro era casado com a Isabel antes* (ver Levinson 1992: 173).

Os pressupostos reconhecem-se por resistirem, pela simples lógica, tanto ao teste da negação como ao da pergunta (ver Ducrot 1984: 18). Efetivamente, se transformarmos o enunciado, quer em *O Pedro não se divorciou da Isabel* quer em *O Pedro divorciou-se da Isabel?* o pressuposto *O Pedro era casado com a Isabel antes* permanece incólume. Normalmente, um pressuposto encontra-se linguisticamente ancorado no enunciado, ou por força do sentido lexical, ou por força do sentido sintático, isto é, o sentido assente nas combinatórias da frase. Por contraste, ainda que o mesmo enunciado *O Pedro divorciou-se da Isabel* seja usado por alguém para sugerir que tanto um como o outro estão livres e, por conseguinte, dispostos a encetar novas relações, ainda que o olhar, a entoação, até o sorriso o deem a entender, em momento algum o responsável pelo enunciado pode ser acusado de ter sugerido *Está na altura de tentares a tua sorte*. Esse é o sentido subentendido, construído unicamente pelo recetor e, portanto, ininputável.

Tanto os pressupostos como os subentendidos são codificados numa ação conjunta que envolve ambos os interlocutores e o contexto da interação verbal.

É por isso que a sua análise, não deixando de pertencer ao domínio linguístico, convoca igualmente fatores discursivos mais pragmáticos (até no sentido empírico do termo), decorrentes do episódio comunicativo global.

1.3.4. *Os atos ilocutórios de J. Austin e J. Searle*

São princípios de funcionamento do mesmo tipo que nos permitem avaliar as situações que admitem o uso de ordens diretas ou indiretas. O relacionamento e o estatuto relativo dos falantes é, aliás, outro ponto a ter em conta na aceção mais lata do contexto, por este autorizar, ou, pelo contrário, impedir determinados discursos, que correspondem a ações concretas. Por outras palavras, encontramos aqui o fenómeno da *linguagem em ação*, ou seja, a possibilidade de realizar um qualquer ato apenas e só pelo nosso discurso. Na proposta avançada por John Austin e desenvolvida por John Searle, cada utilização da linguagem é assim um *ato de fala* ou *ato ilocutório* específico: por exemplo, uma informação, um pedido ou uma ordem, uma promessa, um pedido de desculpas e um despedimento correspondem a outros tantos atos diferentes, respetivamente *constativo* (ou *assertivo*), *diretivo*, *comissivo*, *expressivo* e *declarativo* (Austin 1962: 98-99; Searle 1981: 12-20; ver também Levinson 1992: 236 e 240).

Na verdade, há que considerar duas facetas nestes atos: a da *intenção comunicativa*, que corresponde ao ato ilocutório propriamente dito, e a do *efeito pragmático*, também chamado *ato perlocutório*. Por outro lado, os atos ilocutórios podem ser configurados de forma direta, como é o caso da ordem *Saia!* ou indireta, como acontece em *Eu gostava que saísse por uns momentos*. Trata-se, neste segundo exemplo, de uma asserção com valor ilocutório de pedido, ou seja, de um ato constativo na aparência, que "esconde" um ato diretivo, aquele que verdadeiramente interessa, e cujo sucesso ou "felicidade", nos termos de Austin, será avaliado pelo comportamento conforme do interlocutor, ou seja, pelo efeito perlocutório (ver Kerbrat-Orecchioni 1986: 59 e 74-78).

Os atos ilocutórios inserem-se em episódios comunicativos distintos que, por sua vez, dependem de contingências variadas, as chamadas *condições de felicidade*. De uma maneira muito simplificada, podemos incluir nelas todas as condicionantes a que é preciso obedecer para obter o efeito perlocutório desejado: existe um procedimento que tem de ser cumprido na totalidade pelas partes envolvidas (e que inclui um espaço e um momento temporal próprios), essas partes serão detentoras de um estatuto relativo apropriado, e estarão genuinamente empenhadas na sua execução (Austin 1962: 14-15). Tipicamente, é o caso do ato declarativo de um juiz que, num tribunal, condena um réu a uma pena de cadeia, condenação tornada legal pelo cargo que ocupa, mas também pelo espaço em que o faz e por terem sido apresentadas provas da culpa desse réu. No entanto, todos os contextos comunicativos são, neste sentido lato, "legais" ou "jurídicos". Por exemplo, é aceitável que um chefe dê uma ordem a um empregado no decurso de uma reunião de trabalho utilizando a forma imperativa: *Sousa, faça-me este relatório.* Será um ato diretivo inserido numa comunicação de âmbito profissional, entre dois interlocutores de posição hierárquica diferente. Independentemente de essa ordem ser cumprida ou não, a condição de felicidade primeira – o estatuto dos interlocutores – foi cumprida. Não é aconselhável a situação inversa, em que o empregado usa a mesma forma – *Faça-o você, chefe, ora essa!* – porque tal não está de acordo com a relação de inferior para superior, tal como não é adequado o chefe pedir *Sousa, por favor, suplico-lhe, faça esse relatório!* Neste caso, há um défice nas condições de felicidade. A fórmula já seria menos estranha (ainda que abjeta) se o mesmo interlocutor, num episódio distinto, pretendesse obter do agente da Brigada de Trânsito o perdão de uma multa.

Estes exemplos permitem compreender que, para lá das competências verbais e cognitivas, existem comportamentos adequados aos objetivos que pretendemos atingir e às situações de comunicação em que nos vemos envolvidos ao longo do dia, comportamentos esses que se refletem nas nossas escolhas linguísticas e na seleção de formas de comunicação não verbais. No âmbito da comunicação em geral, isto é, considerando os usos concretos da linguagem verbal, esses comportamentos assumem a forma de diferentes papéis sociais, como iremos ver (cf. cap. 2, 2.3. e cap. 3, 2.3.).

1.4. *Variação linguística*

1.4.1. *Tipos de variação*

Todos os episódios comunicativos obedecem ainda a regras de delicadeza, que podem ser diferentes em cada sociedade, mas que assentam universalmente em princípios organizativos, nos quais confiamos para preservar tanto a nossa imagem como o relacionamento com os nossos semelhantes. Não obstante a sua amplitude, alguns deles – os que forem assinalados linguisticamente por um certo número de formas mais frequentes – são suscetíveis de classificação tipológica: é o que chamamos a *variação* no seio de cada língua e que pode assumir a forma *diatópica*, *diastrática* ou *diafásica* (ver Faria *et alii* 1996: 479-481). Qualquer destas variações é tanto função de quem fala, da sua identidade, formação, estatuto social e económico, faixa etária, etc., como das pessoas para quem fala, ou, numa expressão mais correta, das pessoas *com* quem fala. Simplificando um pouco, podemos dizer que a variação resulta sempre do *quem, para quem, quando* e *onde*, fatores que retomaremos nos diferentes tipos de comunicação (Bloomer *et alii* 2006: 287-290).

Todos sabemos que, mesmo sendo falantes de Português como língua materna, uma pessoa de Barcelos, outra do Sátão, uma terceira de Portalegre e uma quarta de Chaves apresentam diferenças de pronúncia e entoação bastante acentuadas, que lhes denunciam as origens. Chamamos a estas diferenças, resultantes da região de origem, variações *diatópicas*. Mais interessante, porém, é o caso das variações sociais. Uma médica e um canalizador não falam da mesma maneira que uma cantora de ópera ou um fiscal dos impostos, a menos que sejam amigos de longa data numa viagem de férias. Previsivelmente, possuem graus de instrução diferentes, movem-se em círculos diferentes e usam a linguagem para fins diferentes. Em cada comunicação, adaptar-se-ão aos respetivos interlocutores, de acordo com o que a sua sensibilidade lhes ditar. A variação daí resultante é *diastrática*, isto é, depende, dos estratos etários, culturais, económicos e mesmo religiosos, entre outros.

De forma mais específica ainda, no interior de cada grupo, existem *géneros* de discurso, ou seja, uma forma muito particular de usar a linguagem, que pode ou não ser compreendida na totalidade por elementos externos. Assim, pedreiros, contabilistas, empregadas domésticas, desenvolvem entre si interações um pouco mais especializadas do que se contactarem com pessoas que não percebem nada das respetivas atividades, o que é perfeitamente visível nas escolhas lexicais. No entanto, certas interações podem até seguir um guião específico, que faz parte do género discursivo. As receitas de cozinha, os manuais de instruções e os protocolos de segurança, por exemplo, apresentam alguma previsibilidade até de construções sintáticas, o que identifica precisamente um dado género (cf. Mercer 2000: 111-115). O mesmo acontece com interrogatórios de testemunhas em tribunal, apresentações de requerimentos num serviço público, circulares e ofícios, etc. Em certos casos muito específicos, grupos profissionais fortemente corporativistas ou que necessitam de manter um certo secretismo poderão mesmo recorrer a uma *linguagem especializada* ou a uma *gíria* própria, que ninguém de fora entende, por recorrer a termos opacos, como *esterno-cleido mastoideu* (Medicina), ou *pastrano* (gíria dos estudantes de Coimbra).

O terceiro tipo de variação, a variação *diafásica*, consiste na adequação do indivíduo a todas as situações comunicativas em que participa. Como assume muitas facetas, inclusive em conformidade com a evolução do episódio comunicativo, poderia na verdade subsumir os outros dois tipos, até por implicar fatores muito diversos: os códigos (*oral* e *escrito*), os estilos (*formal* ou *informal*) e os registos (*calão, familiar, corrente, cuidado* e, para alguns autores, *literário*).

1.4.2. Padrão e variação

É sobretudo a partir do momento em que a escolaridade nos faz tomar consciência do código escrito, e das regras que naturalmente o acompanham, que nos apercebemos não tanto da necessidade de adequar o que dizemos às circunstâncias, como do facto de essa adequação se nortear por uma norma ideal, a chamada *língua-padrão*. Podemos defini-la como uma espécie de variedade com mais prestígio, mas que não é passível de caraterização linguística propriamente dita, uma vez que resulta de muitos acasos históricos. Por exemplo, pode ter sido imposta por um grupo social com maior poder económico ou político, ou pode ter sido escolhida no âmbito de um programa de alfabetização, etc. Trata-se, no fundo, de uma ideia abstrata, já que se identifica, na maioria dos casos, apenas quando é violada, subvertida ou desrespeitada, quando cometemos erros ou quando utilizamos expressões ou estruturas consideradas incorretas por uma parte substancial da comunidade linguística (Faria *et alii* 1996: 483). Aliás, língua-padrão e língua "correta" são conceitos distintos, mas com relações complexas, a que não é alheia, por outro lado, a confusão entre língua-padrão e código escrito. De facto, também o código oral tem a sua norma, o que nos leva a dizer que a língua-padrão e subsequentes variações se manifestam em ambos os códigos.[10]

Oral e escrito têm em comum o facto de serem ambos sequenciais, o primeiro na linearidade cronológica falada, o segundo na linearidade visual escrita, mas os símbolos escritos, os *grafemas* ou letras, constituem representações segundas, mais ou menos fiéis, dos *fonemas*.[11] Também são diferentes porque não possuem

---

[10] Qualquer língua é suscetível de possuir mais do que uma norma. No caso do Português, como no de outras grandes línguas espalhadas pelo mundo, estão em causa mais de 200 milhões de falantes dispersos por vários continentes. Esta dispersão geográfica, aliada à evolução linguística, explica a existência de pelo menos duas normas reconhecidas, a do Português Europeu (falado em Portugal) e a do Português do Brasil – ou as do Português do Brasil: a do Rio de Janeiro e a de S. Paulo (Faria *et alii* 1996: 484). Outros países lusófonos têm igualmente normas, ainda que a insuficiência dos estudos linguísticos não permita, por ora, delimitá-las em função de caraterísticas regulares. Por outras palavras, é discutível se se deverá falar apenas em *uma* norma do Português de Moçambique ou do Português de Angola, por exemplo.

[11] Pelo menos, nos sistemas de escrita alfabética, que são os mais comuns, mais económicos e mais abstratos. Contudo, outros sistemas mais antigos e complexos podem fazer

as mesmas funcionalidades e portanto não atuam nos mesmos contextos. O código escrito exige mais meios e tem menos expressividade, é mais lento, tanto na produção como na receção, e exige aprendizagem formal. Em compensação, e salvo deficiência física, o código oral é utilizado universalmente, havendo mesmo comunidades que só conhecem esta forma de representação da linguagem verbal. Todavia, o uso da escrita pode ser exigido em função de necessidades particulares, por exemplo, quando não existe copresença dos interlocutores ou quando a extensão e complexidade da mensagem a tornam difícil de comunicar oralmente, entre outras razões. Acima de tudo, são fatores determinantes a ausência de imediatismo da comunicação e a necessidade de arquivar de maneira perene a memória da comunidade, o que constitui um dos incentivos fundamentais da cultura, já que permite o armazenamento de informações para as gerações vindouras (Martin 1996: 95).[12]

Estas diferenças favoreceram ao longo dos séculos o respeito sagrado pela escrita, corroborado por algumas leituras antropológicas das culturas humanas, segundo as quais, longe de ser uma mera reprodução dos sons, permitiria mesmo a elaboração de conteúdos cognitivos mais complexos.[13] A história do Ocidente validou sempre esta leitura, pela valorização intrínseca, no seio das sociedades, da cultura dita "intelectual", cuja associação à escrita, a bem dizer, só atingiu uma

---

corresponder os sinais escritos a conceitos ou objetos (escrita ideográfica, como a chinesa), a sílabas (escrita japonesa *kana*) ou mesmo às três coisas ao mesmo tempo – sons, conceitos e sílabas (escrita egípcia), (ver Akmajian *et alii* 1990: 467-475).

[12] A criação ou a adaptação de sistemas de escrita exige e, simultaneamente, resulta de uma organização política, social e económica complexa, em que a distribuição das relações de poder, associado ao saber, obedece necessariamente a uma hierarquia estratificada (Martin 1996: 24-25; uma visão panorâmica mais subjetiva pode ser encontrada em Diamond 1998: 215-238).

[13] A ideia foi avançada por Jack Goody com o conceito de "mente alfabética" (ver *Domestication of the Savage Mind*, Cambridge, 1977 e *La Raison Graphique*, Paris, Minuit, 1978), mas já antes McLuhan havia discutido as alterações que qualquer literacia alfabética introduz na cultura e no pensamento (McLuhan 2002 [1962]: 47-64). É verdade que a cultura grega, tal como a perspetivamos hoje, corresponde a um progresso intelectual extraordinário, desenvolvido entre os séculos V e VIII a.C. e associado ao triunfo da escrita. O "novo" meio de comunicação é também *concetual*, no sentido em que liberta a memória (principal meio de conservação da tradição oral) e permite a *reflexão* (Havelock 1982: 7-8). Há exemplos conhecidos em todos os domínios do saber: na Filosofia (Platão e Aristóteles), nas Ciências (Hipócrates, Pitágoras), na História (Heródoto), na própria Literatura (Sófocles, Eurípides e Ésquilo). Não obstante, a escrita por si só parece insuficiente para a revolução total dos meios de pensamento, ou até dos valores éticos. Também não se concebe um apagamento total da tradição oral, velha de muitos séculos e bastante prestigiada na cultura grega. Basta lembrar que Sócrates não escreveu um único livro, ou que as obras de Platão assumem a forma de diálogos.

verdadeira simbiose com a invenção da imprensa no século XV e a subsequente difusão do livro. Ainda que esses fenómenos sejam passos importantes para a massificação cultural, não restam dúvidas de que a escrita continuou a constituir, como o fazia desde a sua origem, um instrumento de poder reservado a algumas elites (Martin 1996: v e 339-340). Uma vez que todos os cidadãos falavam, mas muito poucos sabiam ler e escrever, uma vez que essa alfabetização era geralmente acompanhada de uma aprendizagem de regras e normas de correção – a palavra *gramática* significa, aliás, "arte de bem escrever" – e uma vez que essas regras eram igualmente consideradas válidas para os usos orais de uma língua, o código escrito acabou por adquirir um relevo desajustado da sua real importância. Foram os linguistas que, novamente na esteira de Saussure, restituíram a primazia ao código oral, entre outros motivos, porque, sendo universalmente utilizado e sendo também o primeiro a ser adquirido, é ele que se considera a forma primária de expressão da linguagem verbal humana.

Não obstante, os falantes continuam a sentir um fascínio muito particular pela escrita, que os pode inclusive levar a imitar, quando falam, a suposta "correção" e "superioridade" do código escrito – justamente o que explica a sua confusão com a língua-padrão que acima mencionámos. Tal acontece porque, erradamente, se esquece que a divisão entre oral e escrito se deve cruzar, antes de mais, com a distinção entre dois estilos, também eles ditados pelo contexto: o estilo dito *informal*, apropriado para as situações mais descontraídas, e o estilo dito *formal*, apropriado para as mais cuidadas (ver Carvalho 1984: 304).[14] É o que podemos ver nos exemplos do quadro 1, ressalvando as dificuldades de representação da "verdadeira" oralidade.

Um segundo cruzamento é efetuado com a escolha do *registo*, mais uma vez ditada pelo contexto. Ainda que resultante de uma seleção individual, é sancionada pela comunidade linguística – ou, mais precisamente, pelas subcomunidades linguísticas que constituem os grupos sociais em que nos integramos. Significa isto que a variação de registo individual também é, em certa medida, coletiva, uma vez que se rege por parâmetros mais ou menos convencionais e consensualmente estabelecidos. A expressão *bué da fixe*, por exemplo, é hoje compreendida por todas as faixas etárias, mas apenas será usada abaixo do registo corrente, que assinala, em certa medida, o grau zero ou neutro destas

---

[14] Os termos do autor são, respetivamente, *refletido* e *coloquial*. Para evitar as ambiguidades que habitualmente suscitam, consideramos preferível usar os termos empíricos, aproveitando, porém, as definições originais dos dois estilos.

QUADRO 1
Códigos e Estilos

	Código Oral	Código Escrito
Estilo informal	Conversas com amigos: "Pois, eee... o carro, eee ... sabes, é que o sinal eu não vi... quando vi, já não ummm dava mesmo... 'tás a ver?" "Então levas-me isto ao correio? Hã? É que eu não posso sair de casa para lá ir agora, ao c..., percebes? Depois a gente fala... "	Cartas a amigos: "...entrou à doida no cruzamento, sem ver o sinal e o carro foi direitinho para a sucata... " "Vou pedir à Tânia que me leve esta carta ao correio, deves recebê-la bem depressa."
Estilo formal	Entrevista na televisão: "Como não viu o sinal, o automobilista não pôde travar a tempo. Depois veio o choque e o capotamento do automóvel." Pedido telefónico para o superior hierárquico: "Queria pedir, se não fosse muita maçada, que me mandassem o relatório por correio, já que eu não posso sair de casa."	Relatório oficial: "Não tendo visto o sinal, o automobilista não pôde travar a tempo de evitar o capotamento do automóvel, do qual resultou a completa destruição do veículo." Requerimento na Secretaria: "F... solicita seja autorizada a alteração de matrícula na cadeira de ..."

variações. Escolhas tão distintas quanto *pá, meu, 'bora aí, tá-se* e *os ventos alísios*, ou *os zéfiros alados* assinalam os extremos do calão/registo familiar, por um lado e do registo cuidado/literário, por outro. A pressão alheia para conformação ao que se considera adequado é evidente, dado que, se tentarmos violar ou subverter os guiões específicos de cada registo, a reação será sempre negativa: o deputado inexperiente que usasse calão na sessão solene da Assembleia da República seria considerado boçal, rústico e mal-educado, a aluna que "falasse difícil" com os colegas da turma poderia ser ostracizada, depois de ser considerada pedante.

As diferenças de registo são sobretudo nítidas na seleção do vocabulário, mas verificamos também que se coadunam preferencialmente com determinados estilos, o que faz intervir as construções sintáticas. Não quer isto dizer que não seja possível escrever um artigo de jornal em calão, com frases completas ou incompletas, ou um anúncio publicitário em registo literário, ou imitar neste último o diálogo "autêntico", recorrendo a frases incompletas, por exemplo, mas sim que, tendencialmente, encontraremos mais vezes os registos mais elevados no código escrito e no estilo formal, ao passo que, no código oral e no estilo informal, haverá uma preponderância do registo familiar e do calão. Tal acontece porque os contextos são tipificáveis e possuem correlações regulares com as nossas escolhas. Um episódio de comunicação como uma conversa, seja ela entre amigos, familiares ou colegas de trabalho, pressupõe um certo grau de intimidade que favorece a informalidade e registos abaixo do corrente, ao passo que um discurso em público, igualmente oral mas formal, já pressupõe uma relação de distância do falante e, em consequência, a opção mais provável por um registo corrente ou cuidado (ver cap. 4).

Ainda que contactemos com a variação desde que nascemos, demoramos um certo tempo até adaptarmos o que dizemos às situações em que nos encontramos, às pessoas para quem falamos, aos assuntos de que tratamos, até às identidades que assumimos (cf. cap. 2). Por outro lado, não obstante as múltiplas variações possíveis, uma unidade permanece, que é a da linguagem verbal como indissoluvelmente ligada à mente humana, o que nos leva a tentar compreender o que se passa no nosso cérebro quando falamos e como aprendemos a fazê-lo.

1.5. *Linguagem e mente humana*

1.5.1. *O cérebro e o processamento da linguagem*

Como é evidente, inferiremos hipóteses mais ou menos prováveis a partir dos dados externos que podemos observar, até porque não dispomos de acesso direto à mente de quem quer que seja. O facto justifica em parte as diferentes teorias que existem, mas também que tenhamos de recorrer a metáforas e comparações imperfeitas para o perceber e explicar (Yule 2001: 165). O pouco que ainda sabemos, aliado a descobertas importantes no campo das neurociências, permite-nos apenas formular algumas hipóteses sobre a maneira como processamos a linguagem, área de estudo recente designada por *Neurolinguística*.

É sabido que todas as ações do ser humano envolvem partes diferentes do corpo e que essas partes são controladas também por partes diferentes do cérebro, que é assimétrico e lateralizado no que toca ao desempenho de muitas tarefas cognitivas. Ou seja, o cérebro está dividido em dois hemisférios, o esquerdo e o direito, que cumprem de forma predominante funções distintas, ainda que se cruzem (isto é, o hemisfério direito controlará a parte esquerda do corpo, e vice-versa), e se conjuguem um com o outro por meio do corpo caloso. No que toca à linguagem, estudada principalmente pela via das *afasias* (perturbações linguísticas causadas por traumatismos ou acidentes cerebrais), sabemos existirem duas zonas no hemisfério esquerdo, a *área de Broca*, situada na parte anterior (frontal), e a *área de Wernicke*, situada na parte posterior do lóbulo temporal. Simplificando ao máximo, poder-se-ia dizer – e assim se acreditou numa fase inicial – que, na primeira, se processaria a produção da fala e dos sons, na segunda a compreensão e a significação.

A maior parte dos estudos confirma que o hemisfério esquerdo é dominante neste aspeto, o que resultará também em parte de se ter especializado no processamento analítico e sequenciado da informação. Contudo, o hemisfério direito terá o seu papel a desempenhar, já que nele se operam determinados processos de perceção e cognição (por exemplo, a perceção espacial), tal como acontece com as diferentes áreas associativas (Faria *et alii* 1996: 38). Os erros produzidos pelos afásicos, que são correlacionados de forma mais ou menos regular com as zonas em que ocorre a perturbação, comprovam assim que concatenamos diferentes "ferramentas" cerebrais para falar, escrever, ouvir e compreender. O fenómeno torna-se evidente quando verificamos que alguns doentes, mesmo afetados numa dada zona do seu cérebro, são capazes de o readaptar de maneira a colmatar a falha. Por outro lado, também as próprias estruturas linguísticas envolvidas nesses atos funcionam de forma distinta, embora coordenada (ver Akmajian *et alii* 1990: 439-464). Por todas estas razões, é inegável a estreita interdependência das diferentes partes do cérebro, mesmo que algumas delas se tenham especializado para cumprir determinados objetivos (Yule 2001: 165).

Podemos ainda constatar a interdependência dessas partes através de determinados *lapsus linguae* que fazemos todos os dias e que, ao que tudo indica, não resultam de meros problemas articulatórios, mas sim da forma como vamos buscar a informação linguística guardada no nosso cérebro. Estes lapsos não são aleatórios, isto é, reconhece-se uma certa lógica associativa por detrás deles, o que indicia que a produção de mensagens linguísticas passa por diversas fases, mas também que o nosso cérebro armazena a informação lexical, com toda a probabilidade, de acordo com alguma espécie de organização fonológica (Yule 2001: 166). É notável como, sobretudo em situações de extremo cansaço ou enervamento, todos temos dificuldades em lembrarmo-nos de nomes, e produzimos palavras com forma parecida: "*Tenho-o debaixo da língua! Ainda há pouco o disse... Mariete? Goreti?... Não! Elisabete!*". Ou ainda, trocamos palavras fonologicamente semelhantes: "*Este quarto está uma chicória!*" em vez de "*Este quarto está um chiqueiro*" (ver Yule 2001: 165-167; Faria 1996: 46-47).

Os vários contributos das diferentes partes do cérebro, bem como as distintas estruturas e subsistemas da linguagem, conjugadas com os fenómenos observados aquando da perda das capacidades linguísticas ou até da sua aquisição, tornam plausível a hipótese de um funcionamento modular da mente, um pouco à semelhança do que se passa nos nossos computadores (e que, convenientemente, ignoramos quando deles nos servimos). É assim provável que a informação recebida por sinais auditivos ou visuais, que já é, ela própria, diferenciada (uma vez que será constituída por fonemas/grafemas, por combinações de morfemas, por sequências ordenadas e hierarquizadas de palavras), seja também tratada ou processada por componentes especializadas, necessariamente ligadas entre si.

1.5.2. A aquisição

Não é esta, contudo, a única teoria possível para explicar o fenómeno. Não só existem propostas mais globais, como também, noutras perspetivas, se defende que a transmissão cultural não pode deixar de ter influência no desenvolvimento linguístico, a começar pela própria aquisição. A interação com outros indivíduos – ou a ausência de interação – pode afetar, positiva ou negativamente, a linguagem e o uso que dela se faz. Aliás, a ausência de comunicação linguística afeta mesmo a mente. É conhecido o caso de Genie, a criança que, até ser descoberta aos 13 anos, viveu encerrada num quarto, proibida de fazer qualquer som, e sem que qualquer ser humano para ela falasse (ver Yule 2001: 171-172). Embora Genie tivesse desenvolvido depois disso formas de comunicação verbal, tinha já ultrapassado o chamado "período crítico" da aprendizagem da linguagem, que termina na puberdade. Fora desse período, a aquisição de qualquer língua não ficará completa, ainda que a faculdade para a linguagem exista. De facto, Genie veio a adquirir um vocabulário considerável, mas a sua gramática permaneceu muito elementar, ao nível de uma protolinguagem.

Não obstante, na sequência de propostas revolucionárias surgidas nos EUA a partir dos anos 60 (ver Chomsky 1965 e 1975), desenvolveu-se a ideia de que a linguagem não é um artefacto cultural, antes uma faculdade mental, geneticamente inscrita na biologia como a nossa postura ereta, e que, por simplificação empírica, pode ser chamada "instinto da linguagem" (Pinker 1994: 4-5). De momento, não existem provas irrefutáveis do contrário, mas também não existem demonstrações absolutas de que assim seja, apenas uma dedução lógica, baseada no processo universal de aquisição da linguagem e em alguns indícios provindos das ciências da cognição e da neurologia.

Com efeito, todas as crianças parecem "aprender", com uma rapidez incrível e com base numa informação consideravelmente diminuta e incompleta, um *léxico* e uma *gramática*. Isto traduz-se no facto de, com a maior das facilidades, aplicarem um conjunto complexo de regras à construção de frases nunca antes ouvidas que são, não obstante, perfeitamente corretas e lógicas. Não, existe, por conseguinte, uma mera imitação do que os adultos fazem (O'Grady 2005: 164-167). Um exemplo muito revelador é-nos dado pela generalização dos paradigmas verbais em **sabo* (de *saber*) ou **trazeste* (de *trazer*), que mais não são do que os resultados previsíveis de uma flexão regular perfeita, isto é, sem exceções, como a que se esperaria por analogia com os paradigmas *como – bebo – canto* e *comeste – bebeste – cantaste*.

O mesmo se aplica à aquisição do léxico, quando percebemos que uma criança é capaz de aprender ao ritmo de 20 novas palavras por dia, até alcançar as 14.000 na idade escolar, sem necessitar dos mesmos custosos métodos dos adultos que adquirem uma língua estrangeira, com listas de vocabulário, glossários, dicionários e um professor para tirar dúvidas (O'Grady 2005: 8). É verdade que o processo é um pouco complexo, e diferente, desde já, no que toca à perceção e à compreensão, por um lado, e à produção, por outro. Mesmo assim, não deixa de ser admirável como o uso desse léxico se desenvolve de forma aparentemente natural, sem o benefício de muita instrução formal ou organizada por parte dos adultos.[15]

É por volta do sexto mês que os ruídos produzidos pelo bébé assumem claramente a forma do balbuciar, que antecede a produção das primeiras palavras. A quantidade e variedade de sons produzidos indicia que, se o bébé está apto a aprender qualquer língua, estará já a "testar" e a selecionar os sons que os membros da sua comunidade linguística consideram fonemas válidos

---

[15] Trata-se do argumento conhecido pelo nome de "pobreza do estímulo" ou "pobreza do *input*" (Chomsky 1965: 25 e 200; Chomsky 1975: 4; Jackendoff 2001: 68-74), o qual, no entanto, não exclui por completo as ajudas externas. De facto, algum "maternalês" ("motherese"), a língua que os pais, educadores ou amas usam com os bébés, será responsável por certas aquisições, ainda que não as consiga explicar todas (O'Grady 2005: 175-178). De uma maneira geral, instruções linguísticas precisas são raras – em parte porque a maioria dos adultos não faz a mínima ideia dos mecanismos da linguagem, mas também porque as crianças não prestam grande atenção às (poucas) correções que lhes são feitas (O'Grady 2005: 167-168).

(O'Grady 2005: 148-151). Não podemos, aliás, ignorar que, mesmo se não fazem muito sentido, os sons produzidos pelos bébés a partir do nono mês permitem a um ouvido atento perceber certos padrões de entoação que se parecem com exclamações de admiração ou de censura, com interrogações... Ainda que possa não haver consciência da parte da criança, as reações apropriadas por parte dos adultos desempenharão com certeza um papel muito importante na sua socialização, porque a encorajam a participar em interações comunicativas – precisamente o que não foi feito com Genie (Yule 2001: 179).

Em todo o caso, as palavras que a criança produz, aprendidas ao longo de fases identificáveis (uma palavra-frase, duas palavras, várias palavras combinadas), não correspondem a uma soma aritmética nem aleatória. Muito pelo contrário, a criança trabalha nelas em permanência, segmentando a cadeia falada de acordo com os padrões de pronúncia e entoação da sua língua, identificando unidades significativas ou blocos de unidades significativas e, sobretudo, aplicando-as a objetos, a classes, ou a partes de objetos, de acordo com sistematizações progressivamente corrigidas (O'Grady 2005: 12-18 e 45-50). Por exemplo, pode usar a palavra *mamã* para designar todas as mulheres que vê, até encontrar palavras que lhe permitam distinguir os referentes do sexo feminino, ou usar *aõ-ão* apenas para um cão específico e não todos os cães, ou mencionar *o casaco do frango* querendo dizer *a pele*. A partir do segundo ano de vida, e até aos cinco anos, a aquisição de novas palavras é acompanhada também das relações gramaticais e conceptuais que se podem estabelecer entre elas para exprimir estados de coisas (ver Akmajian *et alii*: 407-421). É sobretudo nesta fase que se vê claramente que a criança não precisa de qualquer explicação para flexionar e utilizar um verbo transitivo como *comer*, conjugado com os seus elementos obrigatórios que são um agente "comedor" e um objeto "comido", nem para assinalar esses elementos com as marcas próprias da sua língua materna, como a ordem em Português ou o caso em Alemão. Por contraste, um adulto pode levar anos até sistematizar o mesmo mecanismo numa língua estrangeira – e fá-lo-á sempre de forma imperfeita (cf. O'Grady 2005: 63-64). Casos semelhantes em todas as línguas conhecidas comprovam que as crianças não são ensinadas a manipular técnicas, antes aplicam intuitivamente regras que nunca lhes foram formalmente ensinadas.

Exemplos mais gerais são habitualmente citados no que toca às diferentes línguas gestuais e às situações, não tão raras quanto isso, de "criação" de uma língua. O primeiro caso ocorre quando verificamos que os adultos que aprendem uma língua gestual não a dominam nunca de forma tão perfeita quanto as crianças.

Não se trata apenas de uma situação semelhante à que ocorre na aprendizagem das línguas estrangeiras acima referida, já que a segunda geração (isto é, os filhos desses adultos), quando aprende a mesma língua gestual, complexifica-a de forma espontânea, criando novas estruturas. Assim aconteceu numa escola nicaraguense fundada nos anos 80, que utilizava o método da leitura dos lábios, e onde os alunos, todos com deficiências auditivas, desenvolveram por si sós uma língua em tudo original (Pinker 2000: 24). Mais reveladores ainda são os efeitos de um fenómeno ocorrido na viragem do século XIX para o século XX no Havai, quando trabalhadores de muitas origens se juntaram nas plantações de açúcar. À semelhança do que terá acontecido na época da escravatura, e uma vez que falavam línguas diferentes, a única forma de se compreenderem entre si consistiu no desenvolvimento de um *pidgin* – uma língua constituída geralmente com o léxico de uma das línguas originais, considerada dominante, e um sistema gramatical simplificado. O fenómeno em si é habitual em casos de contacto de línguas, mas o mais notável é o facto de os descendentes desses trabalhadores, que aprenderam o *pidgin* em crianças, nele terem progressivamente introduzido um verdadeiro aparelho gramatical que tornou a língua mais complexa, isto é, que a transformou num *crioulo* no espaço de apenas uma geração (Pinker 2000: 20-24, Jackendoff 2001: 99-101).

Se assim é, então aprendemos a língua do nosso meio ambiente (ou as línguas, no caso das crianças bilingues) porque todos possuímos, no nosso mecanismo biológico, uma faculdade geneticamente determinada para a linguagem. Eventualmente, não se trata de uma capacidade biológica especializada apenas na linguagem, mas de uma capacidade cognitiva humana mais vasta (Faria *et alii* 1996: 35-36). Essa capacidade predispõe-nos para adquirir um conjunto de regras, a que se dá o nome de *Gramática Universal* (GU), que permitem a qualquer criança aprender qualquer língua do mundo para cumprir os fins comunicativos que movem a espécie humana (Chomsky 1996: 23).[16] Em conclusão, talvez não exista aprendizagem da linguagem verbal no sentido em que usamos habitualmente o termo (por exemplo, aprender a tocar um instrumento, ou a usar um programa informático). Poderá existir aprendizagem, sim, apenas no que toca a determinadas estratégias comunicativas.

---

[16] Por simplificação, é essa GU que é geralmente considerada inata, mas será mais preciso considerar como geneticamente determinadas não as regras em si e sim a capacidade para as desenvolver (ver uma discussão do problema em Jackendoff 2002: 69-74).

2. A comunicação humana

2.1. *Transmissão* versus *significação*

2.1.1. *A comunicação enquanto transmissão: modelos processuais*
A *transmissão de uma mensagem* é a primeira componente da comunicação, essencial por nela se resumir da forma mais simples a relação estabelecida entre um *emissor* e um *recetor*, por meio de um *canal de comunicação*, utilizando um *código*. O esquema está consagrado desde o modelo matemático de Shannon e Weaver, difundido em 1949 no âmbito da engenharia das telecomunicações (*apud* McQuail 1975: 14 e 21-22), e reaproveitado por Roman Jakobson para as funções da linguagem.[17] Pela sua dimensão técnica, é um modelo de tipo *processual*, isto é, que encara a comunicação como um processo, medindo a eficácia relativa do seu funcionamento global através da codificação e da descodificação de mensagens (Fiske 1990: 2).

Destas caraterísticas decorrem algumas consequências óbvias para a análise da comunicação. Em primeiro lugar, a mensagem é, em certa medida, vista como um bloco monolítico que passa de um emissor para um recetor – daí estes modelos serem considerados "transitivos". Em segundo lugar, a *intencionalidade* torna-se decisiva no estabelecimento do que é uma comunicação, visto que a transmissão implica um ato voluntário e consciente por parte da fonte emissora (Fiske 1990: 3). Por fim, tornam-se relevantes fatores como a quantidade de informação emitida, a quantidade recebida e qual a rendibilidade dos meios postos em prática. Necessariamente, medimos também os insucessos causados pelo *ruído* – isto é, qualquer perturbação na transmissão ou na receção – a fim de identificar, na cadeia de mecanismos, o que for responsável pela falha na *eficiência* (McQuail 1975: 14).

Todos estes fatores são discretos (ou seja, bem delimitados, unitários) e, por conseguinte, mensuráveis em termos matemáticos. Isto explica ainda que tenha sido criada precisamente para o modelo de Shannon e Weaver a noção de "bit" (palavra formada de 'binário' + 'dígito'), que é o que permite quantificar a informação transmitida em termos muito simples: sim/não, *on/off* (Beck *et alii* 2004: 36). Explica também o princípio universalmente aceite da proporcionalidade inversa entre informação e *redundância*: quanto mais repetida for uma

---

[17] Cf. nota 7.

informação, menos novidade contém, e, portanto, mais redundante e menos pertinente será para o recetor (Fiske 1990: 10).[18]

Por todas estas razões, os modelos processuais não só são tendencialmente lineares, como também dão um relevo talvez excessivo à transmissão da mensagem e ao emissor, em detrimento do recetor e da própria mensagem. Ora, esta maneira de perspetivar a comunicação não considera verdadeiramente a construção dessa mensagem, nem as reações do recetor – que é visto como um elemento passivo –, nem a forma como interpretará as mensagens recebidas, componente de que depende o próprio sucesso da compreensão (cf. McQuail 1975: 17-18). Desde logo, podemos começar por objetar que todas as comunicações quotidianas ilustram outros tantos casos de transmissão simultânea por parte do recetor, nem que seja por meios não verbais: um contacto visual e um sorriso, ou mesmo um abanar da cabeça dizem-nos que o interlocutor está a seguir o que dizemos, ainda que não concorde com as nossas opiniões.

Chamamos ao conjunto destes sinais, globalmente, *feedback* (ou *retroação*). Embora sejam essenciais, tanto no sucesso da cooperação entre indivíduos, como na avaliação externa do ato comunicativo, não são abrangidos pelos modelos lineares, a não ser que, mediante adaptação, estes sejam lidos "em espelho", passando então o recetor a emissor e repetindo o esquema. Neste caso, estamos a considerar um modelo de "transação", entendida tanto no sentido comunicativo como comportamental, já que os comportamentos recíprocos das pessoas são influenciados pela forma como comunicam (ver Adler e Rodman 2006: 15-18). Em todo o caso, a sua leitura será sempre linear, tal como a mensagem continua a ser vista como um produto acabado que passa do emissor para o recetor.

Por esta razão, não devemos ser ingénuos ao ponto de acreditar que uma boa transmissão implica automaticamente uma boa compreensão, nem que uma boa compreensão implica, também automaticamente, uma boa comunicação (Hartley 1999: 18). Todo o processo é, no fundo, uma cooperação e uma interação entre indivíduos. A imagem da dança, ou da orquestra, em que os interlocutores

---

[18] Como observa Fiske (1990: 11-14), a redundância só é inútil do ponto de vista puramente empírico ou puramente matemático. Mesmo tecnicamente, a redundância de uma mensagem é útil, porque permite compensar insucessos causados por ruídos, como Shannon e Weaver, aliás, reconhecem. Socialmente, as perguntas *Já chegaste?* ou *Estás a dormir?* não são redundantes porque funcionam como "aberturas" ou saudações, em certos casos como autoafirmações vitais na construção da identidade pessoal (ver cap. 2). Podem ainda responder à necessidade de reforço da união num grupo (ver cap. 3), constituir um meio de relacionamento com o público, ou mesmo criar empatia (ver cap. 4).

se ajustam uns aos outros, corrigindo e infletindo os seus comportamentos, de acordo com o *feedback* que vão recebendo, é muito mais adequada (ver Hartley 1999: 17-18; Bougnoux 1988: 20). Essa "dança" ou "melodia" exige um esforço conjunto que só modelos de outro tipo podem integrar.

2.1.2. *A comunicação enquanto significação: modelos semióticos*
Se integrarmos o *feedback* na definição da comunicação, o recetor deixará de ser um elemento passivo, porque investe no processo a sua própria "bagagem" ou "enciclopédia", isto é, a sua capacidade interpretativa. É por isso que também não podemos considerar a mensagem como um *produto*, antes como uma *produção* partilhada e em curso. Embora não de forma direta, existe assim uma ligação forte entre a dimensão social ou cooperativa da comunicação, entendida como partilha, e a construção conjunta da significação da mensagem, necessariamente negociada e progressiva. A questão, já aflorada a propósito da significação, é prioritária noutros modelos, ditos, com toda a propriedade, *semióticos*, e implica termos em conta, além da participação de ambos os interlocutores, o contexto em que essa construção é levada a cabo, bem como os meios utilizados nessa construção.

Desde logo, não existirão atos comunicativos isolados, mas sim um *continuum* de comunicação interativa, cujo principal efeito será o de permitir um conhecimento gradual do outro, construindo a própria relação social (McQuail 1975: 20-28). O próprio contexto não será uma componente fixa, mas progressivamente construída, tal como as mensagens não podem ser apenas transmitidas, porque o *feedback* assume uma importância crucial no ajustamento dos papéis e das identidades assumidas.[19] Não constitui surpresa, aliás, que um tal processamento funcione como matriz das relações interpessoais (Hartley 1999: 26-27, ver cap. 2).

Por conseguinte, os modelos semióticos integram indivíduos e mensagens num dado contexto, verificando como interagem uns com os outros e como se constroem mutuamente. Trabalhamos agora não tanto com a transmissão de uma mensagem até certo ponto monolítica, mas sim com *textos*, entendidos como produções abertas e contínuas de sentido. Se, numa visão mais limitada,

---

[19] O contexto pode criar ele próprio uma matriz de interpretação, um guião de sentido: um ramo de flores assume conotações muito distintas num casamento (símbolo de nova vida, juventude, pureza), numa competição desportiva (parabéns pela vitória), numa visita a um hospital (votos de boa saúde), num encontro (declaração amorosa), num funeral (tributo à memória de quem faleceu), etc. (cf. Mandoki 2007: 112-113; Bougnoux 1998: 18-20).

concebemos um texto, no sentido empírico, como o produto escrito de um indivíduo, dotado de sentido e que pode, por isso, ser lido e interpretado por outrem, numa perspetiva mais alargada, o próprio indivíduo acaba por ser produzido pelo seu texto, seja ele de que tipo for, já que o simples ato de o criar o transfomará, tal como o ato de o interpretar nos transforma. Neste momento, *somos* o presente texto, pelo menos na medida em que as nossas caraterísticas de autora e leitor(es), respetivamente – a forma de escrever, a forma de ler, a configuração e a interpretação das informações –, estabelecem imagens recíprocas.[20] Como é óbvio, quanto mais numerosos forem os elementos partilhados (códigos, contextos comuns, etc.), mais próxima estará a significação descodificada da originariamente pretendida (Fiske 1990: 39).

Por estas razões, os modelos semióticos caraterizam-se por uma forte componente cultural, englobando na sua análise um sem-número de fatores contextuais dificilmente sistematizáveis. Nesta perspetiva, mesmo um aparente insucesso (por exemplo, a compreensão incompleta de uma mensagem, ou a compreensão de outra em tudo distinta) não o é verdadeiramente, dado que gera outros sentidos, também eles, em certa medida, comunicados. Por outro lado, e uma vez que a comunicação configura o próprio comunicador (seja ele emissor ou recetor), assume a dimensão de uma construção identitária, tanto individual como coletiva e, por essa via, desempenha um papel crucial na integração do indivíduo nos seus diferentes grupos. Daí que o emissor perca a sua importância relativa, tornando-se a mensagem e o que o recetor nela introduzirá, pela sua interpretação, os fatores mais relevantes. A partir desta alteração no estatuto relativo dos fatores da comunicação, podemos pôr em causa que a comunicação seja apenas e só o resultado de uma ação intencional e consciente.

2.2. Tipologia de sinais

Para melhor compreender os dois tipos de modelos – o processual e o semiótico –, convém confrontar diferentes situações comunicativas, explicitando em simultâneo as suas componentes comuns, que são os sinais utilizados. Por exemplo, se prestarmos atenção ao mundo de informações que recebemos neste

---

[20] É avançada aqui uma versão muitíssimo simplificada de algumas ideias tornadas clássicas no âmbito da Semiótica e da Teoria da Literatura. Para a versão original e aprofundada do tema, ver Barthes 1994 [1973]: 1677-1689. Uma explicação mais acessível pode ser encontrada em Bougnoux 1998: 30-31.

momento, conseguimos interpretar muitas delas quase sem darmos por isso: alguém a bater à porta (pedido para entrar), o sinal do computador (chegou um e-mail), o silvo da máquina no bar (um café), o ronronar da impressora no gabinete do lado (alguém está a imprimir), o frio nos pés (que nos faz pensar que devíamos ter trazido meias mais quentes). Este estado de receção aguda faz-nos tomar consciência de que o fluxo de mensagens nos bombardeia em permanência, e só não nos perturba porque aprendemos a filtrá-las de acordo com o que o nosso cérebro julga ser pertinente em cada momento.

Todavia, os elementos que contêm estas informações não se classificam da mesma maneira. Numa definição restrita, apenas o bater à porta e o sinal do computador constituem mensagens, visto que foram deliberadamente produzidos para comunicar um dado sentido, que é distinto da sua manifestação formal. Aproximam-se por isso dos verdadeiros *signos*, isto é, dos sinais integrados num conjunto de convenções quanto à forma como devem ser interpretados, conjunto esse que é aceite por todos os membros de um grupo social (Fiske 1990: 41 e 64). Nos casos restantes, nem existe transmissão voluntária da informação, nem o sinal em causa corresponde a um conteúdo aceite por todos, nem pertence a qualquer código – o que é evidente no caso das meias, por exemplo.

Com base nestes pressupostos, podemos estabelecer que, no âmbito de um modelo processual simplificado, o termo *comunicação* abrange apenas os sistemas organizados de transmissão e receção de informação, constituídos por signos conscientemente escolhidos para o efeito e como tal reconhecidos por emissores e recetores. Aliás, é habitual citar a linguagem verbal como o exemplo mais ilustrativo, justamente por cumprir todos estes critérios (ver 1.1.). Todos os sinais acima referidos que não correspondem a estas caraterísticas serão classificados como simples *indícios*, suscetíveis de interpretação e, por essa mesma razão, dotados de sentido, mas não funcionam como signos, embora possam ser vistos como formas de comunicação do ponto de vista de quem os interpreta.

Mais difícil de analisar seria o sinal representado por uma fotografia familiar como fundo de ecrã, pelo menos no que toca ao seu caráter intencional e sistemático. Do ponto de vista da significação, a fotografia não é tanto um signo como um *ícone*, uma vez que o seu conteúdo, por assim dizer, é fielmente reproduzido pela sua manifestação, ou, em termos semióticos, a forma do sinal corresponde ao que o sinal representa. De facto, a imagem reenvia de forma direta aos membros da família. Esta dimensão distancia os ícones dos signos, que são necessariamente arbitrários e, por extensão, simbólicos. Os ícones não significam da mesma maneira que os signos, sobretudo porque a sua leitura conotativa é, paradoxalmente, muito pouco sistemática, e, por extensão, difícil de circunscrever quanto às intenções. Para lá da imagem, a fotografia pode ter sido selecionada no âmbito de uma comunicação muito particular, em que os interlocutores são, por assim dizer, uma e a mesma pessoa: se a escolhemos, é porque desejamos receber periodicamente uma lembrança da família. Por outro lado, também podemos estar a querer transmitir uma mensagem totalmente distinta para outras pessoas: se o computador em causa for partilhado por outros colegas, a imagem funciona quase como uma afirmação de territorialidade e será lida como "Este computador é meu, não é teu!". Não é fácil integrar os ícones em sistemas de valores opositivos, em códigos organizados, como acontece com os signos (Fiske 1990: 45).

Os ícones também devem ser separados dos indícios, porque estes últimos não se assemelham ao que representam (Fiske 1990: 46). Aos exemplos acima referidos de indícios, ou outros mais clássicos (o céu nublado, a luz do relâmpago, o ribombar do trovão), junta-se, por exemplo, o cheiro a queimado no verão, cujo sentido – pensamos – não precisará com certeza de explicação. Podemos assim distinguir meros indícios, ícones e signos como três tipos de sinais dotados de sentido, mas de complexidade lógica distinta, pois apenas os dois últimos serão integrados na comunicação e apenas o último possui caráter sistemático (cf. Bougnoux 1998: 31-37).

Não obstante, signos, ícones e indícios podem sempre abarcar variadas leituras numa abordagem semiótica, que é culturalmente marcada. A imagem de Marilyn Monroe ou de Lady Gaga no mesmo contexto da foto de família assumirá conotações diferentes, e a sua leitura por parte de um observador externo variará – podemos perguntar-nos como é que esse fundo de ecrã num computador que pertença a uma mulher (ou a um homem) é lido por um homem (ou por uma mulher). Também o cheiro a queimado não é fatalmente indício de incêndio, ainda que, do ponto de vista estatístico, o contexto cultural português nos condicione para o interpretar nesse sentido. Estas situações comprovam, portanto, que a significação é claramente construída pelo leitor, que não pode ser um recetor passivo (Fiske 1990: 40).

De forma inquietante, podemos mesmo encontrar comunicações que são construídas na sua totalidade pelos recetores, ainda que não haja transmissão de informação, ou, pelo menos, que essa transmissão não pareça intencional. Certos comportamentos como o bocejo, o apoiar da cabeça nas mãos, o fechar dos olhos e, por fim, a alarmante queda da cabeça em cima da carteira são meros indícios de um aluno sonolento. Na maior parte dos casos assim será, mas não é de excluir por completo que o aluno finja reações, para transmitir ao professor várias mensagens: (i) "A aula é uma seca"; (ii) "Não estou minimamente interessado no que está a dizer"; (iii) "Quero provocar uma reação de irritação" e (iv) mensagem global – "Estou a desafiá-lo por meio de um comportamento insolente". Situações deste tipo não são muito claras no que toca à intenção ou falta de intenção do emissor, justamente um dos critérios que nos permite distinguir comunicação de mera significação. Se, até certo ponto, a ausência de sistematização do meio utilizado permite excluir que se trate de comunicação tal como acima a definimos nos modelos processuais, o facto de todos os professores interrogados o interpretarem da mesma forma suscita algumas dúvidas. Em situações desta natureza, um modelo semiótico parece mais adequado, não esquecendo que, sendo o sentido o resultado de uma negociação que envolve também o leitor, o episódio descrito constitui certamente uma comunicação (ver Dimbleby e Burton 2005 [1985]: 49).

Considerando ainda o caráter sistemático dos sinais, analisemos o uso de um aro de ouro no dedo anelar da mão esquerda. No âmbito de algumas comunidades, sabemos que significa um estado civil: a pessoa em causa está casada e assume-o exibindo um bem material (tatuagens, roupas ou penteados poderão cumprir funções semelhantes noutras comunidades). Não obstante, este não é um sinal integrado num sistema de valores definidos por oposição, desde logo porque a ausência de aliança não significa que estejamos obrigatoriamente perante pessoas solteiras, viúvas ou divorciadas, isto é, não casadas. Mesmo a sua presença não é rigorosa: que deveremos concluir quando encontramos uma aliança... no anelar esquerdo de uma religiosa? No anelar direito de um protestante? No anelar direito de um adolescente que não tem idade legal para casar? Ou quando, à porta de uma discoteca, reparamos que algumas pessoas a retiram e a escondem?

A dimensão assistemática deste objeto decorre de não constituir especificamente um signo no âmbito de um código de significação, ainda que seja claramente um *símbolo* polissémico num conjunto de valores culturais e éticos, isto é, num código de comportamentos (Fiske 1990: 64). Como tal, apenas é válido para o grupo social que lhe imprime e nele reconhece um determinado estatuto. É verdade que os signos (por exemplo, os linguísticos) são, em certa medida, símbolos, porque a representação de um dado objeto lhes é assignada por convenção. Contudo, os signos são símbolos específicos, precisamente pelo seu caráter sistemático, isto é, por funcionarem dentro de um código de relações opositivas, tanto paradigmáticas como sintagmáticas (ver 1.1.). Ao invés, ainda que sejam regulares, os símbolos, no sentido genérico do termo, funcionam de forma isolada e efémera: cruzes, crescentes, véus, turbantes, chapéus e até barbas podem inclusive assumir e depois perder o seu caráter simbólico, ou alterá-lo; para isso, bastará que o valor representado pelo seu sentido deixe de ser importante para o grupo, ou deixe de ser reconhecido. Neste aspeto, o Portugal dos anos 50 olhava para uma mulher velada de forma completamente diferente da que olha hoje: o símbolo em causa mudou de sentido e, em consequência, também de valor, mesmo se continua associado a um grupo religioso.

No âmbito da Semiótica, os símbolos também pertencem ao âmbito da comunicação, uma vez que, além de transmitirem informação, podem ser voluntariamente usados e são de certeza conscientemente interpretados, ainda que nem sempre da mesma maneira, no seio de um dado grupo.

Por todas estas razões, justifica-se a dupla dimensão de *comunicação* acima avançada. Diremos então que a comunicação humana se define como o processo de construção, interpretação e partilha do mundo (sentidos, sentimentos, experiências, conhecimentos, etc.) processo esse que, no âmbito das sociedades humanas, garante a cooperação, ou mesmo o êxito, nas iniciativas dos seus membros (Beebe *et alii* 2005: 5) e integra todos os elementos (signos, ícones ou símbolos) cujo sentido for produzido e interpretado num dado contexto cultural. Numa perspetiva ampliada, certos sinais, que poderiam ser vistos como meros indícios, tornar-se-ão elementos da comunicação, desde que validados como tal pelo leitor, porque este lhes confere uma significação, e os trata como comunicando uma dada mensagem (Adler e Rodman 2006: 4-6 e 155; Trenholm 2001: 18 – 22). Esta última possibilidade torna-se evidente no âmbito da chamada comunicação *não verbal*, cuja análise se enquadra assim melhor num modelo de tipo semiótico.

2.3. *Comunicação não verbal*

2.3.1. *Verbal e não verbal*

O recurso à linguagem verbal separa a comunicação humana de todas as outras formas possíveis de comunicação. No entanto, dispomos de muitas outras formas de comunicar uns com os outros que não se baseiam num código linguístico. Podemos comunicar por expressões faciais, pela maneira como olhamos para os outros, por gestos, posturas, ou pela forma como nos tocamos, pelo que vestimos, pelas cores que escolhemos e até pela forma como ocupamos o espaço, como nos movemos, ou pelo nosso próprio cheiro (Hartley 1999: 53). Numa perspetiva evolucionista, muitos destes meios mais não são do que a continuação de comportamentos observados igualmente em outras espécies, o que explica a sua dimensão: em certas situações presenciais, mais de metade da comunicação humana é feita de forma não verbal.[21]

Mesmo que tentemos, a multiplicidade de meios é demasiada para nos lembrarmos sequer de os controlar na sua totalidade – admitindo que tal fosse possível. É verdade, porém, que a mensagem ganha tanto mais impacto quanto mais coordenados forem os recursos, sobretudo na comunicação pública (cf. cap. 4, 3.4.). Ao mesmo tempo, e contrariamente ao que acontece com a linguagem verbal, em que é mais ou menos fácil identificar meios e intenções comunicativas, entramos agora num domínio em que isso é virtualmente impossível, o que abre a porta a um vastíssimo conjunto de sinais assistemáticos e não discretos, isto é, não quantificáveis, contínuos, de dimensão universal, por um lado, e especificamente cultural, por outro (Trenholm 2001: 109). Dado que a análise deste conjunto é suscetível de muitas divisões possíveis que, em certa medida, se sobrepõem umas às outras, admitiremos aqui apenas uma primeira distinção em relação ao verbal, que o separa do não verbal (e do para-verbal).

São frequentes situações em que diferentes componentes da comunicação humana se harmonizam entre si, tendo em vista a maximização dos efeitos comunicativos. Pode acontecer, porém, que a nossa comunicação não verbal contradiga a verbal, o que já constitui um caso de interação um pouco mais complexo, uma vez que essa contradição tanto pode ser deliberada (como acontece com a ironia), como pura e simplesmente confusa. Curiosamente, para descodificarmos situações em que há conflito, prestamos mais atenção aos sinais não verbais (Beebe *et alii* 2005: 74). Por exemplo, sabemos que, embora todos

---

[21] Ver, a este respeito, a obra pioneira de Albert Mehrabian, *Nonverbal Communication*, Chicago: Aldine-Alterthon, 1972. Schiffer (Schiffer 1999: 49) apresenta algumas objeções a este princípio, preferindo correlacionar os diferentes meios e formas de comunicação com atividades humanas específicas. Numa perspetiva global, a bem conhecida frase de Marshal McLuhan "the medium is the message" (Marshal McLuhan e Q. Fiore, *The Medium is the Massage*, Bantam, 1976) resume o que nos parece mais próximo dos factos, sobretudo se pensarmos nas sociedades fortemente mediatizadas. Um dos melhores exemplos na história da comunicação é o bem conhecido debate que em 1960 opôs os dois candidatos presidenciais, John F. Kennedy e Richard Nixon. Os telespetadores avaliaram de forma mais positiva a aparência física indubitavelmente mais atraente do primeiro, mas ela não teve qualquer influência nos que seguiram o debate pela rádio, que, ao invés, consideraram a comunicação verbal do segundo mais credível (Rice 2001: 154; Kempf 2004: 39).

sejamos capazes de mentir quando estiver em causa um benefício ou necessidade imediata (e alguns de nós fazem-no de forma bastante eficaz), comportamentos não verbais involuntários – de que temos menos consciência – denunciam-nos a qualquer observador atento. Coramos, transpiramos, gaguejamos, hesitamos, não olhamos o interlocutor de frente, mas, sobretudo, tendemos a gesticular de forma peculiar ou descontrolada (piscando os olhos, por exemplo), já que o cérebro está demasiado ocupado nas suas elaborações para desperdiçar energia a regular a parte motora. Este é, aliás, o sinal mais difícil de controlar por parte dos bons mentirosos (Adler e Rodman 2006: 165-167). Tais sinais, se estiverem todos presentes, serão muito mais eloquentes que qualquer história que possamos contar, por mais plausível que seja, o que nos permite concluir que o corpo é mais sincero do que as palavras, mesmo que não o queira. O efeito pode, aliás, ser desastroso em público (cf. cap. 4, 2.6.4.).

Por conseguinte, o não verbal não está sempre dependente, nem é subsidiário da linguagem verbal, nem constitui um último recurso. Embora a realidade integre as diferentes componentes no fenómeno mais vasto da comunicação humana (cf. Poyatos 2002: 103), é assim possível considerar em separado as caraterísticas específicas de cada uma, não só porque não funcionam nos mesmos moldes, como também porque não servem os mesmos fins, nem lançam mão dos mesmos meios.

O facto de a comunicação não verbal não ser sistemática afasta-a claramente da verbal (tal como acontece com a para-verbal), e, só por esse motivo, fá-la depender em grande parte do contexto (Argyle 1988 [1975]). Apesar desta contingência, ela não deixa de ser muito eficaz para construirmos significações, às vezes involuntárias (cf. o comportamento do aluno sonolento visto *supra*), sobretudo no domínio das emoções, sentimentos e atitudes (Argyle 1972: 36-38). Tal explica em parte que surja quase de forma intuitiva quando queremos avaliar alguém num primeiro contacto, quando queremos alterar relações, ou sempre que estiverem em jogo emoções. O "amor à primeira vista" (deixando de lado a questão da química, que, aliás, também é comunicativa à sua maneira) é o exemplo mais conhecido. Profissionalmente, podemos usar o não verbal com uma consciência mais apurada, até porque as suas diferentes estratégias comunicativas podem ser analisadas e treinadas, como muito bem sabe (às vezes a duras penas) qualquer político de sucesso.

Por estranho que pareça em face desta complexidade, as únicas condições essenciais para a comunicação não verbal parecem ser a presença de sinais e a interpretação de outrem. Esse é o outro motivo pelo qual a comunicação não verbal assume especial relevância nas nossas relações (ver Dimbleby e Burton 2005 [1985]: 44-49). Em certa medida, até a sua dimensão social e cultural é, em si mesma, bastante informativa, já que pode indicar a ligação entre interlocutores, denunciar conflitos não verbalizados, ajudar a construir identidades ou papéis sociais, estabelecer cumplicidades, criar ou resolver problemas de compreensão, influenciar massas de seres humanos, determinar o êxito de uma empresa ou, com algum exagero, mudar o curso da história...

Não obstante, as comunicações não verbais exigem uma capacidade de interpretação muito desenvolvida e colocam-nos perante o problema fulcral de distinguir o que é intencional do que, não o sendo, também será considerado comunicação. Podemos compreender por que motivo isso acontece se lembrarmos que, tal como nas comunicações efetuadas pelas outras espécies, o não verbal humano não é articulado e é obrigatoriamente presencial, outra caraterística que o separa da abstração permitida pelo caráter simbólico da linguagem verbal. Porém, como já dissemos, não temos a certeza de que certas situações, como as criadas pela comunicação através dos gestos, ou da postura, sejam ou não conscientes, ainda que sejam, com toda a certeza, informativas (Adler e Rodman 2006: 157 e 159).

A importância da comunicação não verbal está, por todas estas razões, bem patente nos relacionamentos humanos, o que é corroborado pelo facto de a dominarmos antes mesmo de balbuciarmos. Os bébés aprendem a usar comportamentos não verbais numa forma comunicativa, por exemplo, chorando não porque algo os incomoda (essa é uma reação primitiva), mas sim para que lhes peguem ao colo. Qualquer adulto deteta facilmente que se trata de comunicação ao notar que o bébé chora, depois para de chorar para ver se obteve o efeito pretendido (ou para testar problemas de ruído e receber *feedback*, quem sabe?) e, em caso negativo, recomeça num tom mais alto (Doherty-Sneddon 2003: 16).

Por várias razões, entre as quais se conta a dimensão social que os configura, os comportamentos comunicativos não verbais são, com toda a probabilidade, aprendidos de uma forma distinta da linguagem verbal, não só porque nem todos se estruturam da mesma maneira em todas as culturas, como também porque as crianças os experimentam com muita cautela, antes mesmo de produzirem palavras. Serão mais parecidos com aprender a conduzir um carro, ou usar um programa de computador (ver Hartley 1999: 44-48). Assim sendo, também vão depender da comunidade em que nos inserimos, pelo que constituem técnicas ligadas à socialização.

2.3.2. *Para-verbal*

Tendo distinguido na globalidade verbal e não verbal, convém esclarecermos agora o que se entende como *para-verbal*, por esta componente servir justamente para pontuar o discurso e para auxiliar a interpretação da linguagem verbal. Há uma relação mais próxima com a comunicação verbal, que o não verbal propriamente dito nem sempre assume. Além disso, o para-verbal pode ser gestual ou vocal, isto é, produzir-se por meio de gestos ou de sons: os acenos, quando a distância torna o *Olá!* inaudível, as modificações do tom de voz, da entoação ou da intensidade (gritar, sussurrar, murmurar, por exemplo), as interjeições, exclamações e ruídos semelhantes.

O caso do aceno é um caso claro em que o para-verbal até substitui o verbal, por manifesta necessidade, ditada pelas condições do ato comunicativo, mas, para além da substituição, existem outras formas de interação, em que o para-verbal funciona como repetição ou complemento do verbal. Por exemplo, ao indicar o caminho, podemos mimar a expressão *siga em frente* movendo o braço para a frente, com a palma da mão em posição perpendicular ao pavimento. E este é um recurso vital na comunicação pública, já que serve para pontuar um discurso, ajudando a destacar certos pontos (ver cap. 4, 3.3.). Noutros casos de interação, recorremos ao para-verbal por razões expressivas ou reguladoras. É muito mais intenso não verbalizar totalmente um cumprimento, completando um *Estás...* com um assobio. O mesmo acontece se dissermos *O clube contratou um fulano que é uma torre!* e reforçarmos *torre* levantando os dois braços ao alto. Numa situação mais complexa, podemos, por exemplo, apontar para o relógio no final de um exame, o que constitui uma forma algo agressiva de regular o comportamento de um aluno mais lento.

Gestos deste tipo – que são, por conseguinte, repetições, reforços ou complementos da comunicação verbal, ou reguladores da própria interação – podem tornar-se verdadeiros signos, quando forem interpretados sempre de acordo com a mesma convenção. Alguns deles, por força das circunstâncias históricas, tornam-se mesmo emblemáticos pela carga emotiva e, ainda, universais pela sua difusão. Assim acontece com o "V" da vitória imortalizado por Churchill com o indicador e o médio da mão direita. Dentro de cada cultura, todos dispomos de sinais que compreendemos facilmente para significar *Tudo OK, Espera, Pouco barulho! Entre!* e afins, mas, à exceção do dedo indicador em frente à boca, eventualmente acompanhado de um *Chiu!*, a maioria desses sinais, para membros de outras culturas, será hermética (no melhor dos casos) ou ofensiva (no pior). O caso mais flagrante, neste aspeto, decorre do gesto negativo, que, para a maioria de nós, será o abanar da cabeça em sentido horizontal. Pelo contrário, em algumas regiões da Turquia, Grécia e Bulgária, esse gesto acompanha a afirmativa, o que pode ser bastante confuso.[22]

Para além dos gestos, todas as vocalizações que deixamos escapar e que correspondem muitas vezes a onomatopeias (tipicamente, *Ai!* quando nos queimamos, entalamos o dedo numa porta ou presenciamos uma cena assustadora, mas também os ruídos com que preenchemos pausas, hesitações, assinalamos assentimento ou discordância), são classificadas como para-linguagem, e são sempre reveladoras do estado de espírito de quem as produz, tanto mais que são produzidas involuntariamente. A sua exclusão do grupo dos signos linguísticos justifica-se porque não possuem caráter sistemático – basta pensarmos na quantidade de sons que produzimos quando temos dores para percebermos porquê. Nem todas são, além disso, universais, já que cada língua possui as suas onomatopeias bem distintas – os gemidos e as vozes dos animais, por exemplo, são reproduzidos de forma diferente.

Por fim, existem formas de para-linguagem ainda mais próximas da linguagem verbal, que são usadas também com maior ou menor competência por parte dos comunicadores que delas têm consciência. Na vida real, estas ocorrências são tão naturais que nem damos por elas nem temos consciência de que usamos os mesmos meios com fins mais ou menos idênticos, por vezes como deformação natural das nossas atividades. É por isso que professores, feirantes e treinadores poderão falar ligeiramente mais alto do que as pessoas normais. Algumas dessas formas são partilhadas por toda a comunidade, como, por exemplo, no caso da maior ou menor força com que pronunciamos determinadas expressões, ou no uso judicioso das pausas para indiciar topicalizações, isto é, destaques e reforços da informação: *Quero vê-la... a si!* com maior ênfase no *si* indica, em qualquer telenovela, que o galã está a tentar seduzir a rapariga. E o *Traga-me o prisioneiro... Agora!* com elevação da voz em *agora* reforça a ordem do vilão e faz-nos tremer pela sorte da vítima.

Classificamos estas estratégias no domínio prosódico ou suprassegmental, porque, tal como as onomatopeias, elas não obedecem às mesmas regras sistemáticas de combinação dos signos linguísticos. Isto não quer dizer que não sejam

---

[22] Esta "linguagem" é gestual, mas apenas no sentido empírico do termo, e não deve ser confundida com os sistemas mencionados em 1.5.2.: a "língua gestual portuguesa", a "língua gestual nicaraguense", etc., que são concebidas especificamente para substituir a linguagem verbal na comunicação entre pessoas com deficiência auditiva parcial ou profunda. Estas não constituem comunicação para-verbal (ver Beebe *et alii* 2005: 72).

cruciais na distinção de significações: na língua portuguesa, o tom ascendente no fim de uma frase é um sinal inequívoco, que opõe uma pergunta e uma afirmação. O mesmo se dirá do silêncio que, num jantar de cerimónia, se segue a uma anedota inconveniente (Trenholm 2001: 121). Também é inequívoco, embora nem sempre universal, o conjunto de sinais que usamos para comunicar que queremos falar quando alguém está no uso da palavra (Trenholm 2001: 113; cf. cap. 3, 2.1.5.). Não se trata apenas do gesto escolar de erguer uma mão ou de pôr o dedo no ar, mas sim de acenar rapidamente com a cabeça, abrir a boca e de nos inclinarmos para a frente (para-verbal gestual), e de recorrer a sons audíveis (para-verbal vocal). Da mesma forma, dispomos de um sinal evidente para autorizar o outro a falar, que é calarmo-nos, eventualmente com uma expressão onomatopeica que abra a comunicação (*Hum?... Hã?...*). Todos estes exemplos correspondem a estratégias reguladoras da própria interação verbal, aliás bastante mais eficazes do que afirmar: *É a minha/sua vez de falar.*

2.3.3. Proxémica

No domínio do não verbal propriamente dito, tanto a transmissão de mensagens como a dimensão social e cultural da comunicação se manifestam por meios tão surpreendentes como o espaço e a forma como nele nos posicionamos, nos movemos ou o organizamos. Trata-se do domínio da proxémica (do latim *proximitas*, "proximidade"), que pode ser estudado em duas esferas. A primeira será mais privada, e corresponde ao nosso espaço pessoal, influenciando também a nossa "linguagem" corporal. De forma direta, assinalamos os seus limites através das distâncias que estabelecemos em relação aos outros, de acordo com uma escala imaginária de proximidade, mais ou menos variável de cultura para cultura. A segunda esfera será mais pública, por ser definida pela própria organização social, o que implica que nos sujeitamos aos ditames do grupo que a originou.

Conforme afirmado pelo antropólogo Edward T. Hall, nas culturas ocidentais, a tipologia das distâncias obedece em geral a padrões mais ou menos definidos, padrões esses cujo desrespeito, subversão ou clara violação causará desconforto ou até receio (Hall 1994 [1959]: 188). Uma distância neutral varia entre 0,5 e 1,5 metros, sendo preferida para comunicações ditas "normais", sobre assuntos pessoais ou não pessoais. Já uma distância pública, adequada a informações partilhadas, a apresentações formais como as de uma aula, por exemplo, será marcada a partir de 1,65 m – facilmente se verifica que nada do que for dito para lá desse raio poderá deixar de ser ouvido por todos. Uma distância social, que permite conversas entre pessoas com relações formais, variará entre os

4 metros e o metro e meio, mais ou menos. O diálogo torna-se mais pessoal a partir daí, e distâncias inferiores marcam o nível das relações verdadeiramente íntimas (ou intimidatórias), sobretudo se houver menos de meio metro entre os interlocutores (ver Hall 1994 [1959]: 206-207). Isto acontece porque deixa de ser possível fazer o que quer que seja sem tocar no outro.[23]

Todas as relações entre as pessoas, bem como todas as comunicações, refletem-se e, ao mesmo tempo, são o reflexo da proxémica, como observamos através de uma conversa num consultório, num banco de jardim, ou na mesma carteira de uma sala de aula. A disposição reflete o grau de intimidade dos interlocutores no espaço: estão sentados lado a lado ou frente a frente, a pouca distância um do outro, ao ponto de se poderem tocar. Note-se que, fora da esfera íntima, assumirão, de preferência, posições relativas que impeçam o contacto físico involuntário, marcadas a partir da distância necessária para um aperto de mão. Aliás, é fácil perceber que os colegas não são meros colegas precisamente porque têm gestos mais íntimos, isto é, formas de comunicação não verbal como uma palmada nas costas, o bater levemente na cabeça um do outro com a palma da mão, numa atitude de um certo paternalismo, ou até o passar do braço pelos ombros ou pela cintura.[24] De certa maneira, a proxémica é inseparável da cinésica, a forma de comunicação não verbal que veremos de seguida.

Devemos analisar o espaço privado individual também do ponto de vista da cultura, justamente porque as suas dimensões podem variar um pouco de norte a sul, de este a oeste e, até, dentro de uma mesma sociedade, em função de modos de vida. Por exemplo, podemos sentir-nos desconfortáveis nos primeiros contactos com alguém de origem oriental, quando nos apercebemos de que estabelece uma distância tão pequena para a comunicação interpessoal que a sentimos como desconfortavelmente invasora. A primeira tendência será para nos afastarmos um pouco, provocando o efeito cómico de uma perseguição: quanto mais nos afastarmos, mais essa pessoa se aproximará, até que o

---

[23] Uma exceção é constituída pelas situações em que a própria atividade profissional envolva um contacto íntimo (tratamentos médicos, estéticos ou a prática de alguns desportos).

[24] É uma situação que se torna particularmente delicada na comunicação entre sexos diferentes, pela possibilidade de se transformar em assédio. Algumas empresas, sobretudo norte-americanas, estabelecem regras de interdição quanto a estes comportamentos, que constam dos próprios contratos de trabalho. O mesmo acontece na organização proxémica de certas instituições universitárias: o aconselhamento tutorial de docentes a discentes é feito com a porta do gabinete aberta (c.p.). A questão deve ser enquadrada num âmbito sociológico mais vasto, em que a perceção do outro atua como ruído ou barreira da comunicação (ver Dimbleby e Burton 2005 [1985]: 77 – 78).

desenvolvimento da relação, ou, em alternativa, a compreensão do que se passa venha resolver o problema (Hall 1994 [1959]: 204-5). Pessoas muito baixinhas ou muito novas podem também não ter exatamente consciência de que estão a ultrapassar os limites da "zona de conforto" ao aproximarem-se em demasia do seu interlocutor, o que desencadeará as mesmas reações de defesa.

Esta defesa, que é, no fundo, uma espécie de territorialidade, será ela própria comunicativa, no sentido em que marcamos o nosso próprio espaço e o damos a conhecer aos outros por meio de sinais não verbais, que podem até ser adereços (uma cadeira, uma poltrona, um cacifo). Neste ponto, convém lembrar que muitos animais fazem exatamente a mesma coisa, sobretudo nas épocas de acasalamento e criação (Hall 1994 [1959]: 185 – 188). No caso dos seres humanos, um casal preferirá de certeza passar a lua de mel a sós, pelo que optará por não ser muito falador em relação aos outros ocupantes ou ao pessoal do hotel. Certas atitudes e posturas que surpreendemos nos outros, ou que assumimos nós próprios, indiciam o mesmo – afastamento do corpo e do olhar quando não queremos perder muito tempo com alguém, evitamento do contacto, aceleração do passo. Também assinalamos o desejo de proximidade por meios proxémicos: puxamos uma cadeira mais para junto de nós, ou aproximamo-nos, diminuindo a distância.

Significativo também, do ponto de vista social, é o nosso comportamento num local público: os membros do mesmo grupo ou da mesma família, os amigos que assistem a um filme ou a uma conferência, podem "guardar lugar" uns aos outros, isto é, assinalar que querem ficar juntos ocupando espaços com objetos pessoais (uma carteira, um casaco, um chapéu). A mensagem é intencional e clara, tanto que ninguém se senta num lugar onde esteja um objeto que não lhe pertença, ou pelo menos, se o fizer, sabe de antemão que poderá despoletar um conflito. Uma prova de que aceitamos todos estas convenções e as significações que lhes estão associadas é o facto de, num restaurante ou num café, não retirarmos uma cadeira da mesa de outras pessoas, mesmo que esteja vaga, sem pedirmos primeiro licença. O ato permite a qualquer observador externo constatar que reconhecemos na mesa dos outros um espaço territorial definido, e que não o invadimos sem assumir uma atitude conciliatória.

A organização do espaço na esfera pública assume claras dimensões simbólicas quando traduz relações de grupo publicamente estabelecidas. Aqui, a distância importa tanto como a posição relativa dos interlocutores. Visualizando espaços, compreendemos assim a proxémica como sendo significativa – e comunicativa – a três dimensões. Por outro lado, se a proxémica é comunicativa em si, também, por sua vez, condiciona o tipo de comunicação estabelecida entre as pessoas.

Analisando espaços amplos, consideremos um anfiteatro ou um parlamento, que constituem dois bons exemplos de organização hierárquica simbólica. Em face do que dissemos, não constitui surpresa para ninguém que, aí, apenas seja possível comunicar verbalmente por meio de intervenções programadas, cuja gestão é feita por quem quer que ocupe o centro desse espaço. Na Assembleia da República, aliás, quem preside ocupa uma posição mais elevada, que representa o seu lugar na hierarquia do Estado e na hierarquia da própria Assembleia.[25]

Em qualquer espaço profissional, aliás, podemos encontrar organizações e significações do mesmo tipo, ainda que talvez não tão flagrantes. Uma mesa e duas cadeiras são justamente muito significativas (no sentido semiótico do termo), já que os interlocutores se podem sentar lado a lado, frente a frente ou em ângulo reto e que a escolha por uma ou por outra ocupação do espaço tem consequências (Trenholm 2001: 127). De todas, é a última a mais favorável a um entendimento, o que justifica não a utilizarmos, por exemplo, num interrogatório policial. Podemos encontrá-la, sim, num gabinete de trabalho e diremos, neste caso, que a mesa funciona como apoio ou suporte. Pelo contrário, se nesse gabinete existirem posições hierárquicas ou profissionais distintas – como, por exemplo, as que se estabelecem entre um advogado e um cliente, um médico e um paciente, ou um professor e um aluno, encontramos, com toda a probabilidade, a mesa a separar os dois interlocutores, aumentando a distância e estabelecendo uma verdadeira linha de fronteira entre quem solicita e a quem se solicita (Hayes 1991: 48-49).

Fatores deste tipo merecem uma especial atenção por parte das empresas, por reforçarem os lugares de cada indivíduo, bem como padrões de comportamento e de interação comunicativa, através de meios não verbais (ver cap. 3, 2.3.2.). A organização do espaço determina portanto a maneira como as pessoas nele se movem, se relacionam e comunicam, às vezes servindo objetivos financeiros: é bem sabido que o ambiente num restaurante de *fastfood*, colorido, barulhento, iluminado e desconfortável, leva os consumidores a demorarem muito pouco tempo, e, por conseguinte, aumenta a frequência. Um restaurante mais caro terá sempre um ambiente mais escuro, menos vibrante e mais calmo, favorecendo comunicações mais demoradas e aprofundadas com os clientes (Beebe *et alii* 2005: 86).

---

[25] Um paralelo com a organização do espaço numa igreja, sobretudo se for católica e antiga, permite-nos constatar que o altar também está geralmente mais elevado do que o lugar destinado aos fiéis, e, antes do Concílio Vaticano II, podia mesmo estar separado por um pequeno gradeamento, o que nos remete de novo para o simbolismo do próprio espaço (sem esquecer a forma em cruz, herdada dos primeiros cristãos).

2.3.4. *Cinésica*

É por isso que, para além das distâncias estabelecidas no espaço, devemos considerar também as nossas reações ao próprio espaço: a maneira como nos movemos dentro dele, e como o fazemos em consonância com o outro, ou outros. Significa isto que as nossas atitudes e posturas corporais são, mais uma vez na medida da nossa intencionalidade e da maneira como forem interpretadas, formas de comunicação, de tipo *cinésico* (do grego *kinema*, "movimento"; ver Adler e Rodman 2006: 168). Um dos sinais mais reveladores neste aspeto é a forma como o *feedback* é transmitido e interpretado no decurso de uma conversação, sobretudo pela sua vertente negativa e, até certo ponto apenas, involuntária: mesmo que disso não tenhamos consciência, tendemos a afastar-nos fisicamente de quem nos esteja a maçar, o corpo fica em tensão (punhos fechados, apertar dos lábios) e é possível que tentemos pôr cobro ao intercâmbio por meio de alguns gestos reguladores, que serão menos indelicados que a interrupção abrupta (olhar ostensivamente para o relógio, por exemplo, é menos agressivo do que dizer *Não estou interessado*). Porém, se o nosso locutor for competente, nenhum destes sinais será necessário, porquanto se terá dado conta do primeiro de todos: a ausência de contacto visual, indício de que não queremos estabelecer comunicação. Gesto quase sempre involuntário, é, apesar disso, interpretado como sinal de desinteresse, o que nos põe de novo perante o problema de o classificar como um comportamento inconsciente – um mero indício – ou um comportamento suscetível de interpretação. Dada a sua extrema importância no funcionamento interativo da comunicação e na própria regulamentação do intercâmbio, é de crer que não seja um simples sinal (ver Kerbrat-Orecchioni 1990: 17-20).

É no rosto humano – sobretudo no olhar – que se situa a primeira fonte de comunicação não verbal, entre outros motivos pelo número e complexidade dos músculos que aí se situam (Ellis e Beattie 1993: 32).[26] Tal como as outras espécies o fazem (e nós próprios teremos feito desde há milhões de anos), é pelo olhar que avaliamos os nossos interlocutores. Aliás, pode ser essa uma das razões pelas quais uma audiência nos intimida no início de uma apresentação oral, impelindo-nos mesmo a fugir (Beck *et alii* 2004: 174; ver cap. 4, 3.1.3.). Podemos encontrar aqui também uma espécie de defesa territorial mediatizada no próprio olhar e despoletada pelas circunstâncias da proxémica. Dado que a

---

[26] Para melhor compreender a "codificação" das expressões faciais, ver o artigo pioneiro de Paul Ekman e Wallace V. Friesen, "Constants across Cultures in the Face and Emotion", *Journal of Personality and Social Psychology* 17, 1971, pp. 124 – 129.

maneira como olhamos para os outros, o tempo desse olhar e a sua intensidade revelam a relação existente, ou que pretendemos criar, o olhar é uma das formas de comunicação não verbal mais reveladora que existe. Por exemplo, se formos obrigados a suportar uma invasão do nosso espaço, como a que ocorre numa carruagem do metro, ou num autocarro à hora de ponta, recorreremos à defesa simbólica de evitar a todo o custo olhar nos olhos as pessoas a quem estamos colados. Também é frequente, nos elevadores, assumirmos posições que não permitam o face a face. Isto nem sempre significa que não desejamos falar com os nossos momentâneos companheiros de viagem, mas sim que a relação não existe (ainda) e, por conseguinte, não faz sentido uma comunicação.

Por outro lado, os sinais emitidos por este meio podem ser enganadores, o que acontece porque, sendo a face a parte do corpo mais exposta (pelo menos desde que assumimos a postura ereta), sabemos inscreverem-se nela todas as nossas emoções íntimas. No processo de amadurecimento, à medida que tomamos consciência do olhar dos outros, aprendemos a ocultar em parte essas emoções, controlando os músculos da face. Em compensação, também aprendemos a interpretar melhor as expressões faciais dos outros, na condição de que pertençam a uma cultura que conheçamos bem (ver cap. 3, 2.1.5.).

Com efeito, uma razão pela qual nos enganamos por vezes na interpretação resulta do caráter também eminentemente cultural da nossa "linguagem" corporal. Se certas expressões são inatas e, por conseguinte, universais[27], transmitidas e reconhecidas por qualquer ser humano da mesma maneira – surpresa, medo, zanga, tristeza, alegria e nojo (Ekman 1999:305) – já outras são aprendidas e, por isso mesmo, poderão ter muitas leituras diferentes. Um empresário oriental conservará um ténue sorriso, ainda que esteja a assumir publicamente ser responsável por operações fraudulentas, porque, na sua cultura, o sorriso denota respeito e é ensinado como forma de controlar emoções, atitude que pode ser erradamente interpretada como provocatória por um ocidental. Olhar diretamente nos olhos do interlocutor pode ser considerado ofensivo na Coreia – onde a deferência obriga a um ligeiro inclinar de cabeça – ao passo que o desviar do olhar poderá ser interpretado como desinteresse, falsidade ou indelicadeza noutras culturas.

---

[27] O facto de invisuais, mesmo de nascença, serem capazes de espontaneamente produzir essas expressões, o facto de o fazerem da mesma forma em todas as culturas conhecidas, constituem provas do seu inatismo, pelo menos desde que Charles Darwin registou o fenómeno na obra *The Expression of the Emotions in Man and Animals*, Londres: Appleton, 1872.

Depende, finalmente, da cultura, mas também do sexo, a frequência e o tipo de toque que é admitido entre os membros da sociedade (Adler e Rodman 2006: 162). Universalmente, as mulheres e as crianças tendem mais a tocar-se, a tocar os outros e a deixarem que lhes toquem (Dimbleby e Burton 2005 [1985]: 46), mas, até aqui, haverá diferenças: a cultura portuguesa autoriza, por exemplo, que uma mulher cumprimente e seja cumprimentada com dois beijos na cara, mesmo em contextos profissionais em que acabou de conhecer os seus interlocutores (de ambos os sexos), gesto impensável numa cultura nórdica. Como é óbvio, os contextos também influenciam estes comportamentos, como se pode observar no final de um jogo de futebol, em que um ambiente tradicionalmente viril assume contornos extremamente emocionais, quer da parte dos vencedores, quer dos vencidos. Tudo indica também que o estatuto relativo dos interlocutores servirá como regulador, visto que a posição hierárquica inferior não autoriza que se tome a iniciativa de tocar num superior (Hayes 1991: 46).

Todas estas situações podem criar problemas nas relações interpessoais, eventualmente passíveis de solução, se o intercâmbio prosseguir e ambas as partes sentirem genuíno interesse uma pela outra. Não nos devemos, contudo, deixar iludir pelo caráter aparentemente natural da comunicação não verbal. Acima deste nível, a questão é mesmo considerada decisiva no funcionamento das multinacionais, uma vez que pode determinar o sucesso ou o falhanço da própria empresa. O trabalho e cuidado que se investe a nível profissional nesta vertente também confirma de forma indireta que a comunicação não verbal é algo que aprendemos no nosso meio cultural, em sentido lato (ver Hofstede 2010: 45-47).

2.3.5. *Vestuário*
Por mais injusto que seja, é verdade que julgamos os nossos semelhantes pelas aparências, e que tendemos a avaliar mais favoravelmente os que nos atraem, sobretudo se forem do sexo oposto. Por isso, construímos e gerimos uma imagem, recorrendo a uma das técnicas de comunicação não verbal mais subtis e criativas que existem – o uso dos nossos bens materiais e, em concreto, do vestuário. Num certo sentido, todos somos *designers* de moda (Trenholm 2001: 129): as nossas roupas comunicam quem somos, o que queremos e como nos relacionamos com os outros. Acima de tudo, projetam uma imagem construída, que é comunicativa não apenas por ser intencional, mas também, e sobretudo, por ser lida de forma convencional no âmbito de uma dada cultura (Hayes 1991: 51).

Os exemplos mais flagrantes são-nos dados pelos uniformes ligados às profissões: uma farda para agentes ou militares, uma bata para profissionais de saúde ou de laboratório, um avental e um barrete para cozinheiros, uma toga, uma sotaina. Estas marcas exteriores servem para marcar estatutos relativos, que funcionam como outros tantos indícios da relação que devemos estabelecer com as pessoas que os usam. Contrariamente ao dito popular sobre hábitos e monges, os bens materiais que possuímos e que ostentamos projetam significações, indubitavelmente codificadas por atos voluntários. O vestuário assume assim a importância de uma marca de imagem, mas também de regulador da própria interação social. O que vestimos, o que calçamos e os adereços ou objetos que selecionamos constituem parte integrante da nossa identidade pessoal, pelo que constituem uma via de comunicação para o mundo, revelando aos outros (ou escondendo?) quem somos... ou quem queremos ser, ou por quem queremos ser tomados. Funcionarão, portanto, como signos não verbais, seja qual for o tipo de comunicação que estabelecermos.

2.4. *Comunicação interpessoal, em grupo e pública*

A comunicação em que todos nos envolvemos no nosso dia a dia, difere por fim, conforme o número de participantes que estiverem envolvidos e a relação que entre eles se estabelece, o que nos faz distinguir níveis ou contextos contíguos e parcialmente coincidentes (Littlejohn 1982: 205). Adaptando em parte uma tipologia consagrada, distinguimos a comunicação dita *interpessoal* (que envolve duas pessoas), a comunicação *em grupo* (mais de duas pessoas) e a comunicação *pública* (um comunicador e uma audiência).[28] Não têm todas o mesmo peso na nossa existência, mas, tal como vimos para os meios comunicativos, cada uma serve necessidades bem específicas do ser humano e dos grupos sociais em que se insere.

Na maior parte dos casos – e ao longo da nossa vida, sobretudo se for privada – a maioria das comunicações que estabelecemos pertence à chamada

---

[28] As divisões consagradas distinguem comunicação interpessoal, em pequeno grupo, organizacional e de massas. Dadas as especificidades das comunicações de massas ou no seio das organizações, preferimos utilizar aqui uma lista mais próxima das comunicações que envolvem todas as pessoas no seu dia-a-dia, pelo que seguimos mais de perto a adaptação didática proposta por Adler e Rodman 2006. Além disso, preferimos considerar a comunicação dita "pública" (ver cap. 4), excluindo a comunicação dita "de massas" por esta estar associada ao fenómeno dos *media* (cf. uma discussão dos diferentes conceitos de *comunicação* no âmbito das Ciências/Estudos de Comunicação em Ferin 2002: 24-31; ver também Freixo 2006).

díade: uma comunicação interpessoal, que envolve dois participantes e que, num modelo transacional, seria representada por um emissor e um recetor que simetrica e continuamente trocassem de papéis. Reconhecemos neste primeiro tipo o esquema do diálogo ou da conversação. Há que ter em conta, contudo, que a comunicação só é interpessoal quando os dois interlocutores se tratam mutuamente como indivíduos únicos (Beebe *et alii* 2005: 23). Um artista que dá autógrafos pode trocar breves palavras com cada um dos seus fãs, mas essa não é a situação da verdadeira díade, já que os fãs serão tendencialmente vistos como todos iguais uns aos outros e, por conseguinte, receberão todos o mesmo tratamento.

Encontramos portanto a comunicação interpessoal, previsivelmente, no âmbito das relações mais informais e íntimas (pais e filhos, amigos de longa data, casais). Contudo, não é forçoso que uma díade se circunscreva às relações de intimidade pessoal, uma vez que também ocorre no âmbito profissional. No âmbito dos estudos de comunicação, é um domínio-chave cujo estudo congrega contributos de várias áreas, para além de revelar, quer aos participantes, quer aos observadores externos, o que de mais identitário e próprio existe em cada um de nós. Não se trata apenas da identidade que vamos adquirindo ao longo da vida, em função das nossas experiências, mas também do que escolhemos apresentar aos que nos rodeiam. Aliás, muitas vezes, a identidade que assumimos decorrerá desses outros, por razões de reconhecimento mútuo ou de integração. A comunicação interpessoal é, assim, a forma privilegiada de que cada um de nós se serve para estabelecer identidades e relações (ver cap. 2).

Seria tentador ver um segundo tipo de comunicação – a comunicação em grupo – como uma ampliação da anterior, já que, na sua génese, pode assumir a forma de múltiplas díades cruzadas entre si (cf. cap. 3). Não funcionando aqui a comunicação numa esfera totalmente privada, é verdade que conserva algumas das caraterísticas que vimos para a comunicação interpessoal, o que também decorre do facto de um grupo ter poucas pessoas, pelo menos dentro dos limites impostos pelos estudos da comunicação. Por outro lado, a diferença em relação ao tipo anterior é claramente marcada pelo facto de um grupo não ser apenas o resultado da soma dos seus membros, ou mesmo da soma das díades dos seus membros: existe uma partilha de regras e comportamentos, uma interação peculiar e até uma estrutura social específica (um grupo pode estabelecer uma hierarquia interna, por exemplo). Como consequência, podemos também falar na identidade do grupo, o que acaba por influenciar as dos seus membros (Hartley 1997: 19-20).

Esta dimensão tem inúmeras aplicações, em particular as profissionais, já que todas as empresas laboram com base em pequenos grupos e é a sua dinâmica comunicativa a responsável pelo sucesso ou insucesso do trabalho coletivo. Aliás, é uma dimensão de extrema importância no reconhecimento de um grupo, tanto externo como interno: os membros de um grupo têm um objetivo comum (eventualmente, partilham estratégias, formas de ver o mundo, valores, etc.) e reconhecem que pertencem ao mesmo grupo por essa via, além de poderem conformar-se à liderança de um dos seus membros – aquele que gere, organiza, dirige, decide, e, nos casos mais extremos, impõe ao grupo uma dada atuação (Beebe *et alii* 2005: 23).

Por fim, a comunicação pública assume uma forma particular, já que a um único emissor corresponderá um grupo vasto de recetores. Contrariamente ao que acontece com os dois outros tipos, este apresenta uma clara assimetria, porque a relação estabelecida, contrariando as regras da democracia mais elementar, faz pender a balança para o poder de um indivíduo sobre muitos, diminuindo em consequência a possibilidade de receber *feedback* (Adler e Rodman 2006: 8). Esta é uma caraterística partilhada com a chamada "comunicação de massas", em que um emissor (por exemplo, o pivô do telejornal) transmite para milhares de recetores (os telespetadores).

A comunicação pública será muito menos numerosa do que as anteriores, porque, como foi dito, é uma forma à qual podemos escapar, pelo menos enquanto locutores. Encontramos os melhores exemplos nos discursos públicos, sejam eles políticos, religiosos ou, até académicos (por exemplo, no caso de conferências ou apresentação de comunicações em congressos) e, como é óbvio, nem todos teremos oportunidade de comunicar em contextos destes. Por isso, trataremos apenas das situações em que poderemos ser chamados a falar em público com audiências mais modestas: um discurso de agradecimento, uma apresentação de um trabalho ou projeto, uma manifestação sindical (ver cap. 4).

A suprema importância destes três tipos de comunicação justifica que dediquemos a cada um deles os capítulos seguintes.

CAPÍTULO 2

EU E TU:
A IDENTIDADE NA COMUNICAÇÃO INTERPESSOAL

1. Componentes para uma definição

1.1. *Componente diádica*

As comunicações interpessoais são as comunicações mais numerosas que estabelecemos ao longo da nossa vida, além de serem as primeiras em que nos envolvemos com os nossos semelhantes. Desde o nascimento, ou até mesmo antes, que uma criança comunica com a mãe, ou com quem dela cuidar, sem que para isso seja necessária uma aprendizagem consciente. Todavia, este facto não é o único que as distingue de todas as outras formas de comunicação, ainda que as torne, como é óbvio, mais diretas, imediatas e espontâneas do que a comunicação em grupo ou em público (Trenholm 2001: 142-143). Na verdade, são especiais porque lhes atribuímos um papel fundamental no desenvolvimento da nossa personalidade, na gestão das nossas relações com os outros e, inclusive, no nosso próprio bem-estar.[1]

A condicionante do número de participantes é uma das vertentes mais significativas, por determinar uma relação muito específica. Neste caso, estamos perante uma forma de comunicação diádica e próxima, porque envolve dois interlocutores em copresença[2], pessoal, porque implica que se conheçam mutuamente, e interativa, porque ambos têm de participar.[3] No entanto, se toda

---

[1] Do ponto de vista semântico, as palavras *relação* e *comunicação* adquiriram mesmo uma conotação particular. De facto, quando dizemos que alguém "tem uma relação", ou que "aquelas pessoas não comunicam", pressupomos automaticamente a dimensão diádica (cf. Cameron 2000: 29).

[2] O conceito foi inicialmente proposto por Dean Barnlund em *Interpersonal Communication: survey and studies*. Boston: Houghton Mifflin, 1968 (*apud* Freixo 2006: 158).

[3] A dimensão diádica já existe nas comunicações que sustentamos connosco próprios, mas essas situações são *intrapessoais* (Adler e Rodman 2006: 6-7). Quase que nos desdobramos em duas entidades distintas, dizendo para a nossa imagem no espelho: *Não estás com grande aspeto, hoje. Já não tens idade para noitadas!* Não obstante ajudarem-nos a definir quem somos (Beck

a comunicação é interativa por definição, e se todas as comunicações entre dois indivíduos têm potencial diádico, nem todas as díades evoluem ao ponto de se tornarem interpessoais.

Assumimos aqui, como é óbvio, a visão mais otimista de uma boa comunicação interpessoal, o que não quer dizer que não haja padrões disfuncionais. Curiosamente, verificamos que existe então um certo paralelismo entre o desentendimento das pessoas e a comunicação, que se torna menos interpessoal, chegando os interlocutores a gritar e a afastar-se um do outro, apenas se reaproximando em caso de conciliação, ou, ao invés, em caso de violência física. No caso inverso, o bom funcionamento é revelado por um comportamento cinésico típico: os interlocutores tendem a mimar os gestos ou as posturas uns dos outros, como se se vissem ao espelho. Esta é uma das diferenças mais importantes entre os episódios *funcionais* e *disfuncionais*, que se traduz claramente nos sinais comunicativos, tanto verbais como não verbais.

1.2. *Etapas e regras*

Para que uma comunicação interpessoal evolua ao ponto de se tornar numa díade, é necessário que exista uma relação continuada, em que as nossas perceções mútuas se vão ajustando, graças ao *feedback* recebido ao longo de vários episódios comunicativos (Hartley 1999: 27).[4] Um dos pilares que sustenta este funcionamento decorre de ambos os interlocutores projetarem na díade as suas identidades, os papéis que desempenham um em relação ao outro e a própria ligação que os une (ver 2.). A reciprocidade resulta num intercâmbio de informações, no âmbito do qual cada mensagem será processada de acordo com um contexto progressivamente mais rico, integrará esse contexto, funcionando como *background* informativo para uma nova mensagem, e assim sucessivamente (ver Sperber e Wilson 1986: 118).

Por esta razão, todos os episódios comunicativos configuram etapas de crescimento, regras e estratégias postas em prática, avanços e retrocessos, sucessos e falhanços da própria relação. Simplificando um pouco, podemos estabelecer três etapas bem distintas: a das regras *culturais*, a das regras *sociológicas* e, por

---

et alii 2005: 187), estas situações não se consideram interpessoais, uma vez que a alteridade dos interlocutores se resume ao desdobrar de uma só personalidade. Salvo caso patológico, sabemos que, quando falamos para o espelho, não está lá mais ninguém.

[4] Dada a sua brevidade e o seu carácter pontual, há que excluir então das "verdadeiras" díades interpessoais comunicações como as que ocorrem na rua, quando perguntamos o caminho ou as horas a alguém.

fim, a das regras *psicológicas*.⁵ A cada uma dessas etapas corresponde uma fase de desenvolvimento da interação comunicativa e, por extensão, da relação humana que lhe subjaz.

Na etapa dos primeiros contactos, o conhecimento ainda muito incipiente dos interlocutores dita um patamar de segurança assente na sua própria comunidade, que corresponde a uma espécie de identidade provisória. A manifestação das competências, a escolha de estratégias comunicativas e a obediência às matrizes discursivas seguem, nesta primeira fase, regras mais ou menos estereotipadas e muito pouco surpreendentes. Pegando apenas no que aprendemos ser aceitável do ponto de vista formal numa sociedade ocidental e europeia, sabemos que, num primeiro contacto com outro adulto, o devemos cumprimentar com um aperto de mão (comunicação não verbal), tratá-lo com alguma cerimónia, evitar tópicos de conversa pessoais ou íntimos (comunicação verbal) e utilizar um tom neutro, nem muito entusiástico nem muito agressivo (comunicação para-verbal). Com toda a probabilidade, se se tratar de uma pessoa mais velha ou de estatuto superior, recorreremos também a um estilo formal.

De forma mais específica, cada comunidade terá regras mais ou menos rígidas que aprendemos desde muito cedo e refletem certos conjuntos de valores, motivo pelo qual as classificamos como regras *culturais*. Aliás, é precisamente aqui que, na esfera profissional, muitas comunicações acabam por falhar, devido ao desconhecimento mútuo da forma como cada indivíduo funciona, o que origina problemas de perceção e interpretação (Adler e Rodman 2006: 177). Por exemplo, numa sociedade oriental, que valoriza o silêncio e a hierarquia, obrigatoriamente, o interlocutor mais novo ou de menor categoria tem de esperar que lhe dirijam a palavra, e até, em países com regras de etiqueta mais rígidas, conservar-se numa posição ligeiramente mais baixa, como sinal de respeito e deferência (Adler e Rodman 2006: 42-43). Por contraste, o silêncio torna-se estranho numa sociedade ocidental, sendo interpretado como manifestação de desinteresse ou falta de educação. Ignorar estes preceitos significa muitas vezes perder um bom contrato, ou demorar muito mais tempo a negociá-lo, ou acabar por o fazer em condições desvantajosas.

Na segunda etapa, a das regras *sociológicas*, à medida que conhecemos um pouco mais do outro, orientamo-nos pela pertença a este ou àquele grupo social.

---

⁵ Aproveitamos aqui uma divisão, inicialmente proposta por Gerard Miller e Mark Steinberg em *Between people: A new analysis of interpersonal communication*, Chicago, Chicago Research Associates, 1975, e adaptada por Trenholm 2001: 143 – 144.

Comparando com a etapa anterior, verificamos que existe uma maior liberdade e, consequentemente, uma menor previsibilidade para os comportamentos. No caso de uma díade entre dois universitários, por exemplo, a fase do formalismo é praticamente inexistente se se tratar de estudantes, porque, sociologicamente, se pertencerem à mesma faixa etária, devem utilizar desde logo o *tu*. Ao invés, essa fase poderá manter-se e nunca ser ultrapassada se os estudantes forem mais velhos, ou, sobretudo, se se tratar de docentes ou investigadores. Nada disto funciona, porém, se os interlocutores não desejarem desenvolver a relação que sustentam – daí algumas resistências ao tratamento por *tu*, que podem surgir entre pessoas que não se apreciam mutuamente, ou que não gostam muito uma da outra.

Uma eventual passagem para um nível mais informal será favorecida pela proximidade de idades, estatutos profissionais, familiares, económicos e, significativamente, pela coincidência de especialidades científicas, o que nos faz perceber estarem em causa também identidades de grupo (ver cap. 3). Neste âmbito, tais identidades podem mesmo ditar a conservação de um certo formalismo. Em Portugal, nas áreas da Medicina e do Direito, sobretudo em contextos em que as hierarquias permaneçam muito importantes, há a tendência para manter os tratamentos de distância mesmo entre pessoas que trabalham lado a lado há anos. No primeiro caso, isso fica bem patente se compararmos a maneira como os médicos se tratam uns aos outros num hospital universitário (mais hierarquizado) ou num centro hospitalar (menos formal). No segundo caso, constata-se que até colegas de curso optam pelo tratamento formal em conversas informais, precisamente porque ele é obrigatório no contexto profissional que os une, o do tribunal. Note-se que isto acontece mesmo entre pessoas que recorreram ao tratamento informal por *tu* durante todo o curso. São situações bastante mais raras entre professores do ensino não superior (que, mesmo diante dos alunos, se tratarão por *tu*) e praticamente inexistentes entre operários, enfermeiros, canalizadores ou operários da construção civil. O formalismo só surge nas situações de hierarquia profissional, por exemplo, entre mestre e aprendiz.

Por fim, na etapa das regras *psicológicas* – muitas vezes vista como a da ausência de regras – a relação entre os interlocutores atinge o nível mais íntimo, que não é necessariamente o menos ritualizado. O que acontece é que os parceiros organizam as suas próprias regras, ainda que, ao mesmo tempo, o conhecimento que foram adquirindo um do outro sirva de bitola para aferir o que se pode ou não pode fazer. Nesta etapa, a parte mais gratificante será mesmo a de antecipar comportamentos ou prever reações com alguma acuidade, o que autoriza certos riscos. Por exemplo, um amigo pode dizer a outro Ó *meu malandro, porque é que nunca mais apareceste?* e receber em troca *Malandro és tu, que ficaste de telefonar a combinar uma jantarada e nunca mais disseste nada!* sendo estes enunciados reveladores de uma relação diádica muito íntima e perfeitamente cordial. Certos casais podem fingir lutas físicas, ou agressões verbais, ou amuos – sinais que assinalam via de regra padrões de comunicação disfuncionais (ver 3.) – mas que, neste caso, resultam de negociações privadas e de um conhecimento mútuo muito mais aprofundado.

1.3. *Competências e estratégias*

Considerada na sua globalidade, a comunicação interpessoal é um processo organizado em função dos efeitos que pretendemos obter, que faremos funcionar tanto melhor quanto mais nos treinarmos. Tais efeitos exigem competências sociais desenvolvidas, começando por uma perceção apurada do outro e da sua predisposição para colaborar, inclusivamente no manejo da variação linguística (cf. cap. 1, 1.4.). Por isso, todos nos pomos inconscientemente as perguntas: *Quem sou eu para lhe falar assim? Quem és tu para que eu te fale assim? Em que pé nos situamos? Que relação sustentamos?* As respostas obtidas guiam-nos na escolha das estratégias comunicativas, cuja eficácia é avaliada através do *feedback* recebido. Um dos esquemas representativos mais conhecidos resume o processo nos seguintes elementos: um *objetivo* inicial, uma *tradução* em *respostas motoras*, passando pela *perceção* e incorporando o *feedback*.[6] Toda a dinâmica se assemelha a uma máquina bem oleada, posta a trabalhar por funcionários altamente especializados e competentes.

Assim, se uma mulher pretender entabular conversa com um homem desconhecido e atraente (*objetivo*), avaliará a situação julgando-se a si própria, a ele e ao contexto – *Estou bem arranjada? Atraente? Não serei mal interpretada? Será ele simpático? Perigoso? Conseguirei controlar a situação? Posso aproximar-me ou é melhor esperar que repare em mim? ...* (*perceção* de si própria, do contexto e do potencial interlocutor). Caso se encontrem num contexto público como um café ou uma discoteca, poderá exprimir o seu interesse (*tradução*) assumindo comportamentos não verbais como a postura corporal ligeiramente voltada para a frente, descontraída, olhando de soslaio, valorizando os seus atributos físicos, talvez chamando a atenção para uma parte do corpo tocando-a repetida-

---

[6] O modelo, proposto pelo psicólogo Michael Argyle *in The Psychology of Interpersonal Behaviour*, Harmondsworth: Penguin (1976) é apresentado aqui na versão de Hartley (Hartley 1999: 44-52).

mente – o cabelo, as pernas (*respostas motoras*). O olhar interessado, o sorriso, o aproximar do outro, ou, pelo contrário, a total indiferença da parte do interlocutor (*feedback*) funcionam como sinais que suscitarão (ou não) uma eventual comunicação verbal.

Como é óbvio, a aplicação das mesmas estratégias no local de trabalho seria desastrosa, porque o contexto e a relação social dos interlocutores ditam uma abordagem distinta. Suponhamos que o membro mais novo de uma equipa de trabalho deseja ser promovido, o que depende do seu superior hierárquico. Será necessário que repare nele do ponto de vista da competência profissional, pelo que esse empregado agirá nas diferentes interações com base numa perceção mais ou menos provável do que se espera – geralmente, uma promoção implica o reconhecimento de que a pessoa em causa, entre outras qualidades mais específicas, tem consciência dos problemas, capacidade para os antecipar e resolver, além de ter ideias inovadoras e de ser capaz de levar projetos a cabo, dirigindo outros. O empregado em causa poderá valorizar o seu próprio trabalho, chamando a atenção para os contributos que tem dado à empresa, mostrando-se conciliatório numa reunião conflituosa (para dar a entender que é um bom elemento), ou, pelo contrário, mantendo uma posição firme, ainda que expressa de forma cordata (para mostrar que tem capacidade de liderança), apresentando sugestões inovadoras para expandir o trabalho da empresa, ou soluções para os problemas que surgem, sempre em consonância com o que imagina que o seu superior espera dele. Todas estas estratégias, que passam pela linguagem verbal, podem ser acompanhadas de comunicação para-verbal e não verbal, como o tom calmo, seguro, enérgico ou entusiasmado, a utilização de roupa que confira credibilidade, o recurso a bens materiais, que são tanto suportes profissionais como apoios de imagem (esquemas claros, dossiês bem organizados, planos sucintos, apelativos e coerentes, etc.). Se esse empregado se deparar com um comportamento distraído, pouco amável ou indiferente (por exemplo, o interlocutor nunca olha para ele, ou desvia o olhar, mesmo que diga *sim, sim*, interrompe as conversas para atender telefonemas e termina com um *vamos ver*), o *feedback* é francamente negativo – mas não podemos dizer que não seja claro.

Estes dois exemplos – que se encontram sempre nos inúmeros manuais de banha da cobra comunicativa sob a capa de "conselhos para ser uma pessoa de sucesso" – levantam-nos algumas questões sobre a maneira como aplicamos as nossas competências sociais à interação comunicativa (ver Hartley 1999: 62-76). O processo, na sua globalidade, implica sempre um manejo – por vezes uma manipulação – de objetos e de forças físicas, em conformidade com regras e convenções sociais previamente estabelecidas (McQuail 1975: 56). Desde logo, compreendemos que a experiência desse manejo pode, se bem sucedida, ou, pelo menos, se bem avaliada, contribuir para uma melhoria das nossas comunicações, uma vez que todos aprendemos com os nossos erros.

Numa análise experimental, qualquer estudante pode antecipar o que terá de enfrentar no mundo do trabalho aplicando as mesmas técnicas no contacto diário com professores, testando os efeitos das imagens criadas nas perceções que terão de si e nas suas consequentes reações. Com efeito, não obstante a pretensa objetividade com que um professor acredita avaliar todos os seus alunos, sabemos que os mais atraentes, ou, pelo menos, os mais bem vestidos, que apresentam o material de apoio de forma organizada, que falam ou escrevem com clareza e correção, que são pontuais, assíduos, delicados e cumpridores recebem quase sempre as melhores notas, mesmo que não sejam os mais brilhantes. Também é tristemente verdade que o inverso pode tornar-se fatalmente condicionador, razão pela qual uma má impressão inicial ou os fracos resultados de um primeiro teste têm por vezes consequências desastrosas, que podem inclusive suscitar autoavaliações negativas (Beck *et alii* 2005: 192). Neste aspeto, acontece, por exemplo, um aluno de língua estrangeira informar o professor que "tem falta de bases", apesar de o seu *curriculum* mostrar que aprende essa língua há pelo menos sete anos. Ambos se conformam então a uma explicação altamente improvável, despoletada por uma avaliação negativa feita numa época muito recuada.

Por outro lado, há que analisar também uma série de competências e estratégias que os bons comunicadores põem em prática e que contribuem muito para o seu sucesso. Tal como previsto nos modelos semióticos, qualquer episódio comunicativo abrange os dois interlocutores na construção conjunta da significação e, mais do que isso, na cooperação para atingir um dado objetivo, que poderá ser, inclusive, a própria relação. Nesta visão, a verdadeira díade implica que não analisamos o contributo de um sem considerar automaticamente o contributo do outro, pelo que a parte recetiva dessas competências é tão ou mais importante do que a parte emissora.

Para além da interpretação correta da comunicação não verbal – o que pode ser mais difícil do que parece – devemos incluir nas competências comunicativas comportamentos de reforço, como as técnicas usadas para fazer perguntas, a forma como refletimos o que o nosso interlocutor diz (por exemplo, repetindo uma palavra-chave, ou traduzindo uma ideia), ou reagimos a sinais para-verbais. A audição participativa ou *interativa* – isto é, a forma como ouvimos e prestamos atenção ao que nos dizem – encoraja tanto o interlocutor que poderá mesmo revelar muito mais do que inicialmente pensava, além de encorajar sentimentos mais amistosos a nosso respeito (Hartley 1999: 56).

Numa ilustração muito sumária, peguemos apenas nas reações dos interlocutores perante certas observações, que tanto podem funcionar de forma positiva como despoletar agressividade, ou incompreensão, ou tornar-se francamente inúteis. Consideremos, por exemplo, o seguinte diálogo:

A (tom de censura) – *Voltaste a não lavar a louça do pequeno-almoço.*
B – *O que é que tu queres dizer com isso?*

Não é necessário reproduzir o tom de B nem ser psicoterapeuta para perceber que a conversa está à beira do conflito, o que possivelmente não aconteceria se se desenrolasse da seguinte maneira:

A (tom de censura) – *Voltaste a não lavar a louça do pequeno-almoço.*
B – *E se eu fosse fazer isso agora?*

A diferença consiste no tom da pergunta de B, cujo subentendido, no primeiro diálogo, dá a entender que a observação de A é uma acusação de ações muito mais graves. Já na segunda situação, ainda que esteja igualmente presente a acusação (a leitura implícita é a mesma do diálogo anterior), há uma proposta de conciliação em que se propõe resolver o problema.

Também as interpretações que oferecemos serão suscetíveis de funcionar de forma positiva ou negativa, traduzindo assim atitudes do interlocutor que, de forma metonímica, reconhecemos pelos seus enunciados. Por outras palavras, associamos imediatamente a maneira como B responde à atitude que pretende assumir e à relação que pretende estabelecer.

A – *Não me apetece nada ir estudar para o exame de amanhã.*
B – *Isso quer dizer que és um preguiçoso.*

Nesta resposta, exagera-se a afirmação inicial, o que, tal como no primeiro diálogo, pode desencadear um conflito. Pelo contrário, uma réplica mais positiva teria em conta tanto o que foi dito como, eventualmente, alguma comunicação não verbal:

A – *Não me apetece nada ir estudar para o exame de amanhã.*
B – *Estás cansado, se calhar. Ou a matéria é uma seca...*

Este tipo de interpretação suscita o diálogo e encoraja a revelação de questões mais pessoais. Por esta razão, estas técnicas são usadas pelos bons entrevistadores, que conseguem que o seu interlocutor fale naturalmente de si ou do que lhe interessa, sem por isso descambarem nas chamadas perguntas--armadilha, mais próprias de espetáculos mediáticos (ver Adler e Rodman 2006: 140-146; cf. 4.2.).

Não existe consenso quanto à possibilidade real de aprender estas competências, dado que, se alguns comunicadores parecem saber de forma instintiva como desenvolver uma boa comunicação interpessoal, há muitos outros que nunca conseguem contactar de forma eficaz com os outros. No entanto, não é de excluir a hipótese de que o crescimento num ambiente propício ajude a transformar as capacidades naturais num conjunto de competências especializadas. Prova disso é o facto de a formação, nas profissões que implicam comunicações interpessoais – terapeutas ou relações públicas, para mencionar apenas duas – comportar módulos específicos sobre as técnicas de comunicação. Uma outra prova consiste na evolução a que podemos assistir em certas figuras públicas, sobretudo se compararmos entrevistas à distância de vários anos. A "naturalidade" com que as vemos comunicar não é, no verdadeiro sentido do termo, natural, porque, se o fosse, estaria presente desde o início. Tudo indica por isso que a aprendizagem de estratégias nos transforma em interlocutores competentes – e, em particular, em bons ouvintes. Podemos assim concluir que as competências comunicativas são, de facto, aprendidas, ou inconscientemente, por imitação, ou conscientemente, quando nos apercebemos da sua importância, não apenas na realização pessoal, como também no sucesso social.

2. Comunicação e identidade

2.1. Eu e Tu *segundo E. Benveniste*

A dimensão diádica está implícita em todos os modelos representativos da comunicação, seja ela interpessoal ou não, na medida em que incluem um emissor e um recetor – um *eu* e um *tu* – que são simétricos e reversíveis. Indo um pouco mais longe na análise destas duas entidades, o linguista Emile Benveniste considera que é o próprio sujeito que se constrói na e pela linguagem, a partir do momento em que se inscreve no discurso através da fórmula *eu*. Ao fazê-lo, instaura a alteridade dialógica com o *tu* a quem se dirige (Benveniste 1966: 259-260 e 262). *Eu* e *tu* são pois as "verdadeiras" pessoas discursivas – aquelas que se apropriam da linguagem para participar numa interação verbal – e por isso lhes chamamos *interlocutores* (no sentido etimológico).[7] Significativamente, aliás, os pronomes "eu" e "tu", que existem em todas as línguas conhecidas, são palavras *deíticas*, isto é, reportam-se à própria situação de comunicação, uma vez que o seu sentido muda consoante a pessoa que as utiliza. Numa terminologia mais rigorosa, são signos cuja referência, chamada *exofórica*, se encontra no próprio ato discursivo – um ato discursivo que é pontual, único, irrepetível e, por isso mesmo, infinitamente mutável. A estas referências pessoais juntam-se as espaciais e as temporais, *aqui* e *agora*, que também se encontram ancoradas no episódio comunicativo e constituem as instâncias primeiras de contextualização dos interlocutores (Faria *et alii* 1996: 437-445).

A construção da identidade não se resume, todavia, a uma manifestação linguística. Se analisarmos agora o contributo de cada interlocutor para esse episódio, temos de considerar a sua "bagagem" pessoal, entendida tanto do ponto de vista intelectual como do afetivo. Dessa bagagem fazem parte, para além do óbvio domínio das técnicas de comunicação verbal, não verbal e para-verbal, as chamadas competências *culturais* e as competências *ideológicas* em sentido lato, isto é, as pistas de codificação e descodificação que convocamos para a construção de sentidos, as *predisposições psicológicas*, e as *matrizes discursivas*.[8] Todas estas componentes podem funcionar de maneira positiva ou negativa, já que nem sempre atuam como contributos, antes se tornam "filtros" e até barreiras, isto é, ruídos ou obstáculos à comunicação.

No caso das *competências culturais*, é o conhecimento do mundo, configurado pela própria cultura e pela língua no nosso pensamento, que organiza uma espécie de enciclopédia, a um tempo pessoal e coletiva, um verdadeiro motor de busca. Por meio desse motor, conseguimos construir e interpretar diferentes conotações, mas também avaliar o impacto que certos elementos da comunicação – sejam eles temas melindrosos, expressões chocantes, sexistas, politicamente incorretas ou simplesmente suscetíveis de leituras ofensivas – têm em determinadas situações mais delicadas, pressupondo, como é óbvio, que o sistema de orientação subjacente seja comum. Neste aspeto, as primeiras impressões de

---

[7] O autor exclui a chamada "terceira pessoa" (em português, "ele", "ela") por não ter dimensão discursiva. Corresponde, de facto, ao tema ou assunto mencionado, mas não é participante da interação dialógica e, por essa mesma razão, não tem estatuto de interlocutor (Benveniste 1966: 230-231), o que, aliás, é coerente com a definição *diádica* da comunicação interpessoal.

[8] Adaptamos aqui as componentes propostas por Catherine Kerbrat-Orecchioni (cf. Kerbrat-Orecchioni 1981: 19), que, por sua vez, são desenvolvimentos do modelo de comunicação de Roman Jakobson (cf. cap. 1, 1.2. e 2.1.1.).

uma díade interpessoal são cruciais, por um lado, mas também bastante perigosas, por outro, tendo em conta que o primeiro contacto corresponde ao avaliar imediato do outro e à construção de uma imagem quase sempre irremediável, baseada no conjunto das nossas experiências passadas, ideias feitas, categorias de interpretação do mundo, preconceitos, estereótipos... Não é possível barrar essa avaliação, já que ela corresponde a um verdadeiro instinto de sobrevivência, sem o qual não seríamos capazes de resolver situações muito problemáticas, ou até perigosas.[9] A questão está em saber se um tal juízo apriorístico corresponde à realidade, sobretudo tendo em conta que se baseia num pequeno número de sinais comunicativos, que se destacam por serem mais intensos, mais repetidos ou mais contrastantes, ou ainda por corresponderem a motivações privadas, mas que nem sempre são os mais sinceros ou os mais importantes, já para não falar no facto de quase todos serem também involuntários (cf. Adler e Rodman 2006: 37-38; Dimbleby e Burton 2005 [1985]: 76).

Quanto às competências *ideológicas*, resultam de valorações nos nossos quadros pessoais, que também podem ser enganadoras ou prejudicar outros. Num exemplo muito simples, basta lembrar que a quase totalidade dos empresários, mesmo que esteja à beira da falência, só viaja em 1.ª classe (a que correspondem etiquetas publicitárias mais ou menos sonantes como *classe conforto, classe VIP, classe "Executive"*), porque, se não o fizessem, dariam uma má ideia das finanças da empresa (ainda que fosse a ideia correta). No mundo profissional, como vimos, os bens materiais fazem – ou desfazem – o monge, pelo que tendemos a avaliar positivamente os que se vestem como nós, e negativamente os que fazem escolhas muito diferentes (cf. Adler e Rodman 2006: 38 – 39, ver cap. 1, 2.3.5.). Estamos aqui ainda perante sinais voluntariamente escolhidos para comunicar uma dada mensagem. Mais difícil é o caso de uma senhora que hesita em escolher um cabeleireiro porque as suas tatuagens lhe "comunicam" um estilo de vida muito diferente do seu. Pondo de parte a questão já discutida da intencionalidade, todas estas situações implicam uma percepção do outro que é, em si mesma, comunicativa, mesmo que nem sempre as pessoas tenham consciência disso.

Um terceiro tipo de contributo – ou de filtro – de âmbito mental, assenta nas *predisposições psicológicas* dos interlocutores. Dito da maneira mais simples,

---

[9] Todos os manuais, prospetos ou anúncios que as forças policiais do mundo inteiro divulgam com conselhos para a segurança pessoal insistem na necessidade de "confiar nos instintos" e de agir imediatamente quando houver uma qualquer sensação de perigo. Estas sensações são, quase sempre, despoletadas pelas primeiras impressões e por comunicações não verbais, precisamente as mais difíceis de interpretar (Hartley 1999: 5-6).

existem contingências, às vezes físicas, outras vezes mentais ou afetivas, que nos condicionam de maneira positiva ou negativa. Se comparecemos numa entrevista de emprego em estado de ressaca, não haverá grande predisposição para comunicar, tal como acontece numa reunião que tiver lugar no dia seguinte a uma noitada. Em compensação, um orador que não só acredita no que diz como também gosta do que faz, consegue, via de regra, convencer o seu público com muito mais facilidade. Quando consideramos que certas pessoas são "comunicadores natos", "têm uma predisposição natural para comunicar" – caso da maior parte dos anfitriões de concursos –, estamos na verdade a reconhecer que o seu discurso, a forma como se relacionam com os outros, a capacidade para os fazer falar, são dons e não aquisições. Ora o dom – se é que existe – não é mais do que o *gostar* de comunicar. Podemos, aliás, perguntar-nos se esse gosto não resulta naturalmente de ser capaz de o fazer com êxito...

Pode, contudo, haver predisposições não pontuais, isto é, mais ou menos contínuas e até permanentes, que atuam também como barreiras ao entendimento. Assim acontece no chamado "conflito de gerações", em que a diferença quase abissal de pontos de vista, aliada a uma por vezes longa história de comunicações disfuncionais, tem como consequência a dificuldade ou até a impossibilidade de comunicação entre os pais e os filhos adolescentes. Não sendo embora o único sinal relevante, o mais percetível é, talvez, a diferença lexical no discurso, que reflete imagens recíprocas negativas: *o cota/a tonta, não me desampara a loja/tenho de impedir que faça tanta asneira*. As avaliações são eventualmente coincidentes e, por isso mesmo, irreconciliáveis: *Não sabe nada da vida* (apreciação mútua de um pai e de uma filha adolescente).

Vemos assim que as predisposições psicológicas deverão ser consideradas a curto e a longo prazo, ou seja, no âmbito de cada episódio comunicativo e, globalmente falando, para toda a interação. É por isso também que certas discussões conjugais não têm qualquer importância – na verdade, são despoletadas por situações pontualíssimas de extremo cansaço, *stress* ou irritação –, ao passo que outras se tornam muito graves, por se inscreverem numa espiral de degradação continuada e progressiva, em que nunca há vontade de comunicar (cf. Trenholm 2001: 152-153).

Um último filtro das comunicações interpessoais, o das *matrizes discursivas*, atua no fundo como pauta reguladora do intercâmbio, isto é, constitui uma espécie de pano de fundo para as regras e estratégias que normativizam a comunicação, confortando os interlocutores nos seus respetivos papéis e na maneira como os desempenham (ver 2. e cap. 3, 2.3.). Se, por um lado, é verdade que cada ato comunicativo e cada contexto em que se enquadra são únicos e irrepetíveis, também não deixa de ser verdade, por outro, que nos conformamos a cânones ditados pela nossa experiência na altura de selecionar os inúmeros meios disponíveis – sejam eles verbais ou não verbais –, e que reagimos a cada enunciado de acordo com esses mesmos cânones. Dentro de uma dada situação, há sempre um guião pelo qual nos orientamos, por sabermos de antemão que assim existem mais hipóteses de sermos bem sucedidos.

Certos guiões ou matrizes são mais evidentes, mas também mais rígidos do que outros, e organizam-se em torno das variações, sobretudo linguísticas, como as do código oral ou escrito, do estilo formal ou informal. À medida que nos socializamos, aprendemos a seguir e a esperar esses guiões, por exemplo, numa carta pessoal ou formal, num relatório, numa conversa telefónica, num encontro de circunstância, até numa discussão ou numa reclamação. A escolaridade, aliás, ensina especificamente os guiões de algumas destas comunicações (*Como escrever uma carta a uma entidade, ...*). No entanto, a maior parte das díades interpessoais, ainda que obedecendo a uma matriz muito apurada, acaba por ser aprendida *in situ*, com base nas nossas observações pessoais. É assim que nos integramos na nossa comunidade, seguindo exemplos externos, cuja representação tentamos imitar, de acordo com horizontes de expetativas mais ou menos prováveis.

Isto acontece, por exemplo, na comunicação interpessoal entre o médico e o seu paciente, no contexto de uma consulta. É um tipo de díade que apresenta muitas componentes previsíveis, mas que terão de ser aprendidas, porque não serão seguidas desde o início – na interação entre uma criança e o seu pediatra, ou mesmo se um dos participantes for adolescente. No caso de dois adultos, sabemos que a pergunta *Então como está?* feita pelo médico ao paciente não é uma pergunta de circunstância, como seria se feita pelo paciente ao médico – o que quase nunca ocorre – ou se fosse feita no contexto de uma festa. Sabemos também que é lícito o paciente fornecer informações íntimas, até quando não têm diretamente a ver com os males físicos (porque fornecerão ao médico uma ideia mais clara do seu estado de espírito) e que é lícito, até mesmo esperado, que o médico toque no paciente, mas não que o paciente toque no médico, nem que este último mencione os seus problemas pessoais, sejam eles físicos ou psicológicos. Na verdade, um médico doente inspiraria muito pouca confiança, como se compreende.

Mais importante do que tudo isto é a relação de poder entre os interlocutores, de que resulta uma hierarquia implícita: o médico está a ser consultado sobre um problema que conhecerá, mas de que o paciente apenas sabe os sintomas subjetivos (com alguma sorte, também a causa, mas não certamente o tratamento nem a cura). Estes pressupostos refletem-se na matriz discursiva, tanto verbal como não verbal. Assim, o paciente tratará o médico pelo título e responderá a tudo o que lhe é perguntado; o médico não precisa de usar títulos, fará muitas perguntas e pode não dar qualquer resposta, ou, mais frequentemente, usar a metalinguagem pouco percetível que é própria da sua especialidade, ou ainda assumir uma postura didática de explicação. As distâncias proxémicas entre interlocutores são menores do que as estabelecidas noutras profissões, mas existem barreiras simbólicas: o médico estará totalmente vestido, até de bata, o paciente poderá estar parcialmente despido, mas apenas se necessário. Qualquer alteração destas expetativas será sentida como grave e pode perturbar a comunicação – e a relação – entre os interlocutores. Tanto assim é que, terminado o exame físico, o médico espera que o paciente se vista para conversar com ele sobre a sua doença.

Independentemente de todas estas componentes, ressalvados os rituais mais óbvios, as diferentes ocorrências da díade que acabámos de resumir assumem componentes mais específicas, que, tal como para todas as outras díades, a individualizam à medida exata dos seus participantes. Assim, cada um de nós contacta à sua maneira com o seu médico... a quem, no verdadeiro sentido do termo, chamamos *o meu médico pessoal*.

2.2. Personalidade e autoimagem

O processo interativo que constrói a relação com o outro constrói também uma identidade pessoal, distinta da que temos quando sozinhos. Na verdade, não se trata tanto de *uma* identidade para consumo alheio – que, só por si, já é distinta da que confessamos ter para nós próprios – mas sim de *identidades múltiplas* e *mutáveis*. Podemos dizer que cada uma delas contém um pouco do nosso "verdadeiro eu" (por mais inadequada que esta expressão seja), um pouco do "eu que queremos ser para os outros" e do "eu que os outros veem", ou seja, uma variedade de "eus" que é necessário organizar e que se vai moldando às circunstâncias externas, consoante os diferentes interlocutores com quem comunicamos.[10]

Numa linguagem mais precisa, cada um de nós se apresenta ao outro com a sua *personalidade*, mas também com a ideia que temos de nós próprios, isto é, a *autoimagem*, para além do *papel* que estivermos a desempenhar nesse momento.

---

[10] Uma vez que não se trata aqui de discutir a psicologia do indivíduo, esta apresentação é necessariamente muito sumária. Para uma abordagem global do tema, correlacionada com a comunicação, ver, por exemplo, Hartley 1999: 97-109; Beck *et alii* 2005: 187-209.

A estas vertentes acrescentam-se partes da imagem que queremos projetar para os outros e da que os outros, finalmente, terão de nós. Como é evidente, o processo funciona também nas comunicações em grupo e em público, altura em que nos aperceberemos de que a sua complexidade se deve, antes de mais, ao número astronómico de identidades envolvidas...

A personalidade que cada um de nós possui será herdada nos genes e moldada pela educação, isto é, pela influência que o meio ambiente tem no nosso desenvolvimento, para além das intervenções que possamos ter para a modificar, por exemplo, através de terapias ou outros meios. É relativamente estável, ainda que não seja sempre idêntica, nem previsível (Hartley 1999: 98) e, sobretudo, possa, até certo ponto, ver as suas manifestações controladas pelas nossas próprias escolhas e ações. Consequentemente, é uma componente que se vai tornando mais trabalhada à medida que amadurecemos, sobretudo se estivermos seguros de quem somos. Por muito importante que seja, não está, no entanto, predestinada, no sentido em que nada possa ser feito para a adaptar, sobretudo pela via da autoimagem. Muitos indivíduos tímidos e introvertidos tornaram-se diferentes – e até muito influentes – pelo trabalho que desenvolveram a tentar superar o que à partida seriam obstáculos de monta para figuras públicas.[11]

Tanto a personalidade como, de forma mais marcante, a autoimagem, podem ser influenciadas de forma irreversível pelas reações obtidas nas nossas primeiras comunicações espontâneas. Ainda que haja muitas teorias sobre este assunto, é consensual trabalhar-se, pelo menos na área da psicologia ligada à comunicação, com o conceito da *autoestima*, isto é, do juízo de valor que fazemos de nós próprios e da maneira como reagimos ao exterior e organizamos as informações recebidas. O facto de outros confirmarem o que dizemos, ou, pelo menos, de confirmarem que ouviram as nossas informações, ainda que não concordando com elas, suscita uma boa autoestima. Já mensagens que não reconheçam sequer o que dissemos podem ter efeitos devastadores na forma como comunicamos – e funcionamos – em adultos (Littlejohn 1982: 213; Hartley 1999: 105; Beck

---

[11] Um caso revelador e atualmente muito mediatizado é o do rei Jorge VI (1895-1952). Filho segundo e afetado desde a infância pela gaguez e pela insegurança, ascendeu ao trono britânico por uma abdicação imprevisível. É de destacar o facto de ter aprendido a dominar a gaguez com um especialista da voz, de maneira a poder fazer discursos em público. Independentemente da subjetividade dos juízos históricos, permanece até hoje um dos monarcas mais respeitados da história da Grã-Bretanha, não obstante a improbabilidade inicial de que tal viesse a suceder. O exemplo confirma também o que atrás foi dito sobre a aprendizagem das competências comunicaticas (ver cap. 1, 2.3.1.).

et alii 2005: 191). Se as mensagens de uma criança forem sistematicamente tratadas como não tendo qualquer importância (*Agora não. Isso não interessa. Acaba mas é essa sopa. Que disparate!*), essa criança pode transferir a avaliação depreciativa do seu discurso para si (*O que eu digo não interessa = Eu não sou interessante*), o que favorecerá um comportamento retraído, introvertido e, a longo prazo, muito difícil de modificar. Por contraste, encontramos adultos extrovertidos e bons comunicadores no seio de famílias que encorajam as conversas e, sobretudo, valorizam as comunicações de todos os seus membros, por muito pequenos que sejam (ver Hartley 1999: 104-106). Claramente, essas famílias promovem a igualdade de oportunidades comunicativas, distribuindo de forma mais ou menos democrática o acesso à autoexpressão, sem o qual toda a comunicação pode tornar-se disfuncional (ver Mortensen 1994: 79-80).

Vemos assim que a autoimagem não é uma componente da personalidade, mas sim uma estrutura cognitiva assente nas ideias construídas pelo indivíduo sobre si próprio. Pelo facto de conter diferentes partes, cada uma associada a uma espécie de representação individual de um papel, de acordo com o contexto ou situação concreta, será então influenciada pelas reações dos outros (Argyle 1972: 60). Daí a importância central do "outro" para quem falamos, primeiro destinatário da imagem que queremos projetar. Pela sua própria perceção e consequente *feedback*, é ele que nos pode devolver ou a confirmação ou a contestação dessa mesma imagem (Trenholm 2001: 145).[12]

Se houver harmonia entre as diferentes imagens, mesmo que a opinião dos outros tenha muita importância na construção da nossa identidade, não forçará a nossa atuação comunicativa, e, por conseguinte, não a sentiremos como avassaladora. Dito de outra maneira, haverá uma distância menor entre a imagem projetada, a autoimagem e a que os outros terão de nós. O resultado global desta situação (algo idílica) é uma certa constância de atitudes e posturas, tanto comportamentais como comunicativas. Podemos assim concluir que assumimos as nossas identidades de uma maneira tendencialmente "sincera" (Beck *et alii* 2005: 213), se essa "sinceridade" receber *feedback* encorajante. Ao invés, quanto maior for a distância entre a imagem projetada e a autoimagem, mais dificuldades existem em comunicar com os outros, pelo menos de maneira

---

[12] Charles E. Cooley sugeriu em *Human Nature and the Social Order* (Nova Iorque, Scribner's, 1902) a metáfora do espelho ("self-looking glass") para designar o processo através qual nos vemos pelos olhos dos outros (*apud* Adler e Rodman 2006: 50). Para uma ilustração aproximada da ideia (ainda que o autor não o faça assumidamente), ver Abreu 2007: 105-145.

satisfatória, porque é justamente a autoimagem que controla os nossos comportamentos, evitando as inconsistências e procurando confirmação nas reações alheias (cf. novamente Argyle 1972: 60).

Problemas semelhantes ocorrem quando for grande a distância entre a autoimagem e imagem percecionada pelos outros, porque ambas podem ser distorcidas em vários sentidos. Um caso flagrante é o da forma como um doente anorético encara o seu próprio corpo – vê-se como "gordo", "obeso", "enorme", ao passo que os outros o veem como "magro demais". Inversamente, apreciações ou depreciações exageradas feitas por outros servem para nos convencermos de que somos o que nos chamam, como acontece em certas situações de treino na recruta do exército, em interrogatórios violentos, no simples quotidiano do ambiente prisional, ou, até, em certas praxes universitárias. Aqui, a imagem que os outros nos devolvem – verbalmente e não verbalmente – ainda que não coincida com a nossa autoimagem, poderá vir a afetá-la a médio prazo, fazendo baixar a nossa autoestima. Corrigindo a divisa dos regimes de emagrecimento, não somos o que comemos, antes nos tornamos no que nos dizem que somos.

2.3. *As representações do "eu" segundo E. Goffman*

De acordo com o sociólogo Erving Goffman, é neste quadro que todos nós desempenhamos os papéis de diferentes personagens (as *personae*, ou "máscaras"), numa representação teatral montada para benefício dos outros, se não mesmo para o nosso.[13] A representação ajuda a sustentar as imagens que queremos apresentar em público, servindo portanto de guião para que os outros nos possam "ler" (Goffman 1993 [1959]: 11-27). Uma vez que não controlamos todos os meios pelos quais montamos essa peça – e, muito em particular, não controlamos a comunicação não verbal, porque nem sequer temos consciência de tudo o que revela a nosso respeito –, as personagens que representamos não são totalmente controladas e artificiais, mas também não são, por outro lado, totalmente inocentes. Sobretudo em contextos públicos e formais (os profissionais são o melhor exemplo), resultam da aplicação mais ou menos consciente de estratégias.

---

[13] A tendência para representar papéis é evidente nas brincadeiras infantis, assinalada aliás por um dispositivo linguístico bem conhecido em diferentes línguas, semelhante ao imperfeito que desencadeia a trama narrativa *era uma vez*. As crianças usam enunciados como *Eu era a professora e tu eras a mãe, eu era o médico e depois tu eras o bébé e tinhas febre...* Estas brincadeiras imitam comportamentos observados em contextos específicos e comprovam que os seres humanos, desde muito cedo, têm consciência de que a socialização implica o desempenho de diferentes papéis (Dimbleby e Burton 2005 [1985]: 106).

Em certa medida, correspondem à terceira vertente da nossa identidade, os *papéis sociais* que escolhemos projetar para o exterior (Beck *et alii* 2005: 216).[14]

A representação não é, pois, uma mentira (Goffman 1993 [1959]: 74-82). Apenas acontece que nos adaptamos ao contexto e ao nosso interlocutor, porque inscrevemos no episódio comunicativo a relação que com ele construimos, assumindo ao mesmo tempo uma posição negociada em conjunto. Numa comparação muito corriqueira, não comunicamos da mesma maneira com pais, empregadas domésticas, o nosso chefe, o mecânico ou a tia Mariazinha, não apenas porque essas personagens não são idênticas entre si (cada uma delas é um conjunto de diferentes *personae*), como também porque não veem em nós as mesmas *faces*. Cada face ou fachada pode ser *física* ou *pessoal*.

A fachada física inclui o quadro proxémico em que nos movemos: por exemplo, o espaço e os adereços (Goffman 1993 [1959]: 34-36). Numa sala de estar, a decoração, os móveis, os bibelôs, os quadros, até o sítio onde colocamos o sofá ou a televisão são significativos, na medida em que projetam um dado estilo de vida. A disposição não é apenas determinada pelo nosso próprio conforto, como o comprova o facto de, com muita frequência, a alterarmos quando alguém aparece inesperadamente. Quem é que nunca entrou em pânico ao receber visitas com que não contava pelo facto de *a sala estar uma pocilga*? E quem é que nunca efetuou uma limpeza e arrumação sumárias (e aldrabadas), fazendo desaparecer alguns adereços embaraçosos (o cinzeiro a transbordar de beatas, um pacote de bolachas meio rasgado e comido, três peúgas sujas, duas *Playboys* de há três meses...), sem esquecer a poltrona estrategicamente colocada em cima das nódoas do tapete, no pouco tempo que nos concede a subida do elevador? Por aqui se vê que temos consciência da importância dos recursos proxémicos, ao ponto de os organizarmos ou de os eliminarmos quando queremos sustentar um determinado papel.

A fachada pessoal é mais subtil, mas também mais manejável, uma vez que faz parte do próprio "ator". Consiste nas nossas marcas distintivas, como o sexo, a idade, a etnia, a profissão, a postura, os maneirismos, os gestos típicos, a voz, o timbre, a expressão facial, e, muito em particular, o vestuário, ou ainda a maquilhagem e os acessórios. Algumas destas marcas variam ao longo do tempo, outras são relativamente fixas, algumas são controladas e estudadas, outras involuntárias

---

[14] A abordagem de Goffman marcou profundamente a investigação no discurso e na interação social, como veremos no final da presente secção, a propósito de identidades etárias ou de género, por exemplo. Também retomaremos esta questão crucial a propósito da comunicação em grupo, onde as faces se multiplicam (ver cap. 3, esp. 2.3.)

(Goffman 1993 [1959]: 36-37). A voz, por exemplo, modifica-se com a idade, tal como a cor do cabelo e o penteado. Podemos ainda combiná-las entre si e com a própria fachada física, o que se torna bastante convincente, desde que haja uma certa coerência entre as duas e, sobretudo, que se orientem pelas expetativas de quem as contempla. Por isso, as fachadas são também representações coletivas para as quais cada um de nós terá de contribuir (Goffman 1993 [1959]: 38-40; cf. cap. 4, 3.).

Compreendemos agora melhor que "o eu que diz eu" e que, ao fazê-lo, ajuda a construir em simultâneo uma identidade para si e outra para o seu interlocutor é, na verdade, bastante mais complexo e múltiplo do que uma manifestação discursiva (cf. 2.1.). À maneira dos atores que encarnam mais do que uma personagem numa peça, transitamos entre as diferentes *personae* em permanência. Nenhum dos papéis consegue subsumir todo o nosso eu, dado que a interação pressupõe o inevitável ajuste de imagens e de personalidades, à medida que vamos descobrindo nos outros determinadas atitudes ou caraterísticas às quais queremos corresponder. Por isso, qualquer pessoa é, na verdade, um conjunto multifacetado de papéis, alguns impostos do exterior, outros escolhidos por si, outros ainda negociados progressivamente à medida que distintas relações interpessoais a vão transformando.

2.4. Gestão das identidades

A nossa competência comunicativa será tanto maior quanto maior for a nossa capacidade para mudar de papel e para gerir os nossos diferentes "eus", o que também vai melhorando com o nosso amadurecimento. Significativamente, as apresentações pessoais que escolhemos para nós próprios refletem isto mesmo (ver Dimbleby e Burton 2005 [1985]: 57; Adler e Rodman 2006: 52-53). Uma criança de dez anos apresenta-se pelo nome próprio e pela idade. Um jovem identifica-se quase da mesma forma – *Chamo-me André, tenho 20 anos...* -mas acrescentará quase de certeza a atividade – *e ando em Farmácia*. Um adulto indica outras informações, que não passarão sequer pela cabeça dos mais novos: *O meu nome é Isabel Mendes, sou casada, tenho dois filhos e trabalho na Emitas*. Também a fórmula de apresentação dos Alcoólicos Anónimos é bastante significativa pela sua brevidade: *Chamo-me Pedro e sou alcoólico*.[15]

---

[15] O último enunciado indica que o fundamento do grupo de autoajuda é precisamente a identidade comum dos seus membros, não tendo qualquer importância o que fazem, de onde vêm ou a que família pertencem. Retomaremos esta questão a propósito da coesão dos grupos (cf. cap. 3, 4.).

Vemos assim que todas estas apresentações têm em comum o nome, talvez a componente mais estável e a que melhor representa a nossa identidade pessoal. Ao invés, a idade, fator de identificação mutável, deixará de ser usada à medida que aumenta, sendo substituída pela atividade profissional, pelo estado civil, pela integração numa família ou numa empresa. Isto implica que as pessoas das diferentes faixas etárias também têm perceções diferentes de si e dos outros e, por conseguinte, identidades diferentes (ver 2.5.).

Por esta razão, a gestão dos diferentes eus reflete-se, antes de mais, nos nomes. Conforme o seu interlocutor, uma mesma pessoa chama-se *Maria de Fátima, Fátima, Fafinha, Enfermeira Fátima, D. Fátima, Fatinha, Filha, Querida, Mãe, Ti Fati* ou *Avó*. Num âmbito mais amplo, que é o da cultura ou da religião, sabemos que a atribuição dos nomes corresponde até a uma identificação simbólica dentro do grupo – veja-se o caso do batismo na religião católica, ou a festa do nome num terreiro de candomblé. Por fim, a importância do nome exprime-se através da maneira como é usado, de que resulta uma dada integração do indivíduo nas díades e nos grupos sociais a que pertence (Thomas *et alii* 2004: 160-161).

Encontramos inúmeros exemplos disto na vida de todos os dias: na maneira como reagimos bem ou mal a alcunhas, na insistência em escolher o nome pelo qual queremos ser tratados, nas apresentações e, muito em particular, nas formas de tratamento. Para ter uma ideia de como o processo se desenrola, consideremos o caso de duas pessoas que se encontram pela primeira vez num contexto profissional. À fórmula *Dr. António Silva, apresento-lhe a Dr.ª Isabel Mendes*, que reflete um estatuto idêntico, mas formal, correspondem, ainda que as pessoas sejam da mesma idade e da mesma categoria, formas de tratamento também formais, verbalmente assinaladas nos termos de identificação mútua e na 3.ª pessoa – *O Senhor Engenheiro António Silva... A Sr.ª Dr.ª Isabel Mendes... Você...*. Se a relação evoluir, a comunicação refletirá isso mesmo: ou no mesmo episódio comunicativo, ou num posterior, uma das pessoas (geralmente a que trabalha há mais tempo na empresa) dará um qualquer sinal de abertura, utilizando o nome próprio, ou, no caso de ter começado pelo *Você*, recorrendo ao *Tu* – *O António não acha...? A Isabel é que podia... Tu... A gente pode tratar-se por tu, não é?* Note-se que não o fará sem antes se ter de alguma maneira apercebido de que há abertura da outra parte para passar à fase seguinte, mas também não precisa de ser tão direta. Por vezes, basta uma entoação ligeiramente interrogativa para assinalar, de forma para-verbal, o pedido implícito de autorização. Caso a segunda pessoa recorra também ao *Tu*, ou, até, se limite a acenar levemente com a cabeça, a relação formal tornar-se-á informal, o que pode ser visto como uma confirmação do desenvolvimento sugerido. Para o observador externo, há um comportamento não verbal que comprova isto mesmo: o sorriso de agrado com que os dois interlocutores assinalam o reconhecimento mútuo da nova etapa da relação... e da própria comunicação. Posteriormente, outros episódios poderão encurtar ainda mais as distâncias, numa espécie de "proxémica lexical" (Mandoki 2007: 155) que se traduz no uso de diminutivos – *Isabelinha, és a nossa encarregada, tu é que sabes estas coisas todas... Ó Tó, agora não me dava assim muito jeito ver esses dados.*

A situação mantém-se, mesmo que haja um estatuto superior para a pessoa que é apresentada: *António, esta é a Dr*ª *Isabel Mendes*. Já o caso das identidades com estatuto igualitário informal, como *Tó, quero que conheças a Isabel* favorecerão desde logo um rápido desenvolvimento da díade, que chegará mais depressa ao último estádio. Pode parecer-nos que estas diferenças são excessivas, mas não podemos deixar de ter em conta que a nossa sociedade dita regras para os nossos comportamentos, e que essas regras estão culturalmente marcadas. Não as respeitar denuncia-nos como comunicadores inaptos, uma situação particularmente lesiva em contexto profissional.[16]

Até nas comunicações mediadas encontramos um reflexo dos papéis que queremos desempenhar, em função da imagem que (pensamos) os outros esperarão de nós. Comparando endereços como isabel.mendes@emitas.pt ou josemachado@eurovis.com, por um lado, e estrelinhadasbolachas@hotmail.com ou zeze@sapo.pt, por outro, percebemos que servirão, respetivamente, para comunicações com os colegas de trabalho e para comunicações com a família ou os amigos. Mesmo que não nos detenhamos muito a pensar nisso, não estaremos à vontade para usar os segundos nas comunicações formais, a não ser numa situação de emergência.[17] A diferença, a que todos somos sensíveis, comprova que possuímos alguma consciência de que comunicamos, na vida de

---

[16] Muitas entrevistas televisivas ou radiofónicas do Portugal pós-25 de Abril refletem tentativas ingénuas para exprimir (ou criar?) igualdade entre todos os cidadãos, através de um tratamento informal, que passa ou pelo *tu* indiscriminado ou pela denominação *camarada*. O curto período de vigência dessas tentativas prova que as regras não são tão pouco importantes ou tão pouco artificiais quanto isso.

[17] Embora fictícios, estes endereços adaptam os recursos linguísticos de que os utilizadores da Internet habitualmente se servem. Interlocutores de faixas etárias mais novas não têm quaisquer problemas em revelar nos seus endereços partes da sua identidade, por exemplo, recorrendo às alcunhas familiares, assumindo o nome do clube de futebol a que pertencem ou até usando personagens de banda desenhada, do cinema ou da literatura (zizinha.scp4ever@..., superman@..., darthvader@..., mithrandil@...). Contudo, se interrogados sobre o assunto, alguns reconhecem que não utilizariam esse endereço num contexto profissional (c.p.).

todos os dias, diferentes imagens para os outros, e que elas influenciam as suas reações. Podemos então concluir que a gestão das diferentes identidades é feita em função dos diferentes objetivos de um ato comunicativo.

2.5. Identidade coletiva

2.5.1. *"Eu" com os outros*

Quando desempenhamos diferentes papéis sociais, uma parte das *personae* daí resultantes molda-se, por outro lado, aos ditames dos grupos a que pertencemos ou à forma como os outros nos categorizam. Não somos, evidentemente, robôs programados nem personagens estereotipadas de uma *sitcom*, mas, se abstrairmos da nossa individualidade e se nos visualizarmos no seio desses grupos, damo-nos conta de algumas regularidades. Por exemplo, somos seres sexuados, com uma idade x, uma cor y, uma nacionalidade z, etc. Em consequência, a identidade construída no seio das comunicações interpessoais extravasa também, ao menos em parte, para a identidade num dado grupo (Hartley 1997: 26; Beck *et alii* 2005: 215; ver também cap. 3, 2.3.).

Se refletirmos sobre as nossas próprias autobiografias, é fácil perceber que algumas dessas identidades têm caráter mais estável, ainda que em constante adaptação. Quer isto dizer que, não obstante serem mais ou menos importantes em diferentes contextos, estão sempre presentes como um sinal comunicativo para as nossas diferentes imagens, pelo que se tornam fundamentais para todos os indivíduos. Por outro lado, sobretudo nas sociedades em que a mudança se acelerou bastante nas últimas décadas, sofrem uma constante alteração (Cameron 2000: 6). De facto, se nos vemos como homem ou mulher, de acordo com a identidade sexual e a de género, o mesmo homem ou a mesma mulher não se veem como imutáveis. Uma mulher de 25 anos não se vê como uma mulher de 80, desde logo porque as separa uma caraterística determinante na definição das suas respetivas identidades femininas, que é a capacidade de engravidar. Um homem de 30 e um homem de 70 podem também ver a sua identidade masculina de forma distinta, conforme sejam solteiros, casados, divorciados ou viúvos. E dois homens de 30 anos ou duas mulheres de 40 podem ter menos em comum entre si, se nestes hipotéticos pares houver diferenças de raça, etnia ou origem, ou ainda se algum destes indivíduos tiver vivido num contexto cultural completamente diverso do outro.

Para além destas identidades, outras há, muito menos previsíveis, e que ditarão a nossa própria sorte enquanto seres humanos. Nasceremos com uma nacionalidade (nem que seja a da nossa pequena aldeia perdida nos confins do Ártico), uma família (que pode ser uma instituição de solidariedade social) e determinadas caraterísticas físicas. Cresceremos num ambiente rural ou urbano, de classe alta ou baixa, iremos à escola ou não, sobreviveremos às fomes, doenças e guerras, ou aos *gangs*, à droga e à prostituição infantil, seremos sustentados pelo Estado através de programas sociais, ou pelos pais, arranjaremos emprego ou continuaremos a estudar, casaremos ou não, teremos filhos, optaremos por uma seita, uma religião ou uma vida alternativa... Como é óbvio, não se pretende resumir aqui a história da humanidade inteira. Basta dizer que cada um saberá, olhando para si e para os que o rodeiam, que identidades assume, em função dos grupos em que se consegue integrar, ou em que o integram, queira ele ou não. Por isso, e também pela complexidade que estas identidades envolvem, não iremos discuti-las aqui. Apenas esclareceremos um pouco melhor as que, por assim dizer, serão válidas para todos os indivíduos e mais ou menos constantes: as que resultam e se configuram numa perceção de idade, género ou língua.

2.5.2. *Identidade etária*
A comunicação, seja ela verbal, seja ela para-verbal, veicula uma identidade etária, isto é, contém informações bastante claras sobre a idade dos interlocutores. Distinguimos perfeitamente pela entoação, timbre, e até pela pronúncia, a voz de uma criança, de um adolescente, de um adulto e de um idoso. Por sua vez, também estas pessoas utilizam estruturas verbais diferentes e formas de comunicação não verbal específicas. É frequente que uma criança olhe de forma direta para os olhos de um adulto, numa postura incómoda, sobretudo se for acompanhada de alguma observação ou pergunta embaraçosa, como *Porque é que o meu pai diz que tu tens cara de cavalo?* Um adolescente utilizará os olhos de maneira diametralmente oposta, isto é, evitará por todos os meios olhar de frente, ou por ter algo a esconder e não querer denunciar-se, ou para transmitir um *feedback* de desinteresse ou de recusa da comunicação (pode também revirá-los, manifestando ostensivo aborrecimento). Certos comportamentos não verbais apenas são apropriados para uma dada faixa etária: por exemplo, uma birra ou um murro na mesa, por muito disfuncionais que sejam, tornam-se, todavia, mais "expetáveis" (se não mesmo aceitáveis), respetivamente, numa criança e num homem de 45 anos (Dimbleby e Burton 2005 [1985]: 108).

Quando uma pessoa se classifica a si própria, também utiliza expressões que traem a maneira como olha para si e a identidade etária que assume. Por exemplo, uma mulher pode lembrar que é preciso *respeito pelos seus cabelos brancos* (ainda que seja ruiva), aludindo ao facto de ser mais velha que o seu interlocutor. Uma criança pode argumentar que é *muito pequena* para dormir sozinha no escuro, ainda que logo de seguida alegue que já é suficientemente *grande* para ficar acordada até mais tarde.

Assim, a cada momento usamos a comunicação para nos identificarmos como pertencendo a uma dada faixa, ou pelo contrário, para a recusarmos, porque não a queremos na nossa autoimagem. É que, por vezes, são os outros que nos colocam nessa faixa sem possibilidade de defesa, por assim dizer. Os serviços de saúde, sobretudo os que forem frequentados maioritariamente por uma população menos jovem (caso de um serviço de cardiologia, por contraste com um de pediatria), são contextos em que é habitual um tratamento um pouco senil, que mais propriamente se diria "infantilizado": *Querida, isso são requisições de exame, está a perceber? Ó santinho, mas eu não lhe posso dizer isso! Então como nos sentimos hoje? Bem dispostinhos?* Embora soe humilhante a quem estiver na plena posse das suas faculdades, surgirá por vezes como afetivo para pessoas mais fragilizadas, a quem o ambiente algo desumano de um hospital pode assustar (cf. Thomas *et alii* 2004: 124-129).

Situações como estas resultam também do "culto da juventude" que carateriza as sociedades ocidentais. De forma explícita ou implícita, a linguagem verbal que usamos veicula juízos de valor sobre a forma como vemos as diferentes idades, aproveitando as conotações que o discurso e a cultura foram construindo. No primeiro caso estão expressões como *o cota, o meu velho, o avôzinho que está ali naquela mesa*, ao passo que, no segundo, o *lar de 3.ª idade* ou o *lar de idosos* que surgem numa notícia se transformam em *casa de repouso* para a publicidade. É algo que inclusive se "institucionalizou" neste domínio, com a criação do conceito de *turismo sénior*. As expressões *turismo para a 3.ª idade,* ou *turismo para reformados* evocariam uma imagem de velhos caquéticos, de bengala, possivelmente incontinentes e gágás. Já o termo *sénior*, não obstante a sua etimologia, está conotado com a seriedade, a maturidade e mesmo um certo estatuto socioeconómico elevado, associado ao sucesso profissional (cf. *os jogadores seniores, os sócios seniores*). Todos estes casos configuram portanto uma perceção que é tanto nossa (pela autoimagem) como alheia (pela imagem que os outros têm de nós), mas, acima de tudo, uma perceção que se tornará coletiva, por ser partilhada por todos. Quando um indivíduo é visto como tendo uma dada idade em todas ou quase todas as suas díades, então assume o que se pode chamar a sua identidade etária "real".

2.5.3. *Identidade de género*

Será preciso esclarecer antes de mais que *género* e *sexo* correspondem a identidades diferentes. A identidade *sexual* tem a ver com a diferença biológica entre homens e mulheres, ao passo que a de *género* é configurada pela interação social no seio de uma dada comunidade, que distribui e enquadra os respetivos papéis. A primeira levanta, como é óbvio, questões do foro médico de que não nos vamos ocupar aqui. Já no que toca à segunda, ela é construída pelas comunicações que desenvolvemos, desde logo porque veicularão determinados estereótipos, tão negativos quanto pouco fiáveis (ver Hofstede *et alii* 2010: 137-139).[18]

A este respeito, há que considerar a forma como a linguagem, ou, mais precisamente, as suas práticas (escolha de termos, entoações, insinuações), marcam uma dada ideologia, veiculando portanto representações e identidades (Cameron 2003: 447-449). É neste contexto que devemos situar as preocupações com a chamada "linguagem sexista": homens e mulheres comunicam de forma diferente, mas essas diferenças são, em simultâneo, o resultado e o apoio de uma situação subalterna das mulheres.[19] Alguns autores, sobretudo feministas, sustentam que os nomes de profissões, ou mesmo o facto de a designação da espécie ser feita pela forma masculina (cf. *o Homem, o ser humano*), carregam consigo uma visão do mundo preconceituosa e desigual (Eckert e McConnell-Ginet 2003: 68-72). A assimetria tem sido interpretada como um reflexo das sociedades dominadas pelo poder masculino, onde a voz das mulheres quase não se faz ouvir (Thomas *et alii* 2004: 77-86).

No entanto, é bom começar por lembrar que as marcas formais de género não são, em si, significativas. A língua portuguesa, que feminiza com toda a facilidade os nomes de profissões, não reflete uma sociedade necessariamente igualitária, mas sim uma etimologia particular, por vezes surpreendente.[20]

---

[18] Por comodidade, adotamos aqui uma simplificação dualista, ainda que a questão seja bastante mais complexa. Se é relativamente indiscutível a existência biológica de dois sexos, já as diferentes ideologias, culturas, épocas e até perspetivas antropológicas tornam menos taxativa a existência de dois géneros, quanto mais não seja por favorecerem exageros na categorização. Preferencialmente, o género é uma construção identitária (ver McElhinny 2003: 23 e 27).

[19] Na origem destas teses, como na do debate sobre linguagem e género, está o texto fundador de Robin Lakoff, *Language and Woman's Place*, Nova Iorque, Harper & Row, 1975 (*apud* Eckert e McConnell-Ginet 2003: 1).

[20] Registe-se, como curiosidade, que o ano de 1979 foi assinalado por alguma polémica sobre a eventual correção de falar na *Primeira-Ministra*, a propósito da nomeação de Maria de Lurdes Pintasilgo para esse cargo. Atualmente, ninguém vê com estranheza a presença (e a menção) de ministras no governo, mas é verdade que o aumento dos números pode ter contribuido para isso. Por outro lado, domínios mais conservadores permanecem impenetráveis

Linguisticamente falando, o género corresponde tão-só a uma marca morfológica de uma qualquer variedade – prova disso é o facto de certas línguas não o marcarem apenas nos nomes, ou de possuírem mais do que dois géneros, não necessariamente coincidentes com os sexos, como é o caso do alemão, ou de associarem o género apenas com o sexo, como é o caso do tamil, na Índia (Corbett 1991: 1-5). Do ponto de vista cultural, também é verdade que, se uma mulher portuguesa é tratada por *Menina* com mais frequência do que um homem é tratado por *Menino*, a diferença pode resultar de clivagens etárias, afetivas ou socioculturais, não tendo necessariamente a ver com o estado civil (cf. o caso distinto da língua inglesa, Eckert e McConnell-Ginet 2003: 53-55). Por fim, também a legislação portuguesa admite de forma quase automática e há muito mais tempo do que outras que uma mulher casada conserve o seu nome dito "de solteira", isto é, que não assuma obrigatoriamente a identidade "cônjuge de..." ao alterar o seu estado civil, não esquecendo ainda que é costume os apelidos dos filhos conterem a identidade de ambos os cônjuges, e não apenas a do pai. Permanece então na dúvida se estes hábitos culturais e linguísticos, enraizados na própria legislação, refletem uma sociedade menos machista.

Por outro lado, é indubitável que os discursos masculinos e femininos apresentam diferenças, ainda que estas não funcionem à escala da distância planetária entre Marte e Vénus. Por exemplo, um dos preconceitos mais vincados na nossa sociedade sustenta que as mulheres são extremamente faladoras, muito mais do que os homens (Talbot 2003: 469-470 e 481-482). Ora a verdade é que, em termos estatísticos, o tempo de palavra dos homens será, pelo menos, o dobro do das mulheres, o que se torna óbvio em contextos mistos (Eckert e McConnell--Ginet 2003: 114-119). Os homens também se interrompem muito mais uns aos outros e, sobretudo, interrompem as mulheres, pelo que não possuem tantas competências de audição interativa.[21] Além disso, escolherão tópicos menos

---

à feminização linguística. O exército continua a falar em *sargentos* e *brigadeiros* porque (sic) "Na tropa, não há homens nem mulheres, somos todos soldados!" (c.p.). Fazendo de advogada/o do diabo, sublinhe-se que a nenhum/a militar incomoda a marca arbitrária de género gramatical feminino, presente em *tropa* (que deriva do nome *trupa*, também feminino em italiano).

[21] As investigações sobre este ponto não são exatamente conclusivas, uma vez que as situações analisadas versam sobre uma população muito específica (Ellis e Beattie 1986: 103). Além disso, partem do pressuposto de que uma interrupção discursiva é sempre uma manifestação de poder, quando certas interrupções podem atuar como apoios ou encorajamentos (Hartley 1999: 189). Convém, então, distinguir entre a interrupção agressiva, que tem em vista "roubar" a palavra, às expressões, ruídos ou gestos que apoiam o interlocutor. Um *E então?* que preencha uma pequena pausa não é verdadeiramente uma interrupção.

pessoais, mais factuais e optarão por afirmações mais categóricas, isto é, menos modalizadas (Thomas *et alii* 2004: 86-87), ou seja, não facilitam as relações interpessoais de empatia que encontramos nas comunicações entre mulheres. Em compensação, as mulheres usam menos palavrões, anedotas (sobretudo se forem obscenas) ou termos técnicos. Usam ainda padrões de entoação diferentes, mais suaves, e, por fim, tendem a obedecer, talvez de forma exagerada, às convenções sociais (Hartley 1999: 186). Também no domínio para-verbal, distinguem-se as vozes dos homens, mais graves, das vozes das mulheres, mais agudas.

Estas distinções tornaram-se prototípicas, constituindo guiões tanto para a perceção mútua dos sexos como para a identificação pessoal de cada um. Numa caricatura não tão exagerada quanto isso, podemos imaginar um homem em mangas de camisa em frente de uma caneca de cerveja que fala ininterruptamente sobre *o carago do árbitro que, pá, que só cum tiro pelos cornos, se eu lá estivesse haviam de ver, aquilo nem que me pagassem era falta!* e uma mulher que inclina ligeiramente a cabeça, sorrindo, e arrisca, quando a outra se cala, *estás-me a pedir uma opinião? Eu não sei, mas talvez pudesses...* Contudo, tais guiões pressupõem situações linguísticas "ideais", bem como separações taxativas, que simplificam, talvez de forma abusiva, uma questão muito mais complexa, desde logo porque a maneira como vemos o reflexo da "natureza" de cada sexo na linguagem assenta nas ideias feitas, culturalmente marcadas, sobre essa mesma natureza, cruzando-se com outras ideias sobre a classe ou a etnia, e que variam com o tempo e o espaço (Cameron 2003: 450-453).[22]

Tendo todos estes argumentos em conta, e pondo de parte considerações subjetivas, não devemos assumir diretamente a marca de género linguístico como um reflexo inevitável e constante de uma visão desigual sobre a sociedade, como também não devemos estabelecer taxativamente uma clivagem masculino/feminino que a linguagem reproduziria de forma direta. É preferível considerar globalmente as comunicações interpessoais dos homens e das mulheres em contextos variados (exclusivamente masculino ou feminino, e misto). Na verdade, não é a linguagem sozinha que cria assimetrias – ou que as pode corrigir –, mas sim as pessoas que a utilizam. Serão as nossas perceções sobre o mundo que marcam inevitavelmente a forma como comunicamos, pelo que

---

[22] Para uma demonstração, com exemplos ilustrativos, de como os estudos sobre o assunto podem levar a diferentes conclusões, ver a análise da partícula *mmm* na oralidade. À partida, os homens usá-la-iam para indicar a concordância, ao passo que, nas mulheres, serviria como forma de encorajamento. No entanto, o contexto de ocorrência revelou-se ser muito mais importante do que as diferenças de género para a sua correta interpretação (Cameron 2001: 117-119).

o sermos sexistas (ou discriminatórios, ou racistas, etc.) se reflete nos nossos discursos, mas não os condiciona obrigatoriamente (Hartley 1999: 185). Há que sublinhar, também, que alguma bibliografia sobre o assunto está marcada ela própria por alguns estereótipos (Hartley 1999: 183; Barrett e Davidson 2006: 2).[23] Talvez seja então preferível encararmos a identidade de género noutra perspetiva, bastante mais interessante e produtiva – o ponto de vista da interação social, em conjunto com outras identidades, influenciando perceções recíprocas entre homens e mulheres, estilos de comunicação e formas de cooperação (ver cap. 3, esp. 2.3.3.). Neste sentido, a identidade de género não é algo que as pessoas *possuam*, mas sim algo que *constroem* em conjunto na cena teatral da comunicação (Eckert e McConnell-Ginet 2003: 4).

2.5.4. *Identidade e língua*
A expressão da identidade, comunicativa em si e na perceção que os outros terão de nós, alcança a sua plena dimensão quando cruzada com as línguas que falamos. Neste aspeto, o comportamento de pessoas que falam várias línguas num ambiente multilingue, e que valorizam esse facto, pode tornar-se bastante bastante interessante: dois professores bilingues em inglês e em francês, o primeiro oriundo de uma região anglófona, a segunda de uma região francófona, podem comunicar numa ou noutra língua, mas, ao contrário do que seria de esperar, o professor fala em francês e a professora em inglês, o que, para um observador externo, só pode ser interpretado como uma tentativa extrema de conciliação. A mensagem recíproca não podia ser mais clara: "reconheço a tua identidade falando na tua língua, e não na minha". Ora tal atitude significa que existe a consciência de uma identidade nacional ou regional que passa pela língua, mas que não é objeto de uma afirmação agressiva. Neste caso concreto, ambos os interlocutores preferem projetar a imagem de um falante aberto à alteridade, o que é um fator prestigiante em contextos multiculturais.

Um outro exemplo, em tudo distinto, é-nos dado por certas atitudes vigentes, por exemplo, em França, em que a essência do próprio Estado está indissolu-

---

[23] Contrariamente ao que aqui se afirma, muitos estudos consagrados sobre linguagem e género defendem que o desafio das convenções linguísticas poderá, se não mudar as situações de desigualdade, pelo menos contribuir para pôr em causa a sua permanência, como aconteceu a propósito da participação das mulheres na comunicação pública (Cameron 2003: 453). No entanto, também se pode considerar que esta é apenas uma das muitas componentes num tema mais vasto, o da forma como linguagem e cultura se configuram mutuamente (Hartley 1999: 183).

velmente ligada à ideia de uma língua nacional (Adamson 2007: xvi). A sua suposta "corrupção", que mais não é do que uma evolução natural, atentaria mesmo contra os fundamentos da nacionalidade e da cidadania francesas. Num quadro de pensamento como este, a rejeição simétrica das populações nos bairros periféricos das grandes cidades e da população que se considera "sociedade francesa" surge como uma reação à falta de integração de que as culturas e etnias das primeiras sempre sofreram (Adamson 2007: 105). Os distúrbios de 2005 e de anos posteriores mais não seriam então do que afirmações da identidade étnica, ou, melhor dizendo, interétnica, de que os habitantes da periferia necessitam em absoluto e que, por não ter sido reconhecida, passou a afirmar-se – a comunicar-se, no fundo – de forma violenta.[24] Será bom não esquecer que a fratura há muito se exprimia pela presença das muitas "langues des cités", isto é, das variedades linguísticas múltiplas que pululavam e continuam a desenvolver-se nessas periferias (Goudaillier 2001: 6-7).

Muitas outras situações refletem exatamente os mesmos princípios. Não iremos ao ponto de afirmar que a desagregação política e social da Bélgica se deve apenas à questão linguística, mas o certo é que a diferença entre as duas línguas por enquanto maioritárias, o francês e o flamengo, corresponde perfeitamente à clivagem das respetivas comunidades. A desagregação da antiga União Soviética foi acompanhada de um recrudescimento nas ânsias nacionalistas da maioria das suas repúblicas, que desde logo se manifestou na recusa do russo, pelo menos como língua obrigatória, e na simétrica defesa das "línguas nacionais". A comunidade branca mais radical da África do Sul insiste em falar o *afrikaans*, como expressão de uma identidade diferente. Ainda, a emergência da população de origem hispânica nos EUA é assinalada não tanto por um poder político, económico ou social dos seus cidadãos, como por um notável aumento dos alunos que escolhem aprender espanhol nas escolas secundárias (em detrimento do francês, por exemplo).

---

[24] O conceito de *identidade étnica*, que não desenvolvemos aqui, não corresponde tanto uma diferença antropologicamente atestada, como a uma perceção de que alguém é fisicamente distinto e por isso se integra num grupo diferente do nosso. Subjacente a esta identidade estará uma ideologia em que "nós" corresponde a uma "maioria", eventualmente fictícia, mas que, do "nosso" ponto de vista, representa a norma. "Eles" corresponde então a uma "minoria", que pode até ser maior em termos numéricos, mas que "nós" (ou, em todo o caso, a faixa de população dominante do ponto de vista sócioeconómico e político) vemos como periférica e marginal (Thomas *et alii* 2004: 96-98).

Convém lembrar, em último lugar, que a difusão global da língua inglesa não deve ser vista como uma espécie de universalidade inevitável e imperialista da cultura anglosaxónica. Muito pelo contrário, esquecendo por ora a ameaça de desagregação que essa difusão representa para a própria língua (cf. o caso do latim, por exemplo), o inglês é apenas uma língua franca de comunicação intercultural, talvez a mais importante e difundida. Porém, o facto de ser justamente *intercultural* implica que todas as culturas que não sejam anglo-saxónicas conservam a sua especificidade, e que essa especificidade continua a construir-se por meio de línguas também específicas (Huntingdon 2001: 67-73). Um caso típico é o da Índia, em que o domínio do inglês não fez desaparecer o mosaico linguístico das diferentes regiões, tal como a democracia não fez desaparecer o sistema de castas. Todos estes exemplos confirmam a importância da questão linguística na construção da nossa identidade, ou, por outras palavras, que é também na e pela língua (ou línguas) que falamos que comunicamos quem somos e quem achamos que os outros são.

3. Situações disfuncionais

3.1. *Discussão* versus *conflito*

Não é sequer realista esperarmos que todas as nossas díades funcionem harmoniosamente, nem seria saudável que tal acontecesse, desde logo por serem a extensão natural e, em simultâneo, o terreno de desenvolvimento das relações interpessoais, que também não se processam sem atritos. Assim, tanto em contexto familiar como em contexto profissional, vemo-nos muitas vezes envolvidos em situações comunicativas de conflito, em que nem as nossas superiores competências funcionam, nem as técnicas mais sofisticadas são eficazes.

Neste aspeto, é bom lembrar de novo que ambos os interlocutores se empenham por igual numa comunicação, pelo que não somos responsáveis a solo, nem pela harmonia, nem pelo insucesso de todas as díades em que participamos (Mortensen 1994: 73). Se ouvirmos alguém dizer *Eu não quero voltar a falar nisso*, mas todos os episódios comunicativos posteriores contiverem alusões veladas ou indicações subtis de que o *isso* permanece um problema, encontramo-nos perante a armadilha típica de quem deseja manipular a díade, tornando-se numa vítima, mas não quer na verdade resolver a questão. Se o comportamento se mantém, mesmo depois de uma mensagem curta, inequívoca, calma e cordata, como *Se quiseres, podemos tentar resolver a questão do... (empréstimo, recusa, herança, falha...)*, então a díade não tem solução. Eventualmente, prosseguirá organizada num patamar diferente de expetativas, como acontece quando dois colegas desenvolvem uma relação profissional que se sobrepõe aos conflitos pessoais.

Por outro lado, há diferença entre uma verdadeira díade disfuncional e uma discussão construtiva, mesmo se é bastante fácil confundir as duas. Numa cultura que valoriza o diálogo e, ao mesmo tempo, tem uma certa repugnância em aceitar a hostilidade aberta – sem sombra de dúvida, a Europa, seja a do pós-guerra, seja a da União Europeia, desenvolveu essa cultura –, há escrúpulos muito fortes em aceitar que uma discussão possa ser outra coisa que não um conflito. Uma corrente muito significativa dos estudos de comunicação – em certa medida, a seguida no presente livro – sustenta mesmo que, por defeito, a comunicação se define como funcional. Quaisquer desvios de um ideal de harmonia constituem então situações anormais e problemáticas, ou, na melhor das hipóteses, afastamentos do padrão habitual e esperado.[25] Contudo, a discussão aberta, desde que virada para uma solução, não é a mesma coisa que um conflito disfuncional, em que pelo menos um dos interlocutores, ou mesmo os dois, não desejam cooperar um com o outro, nem nesse episódio, nem, num âmbito mais alargado, na própria relação interpessoal.

Uma discussão construtiva apresenta com frequência um guião de cooperação mútua (Mortensen 1994: 6). Se assim for, cada um tomará a palavra na sua vez, deixando que o outro acabe de falar, cada um se aterá ao tema da discórdia, sem se desviar para questões colaterais, e cada um dará um contributo para resolver a discordância. Uma situação deste tipo pode mesmo resultar num reforço da díade no episódio comunicativo seguinte (Arredondo 2000: 140). É por este motivo que as discussões, inevitáveis como são, devem também ser aproveitadas para uma avaliação tanto quanto possível distanciada da díade, uma vez que muitos comportamentos assumidos pelos interlocutores servem para corrigir ou revelar perceções até aí insuspeitadas. Dito de outro modo, ao participarmos conscientemente numa discussão, seja ela conjugal, familiar ou profissional, adquirimos informações preciosas sobre as disposições privadas do outro, e as nossas, o que é vital para resolver conflitos e problemas nas próprias relações interpessoais.

Pelo contrário, num conflito não construtivo, nenhuma forma de comunicação é controlada, já que as pessoas intensificam os seus comportamentos verbais, tendem a tornar-se muito emotivas e até verbalizam as perceções negativas que terão

---

[25] *Mutatis mutandis*, isto aproxima Paul Grice de Shannon e Weaver: o optimismo sobre o princípio da cooperação do primeiro autor está bastante próximo da perspetiva sobre o ruído enquanto perturbação "anormal" dos segundos (Anolli *et alii* 2002: 5; cf. cap. 1, 1.3.2. e 2.1.1.).

uma da outra. De uma maneira geral, podemos descrevê-las como as situações em que a relação (compreendendo os interlocutores, o contexto, os papéis, etc.) tende a invadir patologicamente o quadro da díade (Bougnoux 1998: 19-20). Traduzindo em exemplos concretos, a linguagem verbal expressiva, familiar, ofensiva, será acompanhada de mensagens para-verbais como o aumento do tom de voz e da rapidez do débito. Haverá decerto digressões e acusações mútuas que nada têm a ver com o pomo da discórdia. O discurso abusivo, com insultos pessoais e palavrões, acompanha os berros, gritos, choros ou lamentos. Do ponto de vista cinésico, encontramos a gesticulação dos braços ou das mãos, e o posicionamento frente a frente, eventualmente com corpo rígido, o peito esticado para a frente e o queixo levantado (uma postura agressiva que partilhamos, aliás, com outros primatas). A cabeça pode fazer pequenos movimentos sucessivos, que pontuam, por exemplo, interrogações ou acusações (*Foi ou não foi, hem? Foi ou não foi assim? Foi ou não foi como eu tou a dizer?*). Analisando a proxémica, constatamos que os interlocutores começam por se afastar (não tocamos nas pessoas com quem estamos a discutir), podendo reaproximar-se em caso de conciliação ou, mais provavelmente, de agressão física. Aliás, é também por uma combinação de cinésica e proxémica que evitamos tal extremo: um dos interlocutores pode afastar-se, baixar o tom de voz, calar-se, fazer gestos conciliatórios com as mãos, sugerindo com estas atitudes a mensagem *Calma... Vamos lá a ver se conseguimos resolver isto*.[26]

A descrição que acabámos de ver será um pouco radical, uma vez que nem todas as discussões disfuncionais assumirão traços violentos, o que não quer dizer que sejam menos graves. Com efeito, os sentimentos dos interlocutores correm o risco de sair mais feridos quando as técnicas empregues rebaixarem, humilharem e ofenderem de forma implícita. É mais difícil lidar com situações destas, até porque não existem muitas possibilidades de defesa, por assim dizer. A estratégia sugerida no parágrafo anterior torna-se impossível... se não houver um conflito declarado para resolver.[27]

---

[26] Ilustramos aqui com exemplos a proposta de C. D. Mortensen, apresentada em "A transactional paradigm of verbalized social conflict", in Thomas Seinfatt e Gerald Miller (org.), *Perspectives on communication in conflict*. Englewood-Cliffs: Prentice Hall, 1974, pp. 90-124. Para uma visão contrastiva de diferentes modelos sobre conflitos na comunicação, ver Littlejohn 1982: 244-251.

[27] Note-se, contudo, que nenhum destes episódios foge ao pacto de cooperação de Grice, nem às máximas conversacionais que dele fazem parte, uma vez que partem dos mesmos fundamentos (cf. cap. 1, 1.3.2.). A falta de cooperação aqui discutida, ainda que tenha reflexos no discurso e no funcionamento comunicativo, não afeta o funcionamento pragmático da linguagem verbal propriamente dita (cf. Cameron 2001: 76).

3.2. *Tipos de comunicação disfuncional*

Consideramos casos típicos de comunicação disfuncional o de dois colegas de trabalho que não se entendem, o de dois familiares que arrastam há anos conflitos não resolvidos, o de interlocutores incapazes de se concentrarem no ponto em discussão, ou que nunca aceitam as sugestões alheias, ou que levantam sempre problemas às ideias propostas, ou que querem impor as suas próprias ideias, em detrimento das dos outros, ou que apenas têm em conta os seus sentimentos ou interesses pessoais. Trata-se de um apanhado sumário, mas que representa, de forma muito concreta, o que chamamos "comunicação improdutiva", ou mesmo contraproducente. Reconhecemos estas situações pelos seus efeitos externos: causam stress nas relações entre as pessoas, exprimem-se por meio de discussões permanentes e regulares, constituem obstáculos, dificultam o diálogo necessário à resolução de problemas, impedem a criatividade e contribuem para um mau ambiente generalizado, tanto a nível privado como profissional (Arredondo 2000: 123).

As situações disfuncionais que podemos considerar mais pertinentes surgem por força de determinadas posturas comunicativas. Desde logo, temos os interlocutores que nunca se conformam ao tema principal da díade (geralmente por estarem tão concentrados em si próprios que apenas seguem as suas questões pessoais), manipulando a conversa através do desvio. Em contexto profissional, é possível resolver o problema insistindo em manter o guião conversacional, numa atitude que pode traduzir-se em *Atenção que estamos a desviar-nos do assunto principal, que é...* Contudo, há que ter em conta que esse contexto específico se pauta pelas regras culturais, ou, em estádio mais avançado da díade, sociológicas, além de possuir papéis sociais mais ou menos fixos (colegas de trabalho de estatuto hierárquico definido, seja igual ou desigual), organizados em torno de expetativas mais ou menos regulares (ver cap. 3, 1.4.2.). Por esse mesmo motivo, o controlo de uma díade disfuncional no trabalho pode lançar mão de meios indisponíveis na esfera das relações pessoais. Neste outro âmbito, o das regras psicológicas e de identidades em constante renegociação, a resolução de um problema comunicativo implica muitas vezes navegar à vista, sem que haja qualquer garantia de que o interlocutor problemático se conformará ao guião desejado.

Um segundo problema comunicativo resulta de comportamentos para-verbais e não verbais bastante potentes, e por isso mesmo muito difíceis de controlar. Ambos são aproveitamentos de relações de poder subjacentes à díade, motivo pelo qual exigem uma aguda perceção de como essas relações podem – ou, pelo contrário, não devem – ser mantidas. Trata-se de situações como as de um interlocutor que utiliza a queixa ou a agressividade como arma. Incluem-se aqui não só o tom de lamento e o caso extremo do choro, para a primeira possibilidade, como também, para a segunda, os insultos, ofensas verbais, gestos descontrolados e manipulação de objetos (dar murros na mesa, bater a porta, atirar com papéis para cima da mesa, em suma, o proverbial "partir a loiça", tanto em sentido metafórico como real). Contrariamente ao que podemos pensar, nem sempre a agressividade é o comportamento comunicativo mais difícil de gerir, uma vez que a fragilidade, real ou fingida, despoleta por vezes sentimentos mais fortes e torna-se assim numa vantagem apreciável. Podemos ser capazes de lidar com a fúria do chefe, mas não resistimos aos olhos marejados de lágrimas de uma criança...

Em terceiro lugar, uma das situações comunicativas disfuncionais mais difíceis de resolver é a dos interlocutores passivos, isto é, que nunca verbalizam as suas posições sobre o que quer que seja, mas cujos comportamentos e reações nos indicam estarem profundamente insatisfeitos com o rumo da díade. É o caso das "vítimas" que não sabem dizer que não, de que resulta terem de fazer sempre mais trabalho do que os outros, por vezes acima das suas disponibilidades, até temporais. Aqui, a audição atenta pode não ser muito eficaz, já que se torna bastante complicado ouvir uma pessoa que não fala. Tais díades encorajam, aliás, que pessoas mais ativas assumam o controlo quer do diálogo, quer do objetivo em causa, quer da própria relação.

Neste ponto, é importante ter em conta que as díades disfuncionais, sobretudo em caso de conflito não declarado, são com frequência pontuadas por jogos manipulativos, precisamente porque este é o contexto em que se encenam e renegociam os poderes subjacentes a qualquer ato comunicativo. Como vimos já, a linguagem cumpre diferentes funções, subsumíveis num determinado objetivo que exige a cooperação do outro. Num mundo ideal, ambos os participantes contribuiriam de bom grado para o bem comum, mas sabemos todos que tal não acontece sempre. Uma vez que trabalhamos aqui com sinais simbólicos, e deixando de lado o caso da agressão física, interessa-nos então analisar esses jogos de manipulação pelo que representam em termos de relações de poder.

Exemplos típicos da manipulação num conflito disfuncional são as chamadas desculpas. Num contexto profissional, a questão torna-se bastante aborrecida, mas há que admitir que os seus efeitos nocivos são ainda mais devastadores no contexto familiar, porque afetam as nossas relações mais permanentes. Neste segundo caso, acabamos por interpretar a demissão da comunicação e a demissão da cooperação como demissão também da própria relação. Falamos aqui do indivíduo que nunca colabora no que lhe é solicitado porque tem sempre uma boa razão para isso. Quando é preciso fazer um relatório, *está cheio de trabalho, não entende nada do assunto, não é da sua competência, é da competência de X, tem o computador avariado/a mãe doente/um congresso em Paris/uma unha encravada...* Paralelamente, quando é necessário em casa, *tem imenso que fazer/um compromisso inadiável/um relatório para acabar/um trabalho urgente...* Perante a necessidade de permanecer além da hora de saída, *tem de ir buscar as crianças* (ainda que estas sejam perfeitamente capazes de sair sozinhas à noite), *de levar o carro à garagem/o cão ao veterinário* ou, para os mais ciosos do seu futuro profissional, *de ir para casa para conseguir trabalhar sem interrupções*, mas, em casa, *não pode trabalhar porque não tem sossego*. Se confrontado com perpétuos atrasos, dá largas à sua criatividade – o que será facilitado pelos ambientes urbanos ou pelas longas distâncias (*engarrafamento, acidente, fila de trânsito, autocarro avariado, greve do metro, furo no pneu, comboio atrasado...*). Como é óbvio, tais situações acontecem e são boas razões para justificar o não cumprimento de determinadas tarefas, mas é precisamente por serem possíveis e bastante plausíveis que se tornam eficazes.

No contexto profissional, as desculpas conseguem subverter a relação hierárquica, já que não são uma desobediência direta. Na verdade, essa outra possibilidade, porque mais franca, autorizaria o superior a reafirmar a sua posição. Por contraste, a desculpa obriga a que seja esse mesmo superior a despoletar o conflito, o que, infelizmente, acontece na maioria das vezes: *Pois, mas este relatório é mesmo necessário, e é a si que compete fazê-lo.*[28]

Um segundo tipo de manipulação, a afetiva – a que se pode chamar "desculpa da perna de pau" –, consiste em explorar ao máximo um problema real ou imaginário, não apenas para que o outro não insista, mas também para o levar a fazer mais do que estaria disposto a aceitar à partida (Dimbleby e Burton 2005 [1985]: 54-56). O caso atrás referido do aluno com "falta de bases" (ver 1.3.) pode assumir esta forma, quando a desculpa for utilizada para reclamar um tratamento

---

[28] O pequeno conetor *mas* resume só por si toda a oposição, tornando-se por isso num operador pragmático bastante potente (Ducrot 1980a: 11 – 31). Por maioria de razões, é também o sinal através do qual o interlocutor exprime o seu poder, uma vez que marca a viragem do tema em discussão. Manuais de introdução à gestão bem podem recomendar que seja elidido ou substituído por causa do seu potencial devastador (cf. Arredondo 2000: 31), mas o simbolismo não desaparece com tanta facilidade, até porque é o próprio contexto discursivo que lho confere.

especial (nos casos mais extremos, uma avaliação mais indulgente). A situação ocorre também com as alegações de *depressão, problemas familiares/com a mulher/o filho/a saúde*.

Como fundamento destas situações, podemos partir da distinção entre a chamada face *negativa* e a face *positiva*. A primeira, mais agressiva, possivelmente extensão da nossa própria biologia de primatas, manifesta-se claramente no contexto de uma discussão, mas a sua simbologia existe sempre que houver necessidade de alargar ou defender o nosso "território" comunicativo. Podemos associá-la também ao desejo de liberdade individual, em detrimento da conciliação das boas-graças de outrem. A segunda face, mais conciliatória, presente quando não nos sentimos ameaçados ou quando queremos obter a simpatia de outrem ou quaisquer benesses, corresponde a um desejo de sermos aceites e bem vistos (Brown e Levinson 1987: 61).

O interessante dos exemplos referidos é o facto de todos jogarem com as faces positiva e negativa, bem como mecanismos pragmáticos de indireção muito semelhantes aos que vimos para os sentidos implícitos. De facto, se considerado de um ponto de vista exterior, o efeito mais visível em todos os episódios é o facto de quem avança as desculpas não reagir de acordo com os efeitos perlocutórios esperados. Ou seja, quer as díades em causa contenham ordens ou pedidos, explícitos ou implícitos, há sempre atos ilocutórios mal sucedidos. Ora a recusa em cumprir um ato ilocutório, sobretudo quando a situação jurídica coloca em cena um participante com determinado estatuto e determinados direitos, é sempre uma manifestação da face negativa, um comportamento agressivo. Se, no entanto, a recusa não for explícita, como é o caso de todas estas desculpas, será a face positiva que é avançada, deixando portanto a cargo de quem pede ou ordena primeiro a responsabilidade de mostrar a face negativa, isto é, de desencadear o conflito.

Acessoriamente, os casos enumerados demonstram também que o poder, nas interações comunicativas, apresenta considerável variação, adaptando-se às contingências do episódio. Por outras palavras, diríamos à partida que qualquer pessoa de estatuto hierárquico superior poderia exercer poder sobre a pessoa de estatuto inferior, mas nem sempre isso se mantém inalterável. Na verdade, depende de todas as componentes do contexto, em sentido lato. Por isso mesmo, joga com os preceitos de *delicadeza*, entendida aqui como a adequação dos interlocutores um ao outro e aos respetivos horizontes de expetativas (ver Bloomer *et alii* 2006: 111-112).

3.3. Resolução de problemas

Soluções para estes problemas não são facilmente previsíveis, e não o são decerto nas díades pessoais privadas, em que, como foi dito, os guiões não possuem regulamentação externa segura. Na verdade, o que resultará sempre é, em última análise, a competência do interlocutor para se adaptar às circunstâncias, manejando as estratégias mais apropriadas – sejam elas o *evitamento*, o *confronto*, a *acomodação*, o *compromisso* ou a *resolução conjunta* (Trenholm 2001: 166-169). Terá de saber escolher, de entre a panóplia disponível, o que poderá funcionar melhor, o que também depende do bom conhecimento que terá do outro participante e da capacidade de previsão a respeito das suas reações (Adler e Rodman 2006: 146-147).

Nestas condições, não podemos decidir *a priori* que uma dada estratégia não é aconselhada. Se a maioria dos psicólogos condena o chamado *evitamento*, a comunicação bem sucedida pode exigi-lo pontualmente, transformando-o, sobretudo em contexto profissional, numa gestão do próprio relacionamento. Um gerente não vai discutir, a cinco minutos da hora de saída, o hábito que o empregado tem de se ausentar da loja, porque não existe qualquer possibilidade de lhe prender a atenção. O evitamento – ou, mais corretamente, o adiamento – enquadra-se por isso numa estratégia, e tem por fim garantir o contexto mais propício possível para uma díade que se avizinha conflituosa. Em terapia conjugal, também se aconselha evitar as discussões em momentos de stress, saída para o trabalho ou chegada a casa, pelas mesmas razões. De notar que encaramos aqui o evitamento como uma programação para uma outra data e hora, o que é muito diferente de adiar indefinidamente a discussão de um problema.

Pelos motivos que acima invocámos, também o *confronto* pode ser uma estratégia útil, sobretudo se se pretende marcar posição, mostrando a face agressiva que reservamos para defender o nosso território simbólico, quando somos atacados, ou mesmo para o alargar (cf. novamente Brown e Levinson 1987: 61). Em contexto escolar, um aluno honesto sentir-se-á compelido a assumir uma atitude conflituosa se for acusado de ter copiado num exame. Se a acusação for injusta, o professor estará a invadir um território simbólico, o dos valores éticos que fazem parte da autoimagem do aluno, e também da que ele deseja projetar para o exterior. Por isso, a defesa desse território passará inclusive pela agressão encenada. O aluno em causa pode mesmo desafiar o professor, ou solicitando verbalmente provas concretas, ou demonstrando não verbalmente que elas não existem: é frequente um aluno nesta situação espalhar o seu material à frente do professor, para que ele o examine.

Como é óbvio, um aluno desonesto recorrerá aos mesmos meios, se possuir suficiente descaramento para isso... e se os materiais em causa não contiverem nada que o denuncie. No entanto, esta segunda hipótese é mais rara, uma vez que o aluno nestas condições optará, de preferência, por evitar o conflito, assumindo uma atitude submissa, limitando-se a negar, ou confessando e solicitando a indulgência do professor. Neste caso, estaremos perante uma estratégia de *acomodação*, isto é, em que há cedência. A diferença em relação ao evitamento reside no facto de o interlocutor não fugir ao que lhe é imposto, o que implica não considerar importante o que pode perder nessa cedência. Nalguns casos, ela ocorrerá mesmo antes de o conflito começar, numa estratégia semelhante à dos "acordos de Munique" em 1938. Na esfera privada, é um pouco o que acontece quando um cônjuge decide que a tampa colocada na pasta de dentes é menos importante do que a harmonia do lar e se acomoda ao facto de a usar toda besuntada – estereótipo apenas superado pela posição relativa da tampa da sanita. Por corriqueiros que sejam, estes exemplos resumem o funcionamento real das díades interpessoais, comprovando assim que as estratégias de comportamento social que adotamos, sempre com determinados objetivos em vista, estão intimamente ligadas às comunicativas.

Tradicionalmente, as duas estratégias do *compromisso* e da *resolução conjunta* são as mais valorizadas, tanto do ponto de vista do relacionamento humano, como do ponto de vista da comunicação, por ambas garantirem a conservação de um estatuto igualitário entre os interlocutores. No primeiro caso, ambas as partes ganham e perdem, uma vez que o acordo final é conseguido (= ganho) à custa de uma cedência (= perda) mútua. Todas as famílias conhecem esta solução, particularmente importante na altura das festas natalícias, quando os respetivos pais reclamam a presença dos filhos (*Passamos a Véspera de Natal com os meus pais, o Dia de Natal com os teus e fazemos a viagem entre uma casa e outra de madrugada*). No segundo caso, ambos os participantes trabalharão em conjunto para atingir uma solução distinta das propostas no início, e que, porque construída por ambos, se pode tornar mais satisfatória. Assim, o mesmo problema pode ser objeto de uma solução diferente (*Nem com uns, nem com outros, para não ofender ninguém e não termos de atravessar o país de madrugada, vamos mas é passar o Natal com os sem-abrigo*).

A resolução conjunta envolve muitas capacidades, das quais a mais importante será uma que os seres humanos apenas adquirem com o amadurecimento, e que é ainda rudimentar nas crianças: a de se colocar no lugar do outro, ou seja, de perceber uma identidade diferente, mas que, ao contrário das que assumimos e desempenhamos no quotidiano, não é criada por nós e assenta na imagem mais ou menos fiel que temos do outro.[29] Esta capacidade ultrapassa em exigência a audição interativa de que já falámos, uma vez que implica *pormo-nos na pele de outra pessoa*, sendo portanto uma componente importante da socialização.

Não significa isto que, simetricamente, devamos ser sempre abertos e diretos, mesmo que a intenção de facilitar a perceção do outro seja boa. Também não devemos ser ingénuos ao ponto de esperar que tal aconteça sempre. De facto, a maioria das culturas ocidentais valoriza a sinceridade e a honestidade, mas outras, mais conservadoras, exigem, até nas díades interpessoais mais íntimas, uma certa retenção, ou mediação (Trenholm 2001: 167-168). Não devemos pois partir do princípio que a resolução conjunta funciona sempre, sobretudo se a sua negociação ocorrer em contextos interculturais que dominamos mal. Por exemplo, acharemos burlesco e até talvez estranho o papel da alcoviteira no teatro de Gil Vicente, mas não devemos esquecer que certas culturas, mesmo hoje, não dispensam a ação dos intermediários nas decisões matrimoniais, sendo o seu papel crucial na gestão de um contrato que afeta profundamente duas famílias, mais até do que dois indivíduos. Uma mulher pode ter de aguentar um interrogatório indiscreto sobre a sua vida por parte do irmão ou amigo de um potencial namorado africano, ou pode ver os seus amigos mais íntimos a serem interpelados para fornecerem informações. Na verdade, por muito ofensivo que tal comportamento pareça na Europa, ele não é mais do que a transposição simbólica de uma regra cultural, que orienta o guião da díade noutra sociedade (cf. cap. 3, 2.1.5.).

Por outras palavras, não existe apenas uma estratégia possível, nem as soluções aqui apontadas corresponderão fatalmente a uma qualquer evolução de um estádio menos positivo para outro mais positivo. Não podemos por isso afirmar que o evitamento é uma solução pior do que o confronto, ou que o compromisso é melhor do que a acomodação, mas sim que pode haver necessidade de combinar estratégias em certas situações. Se retomarmos os casos acima referidos da manipulação pela queixa ou pela agressividade, há que começar por recusar, direta ou indiretamente, esses comportamentos, o que constitui, em certa medida, um evitamento. Por exemplo, assim que o discurso do outro

---

[29] No processo de aquisição da linguagem (ver cap. 1, 1.5.2.), a descoberta do sentido de novas palavras indicia que as crianças já se baseiam no que os outros pensam. Por exemplo, observam as ações e reações dos adultos para identificar os objetos novos e as palavras que os designam (O'Grady 2005: 54-56). Obviamente, o desenvolvimento da linguagem verbal acompanha a socialização, sendo mesmo uma das suas peças fundamentais.

termina, considera-se terminada também a desculpa ou a queixa, alterando o tema, mas sem o menosprezar: *compreendo o problema, vamos tentar encontrar uma solução... Enquanto penso nisso, talvez seja possível ver este caso urgente...*

É crucial também usar a comunicação não verbal para recusar a agressividade, construindo desde logo um guião distinto do que está a ser imposto pelo interlocutor problemático. Por exemplo, se os papéis são atirados para cima da secretária numa ataque de fúria, sugere-se em voz firme, mas cordial, que *Assim, não é fácil ver o problema* e assume-se um comportamento não verbal simbólico. Note-se que há um evitamento positivo do guião de comportamento proposto, uma vez que não vamos confrontar o interlocutor com um *Então isso são maneiras?* antes iremos optar por um desvio mais produtivo. Com efeito, juntar os papéis de forma ordenada, de maneira a poderem ser analisados é mais eficaz do que recomendar verbalmente *tem calma*. Pode igualmente recorrer-se à proxémica, por exemplo, dispondo duas cadeiras em situação de cooperação (em ângulo reto, o que evita o confronto direto) e que sugere o desejo de resolver o problema pelo diálogo. Tal como já vimos em muitas situações anteriores, a comunicação não verbal é, geralmente, mais eficaz do que a verbal, porque é percecionada por meios nem sempre conscientes.

Apesar de ser aconselhável adaptarmos as estratégias ao contexto, existe uma tendência para a especialização, ou, melhor dizendo, para recorrer àquela em que funcionamos melhor. Todos nós preferimos assim uma ou outra destas estratégias, acabando por a tornar num guião que conduz, por sua vez, as expetativas dos outros (Trenholm 2001: 167). Assumimos, por exemplo, o papel social do indivíduo que *cede sempre*, ou *com quem é bom trabalhar, porque está sempre disposto a ouvir as nossas ideias...* tal como assumimos que o outro *nunca vê um ponto de vista diferente*, ou *nunca quer discutir os assuntos...* A tendência justifica-se também em parte por ser desejável uma certa coerência no comportamento dos interlocutores. Preferimos sempre lidar com o que já conhecemos e reagimos melhor ao que esperamos.

Há que ter em conta que certas situações despoletam reações pouco habituais: a "vítima" passiva de que falámos há pouco, o empregado que se acomoda em permanência aos objetivos dos seus superiores, que cede sempre, que cumpre todas as ordens até ao ponto em que começam a abusar da sua disponibilidade, que nunca discute, pode, de repente, perder a paciência e optará então por uma estratégia de confronto. Embora o comportamento passivo fosse o esperado pelas regras historicamente construídas no âmbito da díade, há uma quebra das "regras do jogo" que, por outro lado, se devia ter tornado previsível. É também o caso típico do pai ditador a quem um belo dia o filho submisso e tímido dá um berro inesperado.

Um último ponto importante que temos de ter presente é o de que a comunicação não é apenas uma questão de competências e de técnicas, mas também de atitudes, expetativas, perceções, preferências, identidades (cf. Arredondo 2000: 139). Ou seja, sendo um fenómeno humano – talvez mesmo o mais humano que existe – depende das pessoas que nele se empenham, da sua formação intelectual, ética e emocional. Qualquer deficiência neste aspeto só pode ser reduzida, mas nunca resolvida na totalidade pelas nossas ações.

4. Fronteiras da díade interpessoal

4.1. *Casos-limite*

Conforme explicado no início do capítulo, a definição canónica de uma díade interpessoal pressupõe um encontro em que há copresença dos interlocutores, o que, por sua vez, permite interpretar também a comunicação não verbal. No entanto, há meios de comunicação interpessoal que afetam a copresença, mas conservam algumas das suas dimensões, ocasionando uma espécie de miniparadoxo: se permitem o contacto temporal *imediato*, tornam-no *mediado* do ponto de vista técnico, o que nos leva a questionar os limites da própria definição. Trata-se do telefone, do telemóvel e do computador.

Várias caraterísticas afastam estes meios de comunicação da díade interpessoal. Tendo em conta que atuam à distância (como a própria etimologia de *tele-* indica), o contexto dos interlocutores nunca é o mesmo. Ora a díade interpessoal pressupõe a partilha do contexto, base e garantia da sua construção conjunta. No que se refere em particular a telefones e telemóveis, existe um *feedback* muito limitado, aquele que é fornecido verbal e para-verbalmente, já que os ruídos de fundo raras vezes são percetíveis. Tais ruídos, aliás, não constituem verdadeiro *feedback*, pelo menos se pensarmos no sentido que a palavra tem para designar as reações não verbais do interlocutor, a sua audição interativa, a comunicação cinésica. Por fim, temos a consciência de que implicam um preço, tanto maior quanto mais tempo durarem. Prova disso é o facto de o tarifário, por muito vantajoso que seja, surgir como advertência, nem que seja sob as formas *Podemos falar à vontade, eu só pago.../estamos no período X.../eu tenho o tarifário...* ou, mais frequentemente, *Liga-me tu, que eu não tenho dinheiro no telemóvel.* Por todos estes motivos, estas formas de comunicação são, em certa medida, deficitárias.

No entanto, os interlocutores nem sempre têm consciência disso. A ilusão de proximidade, criada pelo contacto imediato, justifica em parte certas ambiguidades. É o caso do *Afinal vens cá ou não?* que causa alguma perplexidade se o cotexto não fornecer dados sobre a localização espacial do deítico *cá*. Também observamos tentativas para reconstruir o contexto, ou para transferir o que seriam sinais não verbais para o discurso, de maneira a compensar os défices, sobretudo do tempo e do espaço (Wolton 2006: 11): *Onde estás? Então e como é que está o tempo por aí? Vais a guiar? Estou a ouvir muita confusão, tens aí uma festa? 'Tás a ouvir o barulho que o vizinho faz? Olha agora!*

A comunicação mediada pelo computador (CMC), metonimicamente associada à *Net*, apresenta ainda outras diferenças.[30] A mediação tecnológica, o imediatismo temporal, a proximidade fictícia e a reconstituição do contexto assumem aqui dimensões ainda pouco estudadas e potencialmente explosivas. À primeira vista, usamos uma forma de comunicação diferida, sobretudo se olharmos para as suas manifestações mais visíveis: uma mensagem de *email*, um sítio que consultamos em busca de informação, um blogue, um forum de discussão. Nenhum destes exemplos pressupõe obrigatoriamente a resposta imediata que temos na conversa, mesmo ao telefone, mas também não a impedem, uma vez que o interlocutor pode estar *online*. Além disso, a introdução da câmara substitui em parte a copresença que permite o funcionamento do *feedback*. Também é verdade que utilizamos o código escrito, mas o que encontramos nas mensagens são guiões muito mais apropriados às comunicações orais, sobretudo no que toca à escolha dos estilos. Mais ainda, utilizamos sinais como os *smilies* ☺ ☹, o que revela que necessitamos em absoluto de enviar mensagens não verbais aos nossos interlocutores (Beebe *et alii* 2005: 83). Por vezes, esta outra face é tão evidente que até esquecemos o caráter diferido, como acontece com um internauta que inicia uma mensagem com *Peço desculpa por incomodar a uma hora destas...* sem se lembrar de que o interlocutor nunca poderá ser incomodado: se está *online*, é porque deseja receber mensagens, seja a que horas for.

O próprio conceito de *diferido* torna-se outro. No século XIX, uma carta podia levar vários meses a chegar ao seu destino, mesmo dentro de um mesmo país, ao passo que, no século XXI, uma mensagem escrita pode chegar no próprio

---

[30] CMC é uma designação mais genérica, comportando todos os elementos constituintes do ciberespaço: mensagens de email, sítios, blogues, servidores, a própria *Net*. Por comodidade, usaremos aqui ambos os termos como se fossem sinónimos. Para uma introdução didática ao conceito e às suas ramificações enquanto área do saber, ver Thurlow, Lengel e Tomic 2004: 14-17.

instante em que é mandada às mãos do seu destinatário... ou não, se este apenas vir o mail uma vez por semana. Pode também receber resposta segundos depois de ter sido enviada... ou não, se for ignorada. Estas possibilidades são apenas uma pequena amostra de eventuais pequenas diferenças, que, apesar de tudo, afetam a forma como lidamos com estas comunicações. Por outras palavras, estamos perante uma situação semiótica distinta das que encontrámos já, até na sincronização temporal (Mercer 2000: 121; Crystal 2001: 5).

O último fator é a principal razão pela qual a CMC afeta o nosso próprio conceito de relação interpessoal, e, por extensão, o da díade. O transcender do tempo e do espaço faz-nos crer que não há distâncias, ou, pelo menos, que essas distâncias são bastante mais curtas, tal como a globalização da Net nos faz pensar que podemos conhecer pessoas, fazer amigos íntimos e conversar com eles em qualquer ponto do mundo (Trenholm 2001: 171). No entanto, antes de embarcarmos na utopia da proximidade universal das redes sociais[31], há que pensar nas dimensões virtuais que a CMC encerra, e que a colocam fora dos limites estritos da comunicação interpessoal.

Em primeiro lugar, temos o problema da identificação das pessoas. Na díade "tradicional", apenas podíamos enganar-nos por uma deficiente perceção do outro, que nunca ultrapassaria os limites da nossa competência. Num exemplo extremo, um homem disfarçado de mulher não seria capaz de manter o embuste por muito tempo. Ou pela maneira de andar, ou de se sentar, ou por um esquecimento inadvertido do timbre, ou por outros sinais físicos, acabaria por se denunciar. Eventuais enganos nas imagens projetadas e percebidas também não abrangiam a identidade total do nosso interlocutor, nem a abrangiam em permanência, precisamente porque, mais tarde ou mais cedo, a comunicação não verbal ou para – verbal daria sinais inequívocos que nos aproximariam da "realidade".

Ao invés, não existe qualquer garantia sobre a identidade da pessoa com quem contactamos na Net, e os meios para a desmascarar, se for falsa, são bastante falíveis. Por isso, o teatro de Goffman, quando montado na CMC, atinge níveis de representação que nem os adeptos mais alienados do *Dungeons and Dragons* ou dos *Fantasyspielen* alguma vez sonharam.[32] Um homem não precisa sequer de

---

[31] Convém não esquecer que esta globalização não abrange os seres humanos que vivem em regiões pobres do globo, e que nem sequer têm acesso à energia elétrica, ou os que são vítimas de regimes ditatoriais, onde a censura impõe restrições ou mesmo a proibição do uso da Net.

[32] Uma questão que o autor não podia imaginar (mas cf. Goffman 1993 [1959]: 101) é a do desenvolvimento em espelho deste teatro. Estudos feitos sobre as identidades assumidas por adolescentes mostram uma elaboração particularmente sofisticada dos seus papéis, com

se vestir para passar por mulher, basta-lhe dizer que o é. Não sabemos pois se a chinesinha simpática e um pouco ingénua que confia os seus sonhos de descobrir a cura para o cancro e visitar a Patagónia não é afinal um guarda-noturno negro de 50 anos, que trabalha em S. Paulo, cujo único divertimento é o de se fazer passar por outra pessoa... e que está em contacto com um adolescente americano, apaixonado pela Angelina Jolie e ás do *skate*... que na realidade é uma senhora irlandesa que toda a sua vida cuidou da casa e dos filhos, mas se sente muito só, agora que enviuvou e recebe poucas visitas... As *personae* não existem, são montagens de outras *personae* que escondem as suas identidades civis por detrás de máscaras. As perguntas *Quem sou eu para lhe falar assim? Quem é ele para me falar assim/para que eu lhe fale assim?*" pertencem a um mundo virtual (no sentido mais clássico do termo) e, por isso mesmo, inexistente. Como podemos pois sustentar que se trata de uma díade interpessoal, se as pessoas nela envolvidas não existem? (ver Adler e Rodman 2006: 66-67).[33]

Um segundo ponto a considerar decorre do próprio conceito de globalização que os *media* popularizaram e que associamos com frequência à facilidade de contactos suscitada pela Net. Na proposta original, as facilidades dos meios de comunicação suscitariam uma circulação por muitas culturas diferentes, o que tornaria obsoleta a compartimentação do indivíduo num só mundo – na expressão tornada clássica, passaria a habitar uma "aldeia global", uma comunidade com um único "campo de interesses" (McLuhan 2002 [1962]: 31).[34] No entanto, a metáfora pode não ser tão adequada quanto isso, já que uma aldeia se carateriza, mais do que por uma língua ou dialeto comum, por uma sensação de pertença e vivência partilhada, que é tanto histórica e cultural quanto pessoal e afetiva,

---

fotos e pequenos filmes (alguns com verdadeiras montagens), ou de si ou dos amigos, ou ainda dos objetos ou espaços pessoais, com cartas, diários, incluindo blogues, toda uma parafernália de mensagens (por enquanto apenas visuais e auditivas) que nos permitem assistir a representações teatrais instantâneas à distância de um clique. Uma das componentes mais complexas consiste no facto de quem as monta estar também a assistir em permanência ao seu próprio teatro, discutindo e incorporando sugestões ou críticas que recebe via e-mail ou nos fóruns de discussão (ver Weber e Mitchell 2008: 25-48, esp. 27 e 41). As redes sociais e o YouTube são os exemplos mais óbvios.

[33] Nem todos os autores encaram de forma pessimista a questão da identificação *online*, uma vez que o anonimato e a liberdade de construção de *personae* podem tornar-se libertadores, terapêuticos e assegurar voz a algumas minorias que não a conseguem ter na comunicação face-a-face (ver uma discussão do assunto em Thurlow, Lengel e Tomic 2004: 100-105).

[34] Para já não falar do problema de uma só língua. Para uma posição ligeiramente diferente, ver as ideias de Huntington (2001), mencionadas em 2.5.4.

uma vez que implica valores, meio ambiente, padrões de associação cognitiva, etc. (cf. McQuail 1975: 57; Crystal 2001: 6).[35] As pessoas que nela habitam tecem ao longo do tempo relações sociais particulares, em que o conhecimento mútuo atua como uma espécie de selo de garantia. Numa imagem caricata, *o Manelzinho da ti Zefa sempre foi má rês*, o que não é de todo possível saber-se na Net, pelo menos com a mesma segurança. Neste sentido, não há aldeia global, porque os contactos entre seres humanos não assentam numa autêntica coletividade, não obstante a apregoada partilha de saberes que a Net proporciona. Muito pelo contrário, o aumento da partilha serve para revelar a cada um os abismos que por vezes nos separam, até nos valores. Da aldeia global, regressamos à torre de Babel (Wolton 2006: 15-16).[36]

Uma última questão a ponderar afeta igualmente as noções semióticas que nos serviram até aqui para analisar os episódios comunicativos. Não existe qualquer possibilidade de prever ou classificar nem sequer os meios de que nos servimos para uma dada mensagem. Quando fazemos um *link* para o *You Tube* ou afixamos algo no mural do *Facebook*, podemos dizer que essa mensagem usa código escrito? oral? é um objeto visual? um símbolo? um filme? uma canção? uma notícia que irá agitar as massas? uma convocatória que irá desencadear uma manifestação? A única coisa que podemos dizer com alguma certeza é que não é tátil, mas as sofisticações da realidade virtual certamente virão a criar esse código muito em breve.

4.2. *Perversões: talkshows* e *reality shows*
Mais do que um caso-limite, certas situações das díades interpessoais, felizmente encurtadas pela brevidade que os programas de televisão impõem, colocam-nos perente o problema da perversão comunicativa. Trata-se da encenação relacional subjacente às conversas dos *talkshows* e dos *reality shows*. Se aplicarmos o modelo de análise de uma entrevista televisiva, temos perfeita consciência de que a díade não é interpessoal, ainda que a sua aparência o seja. Um/a jornalista entrevista um/a convidado/a no nobre propósito de fornecer ao público em geral informações que lhe permitirão formar uma opinião. Desde logo, este propósito

---

[35] Não obstante a distância cronológica entre as duas obras, ambos os autores insistem nesta constante da comunicação, o que não deixa de ser significativo, se considerarmos que o fenómeno da Net não existia no contexto da primeira.

[36] Não existe portanto uma aldeia global, antes um mundo de "tribos" – para manter os termos de McLuhan – que a qualquer momento podem ver-se arrastadas para longas e demoradas questiúnculas sobre simbólicas águas fronteiriças ou galinhas roubadas.

impediria só por si que se falasse em objetividade, mas não é essa a questão principal. Na verdade, encontramos em algumas dessas entrevistas espetáculos montados, ou para exposição do/a convidado/a (caso evidente de figuras públicas polémicas), ou, de forma mais subtil, para promoção de alguém que se faz passar pelo protagonista de uma investigação *mediática* (entendida como meio e como fim, enquanto espetáculo). A entrevista terá tanto mais sucesso quanto mais pessoas a ela assistirem – o que passa com frequência pela procura incessante de revelações bombásticas, escandalosas, inesperadas.

Transposta para a entrevista do *talkshow*, a mesma análise pode até ir mais longe, na medida em que a exposição da intimidade – defendida por alguns promotores desses programas como uma catarse benéfica – é exacerbada ao ponto de desapossar a vítima da sua intimidade e, por extensão, da sua identidade privada. As estratégias de manipulação e o exercício do poder comunicativo – que um profissional domina com mais mestria do que um amador, como é óbvio – resultam no "forçar" de confidências e, sobretudo, no manejo da narrativa, que não é pessoal porque não é construída pelo indivíduo e sim pelas perguntas que outrem lhe faz: *Então e nesse momento é que sentiu que a sua mãe não gostava de si? Foi portanto o seu pai que a violou? Mais ninguém da família sabia do caso? Como é que isso é possível? Acha que não sabiam mesmo ou que fingiram não saber?* Ora um *talkshow* não é um contexto deontologicamente governado pelas regras deontológicas da profissão de jornalista. Não é jornalismo, no verdadeiro sentido do termo, antes um espetáculo mediático, montado para atrair audiências, pelo que o objetivo primeiro é, aqui sem qualquer dúvida, o de expor a desgraça, e não de ajudar a ultrapassá-la. O arremedo de terapia torna-se numa caricatura que resultará provavelmente numa segunda violência, tanto mais nociva quanto a vítima a encara como ajuda.

Da mesma forma, as díades que se desenvolvem no seio de um grupo fechado (em mais do que um sentido) sob uma câmara televisiva, situação típica de um programa a que se chama, ironicamente, *telerrealidade* (Wolton 2006: 50-51), constituem uma perversão da comunicação interpessoal, ainda que ingenuamente os interlocutores digam que "se esquecem de que estão a ser vistos". Mesmo que temporariamente isso aconteça, não é um esquecimento permanente, sobretudo tendo em conta que terão de se colocar em frente a essa mesma câmara para falar de si, ou para justificar a expulsão de um/a colega, ou para dar a sua opinião desassombrada sobre outrem, como se de uma verdadeira díade se tratasse. O problema é que não o é, e a própria metáfora do nome do programa é enganadora. Não existe uma entidade superior que seja, ao mesmo tempo, garantia de um sistema de valores regrantes da sociedade. Totalitário, ditatorial, brutal, o verdadeiro *Big Brother* que George Orwell criou em *1984* é, apesar de tudo isso, também uma personagem que a sociedade apoia e perpetua – e por isso legitima institucionalmente. Na telerrealidade mediática, essa personagem não existe, porque quem vê, analisa e julga atos, conversas, relações, identidades dos concorrentes (selecionadas), é um olho coletivo, supostamente massificado, mas constituído por indivíduos muito diferentes uns dos outros, e vigia não em nome de um sistema comum, mas apenas para satisfazer o *voyeurismo* de cada um desses indivíduos. A ânsia de "ver" a intimidade só pode ter um efeito: ou os concorrentes "perdem toda a vergonha" e partilham a sua pessoa com o país inteiro (ou o país que os vê, pelo menos), ou a preservam por detrás de máscaras sucessivas, representando papéis atrás de papéis. No primeiro caso, ficam sem alma, no segundo vendem-na. Seja como for, a dimensão interpessoal da díade, que consiste na socialização, na construção da identidade pelo relacionamento, na cooperação inerente ao bom funcionamento do grupo, é totalmente aniquilada, o que justifica falarmos em perversão.

Em conclusão, parece inteiramente justificado que as díades interpessoais prototípicas se definam da forma restritiva que vimos. Apesar disso, a análise dos episódios comunicativos implica confrontar todos os meios de que os dois interlocutores se servem para construir a sua relação, apenas na medida em que fazem parte da história da sua comunicação, por exemplo, contextualizando outros episódios diretos. Por esta razão, mas também porque os meios de comunicação de que nos servimos estão neste momento a questionar os próprios modelos que os perspetivam, pelo menos a CMC e outras formas mediadas tornar-se-ão provavelmente, a breve trecho, num ingrediente obrigatório de todas as tipologias comunicativas.

CAPÍTULO 3

ENTRE NÓS:
A COOPERAÇÃO NA COMUNICAÇÃO EM GRUPO

1. Componentes para uma definição

1.1. *Cruzamento de variáveis*

Como vimos já, de acordo com o lugar-comum "a união faz a força", a cooperação é mais eficaz do que o esforço individual e solitário, pelo que passamos uma boa parte do nosso tempo a tentar obtê-la dos outros. Sabemos muito bem que, assim, seremos encorajados nos nossos esforços e estimulados nas nossas ideias. No entanto, algumas vozes discordantes costumam caricaturar o trabalho em grupo por ser um entrave à produtividade laboral, ou, em linguagem mais direta, "uma perda de tempo". O qualificativo surge sobretudo para esses grupos especiais que são as "comissões", a quem se confia uma tarefa que *não* desejamos ver realizada, porque sabemos perfeitamente que, no mínimo, isso não acontecerá tão cedo (ver Trenholm 2001: 183; Beebe *et alii* 2005: 192).

Em certas circunstâncias, é verdade que o "cavaleiro solitário" – ou a heroína independente, já agora –, andam mais depressa, porque não carregam consigo a bagagem emocional e corporativa que um grupo tem de gerir. Não haverá necessidade, por exemplo, de longas conversas para obter consenso, não será necessário solicitar opiniões alheias, nem conciliar posições divergentes. Além disso, um indivíduo sozinho funciona de certeza melhor do que os grupos problemáticos, onde há interferências e impedimentos mútuos, ou em que, feitas as contas, os resultados são mais escassos do que o esperado. Muitas vezes também, esses grupos são constituídos por uma maioria de membros que se aproveitam do trabalho de uns quantos (Trenholm 2001: 184-185). Em suma, a interação de um grupo, seja ela física ou comunicativa, nem sempre é harmoniosa, já que as pessoas podem não se entender, não gostar umas das outras, ou ter feitios muito diferentes. São situações claramente perturbadoras, tanto do grupo como do próprio bem-estar do indivíduo, para já não falar na produtividade propriamente dita, pelo que podemos perguntar-nos por que motivo os indivíduos insistem em continuar juntos nestas condições.

Na realidade, a maioria dos estudos sobre organizações, sejam elas empresas, clubes, grupos de pressão ou simples escolas, aponta, pelo contrário, para as potencialidades extraordinárias dos grupos, para já não falar do facto de, tal como na díade interpessoal, a sua existência e influência serem inevitáveis (Hartley 1997: 176 – 188). Desafios complexos, que implicam ideias criativas ou conhecimentos especializados e diversificados, que envolvem distribuição, controlo e gestão de tarefas, que exigem soluções arriscadas, empenhamento, negociação ou trabalho continuado, são típicos casos em que o grupo funciona muito melhor do que o indivíduo (Handy 1999 [1976]: 151-152).[1] Em todas estas situações, a estrutura coletiva estimula a *resolução de problemas* e a *tomada de decisões*, bem como a atuação concertada das pessoas. Grande parte da nossa educação está justamente virada para esta componente fulcral da socialização, porque aprendemos aí a corresponder às expetativas alheias no que toca a comportamentos e a formas de comunicar (Dimbleby e Burton 2005 [1985]: 106).[2] A integração num grupo tem ainda um efeito reflexo: quanto mais os membros se identificarem com o coletivo, mais forte tornarão o grupo e mais fortes se tornarão a si próprios (Beck *et alii* 2005: 224). Sopesadas as duas posições, para o melhor e para o pior, os grupos conseguem ir mais longe do que o indivíduo: situam-no perante os outros, conferem-lhe sentido de responsabilidade, confortam-no e fazem-no aventurar-se mais do que se estivesse sozinho (Handy 1999 [1976]: 176). Em suma, um grupo é sempre mais do que a soma dos seus elementos.

Dado que o trabalho e a própria constituição do grupo implicam negociações constantes, são estas que justificam, na sua quase totalidade, os maiores falhanços. Não se trata tanto de incapacidade ou incompetência, nem de circunstâncias hostis e inultrapassáveis, mas sim de dificuldades comunicativas, já que o sucesso depende, antes de mais, da interação funcional e da maneira como os indivíduos conseguem contrabalançar as necessidades de cada um com as do coletivo (Trenholm 2001: 186). Defende-se, aliás, que a capacidade para comunicar

---

[1] Paradoxalmente, um grupo produz em geral menos ideias do que os indivíduos que o constituem, se pensassem em separado. Não é, por conseguinte, a quantidade de membros que justifica a superioridade do grupo neste aspeto, mas sim o facto de tais ideias serem criticamente avaliadas e melhoradas por todos (Handy 1999 [1976]: 154).

[2] Também neste ponto, não somos propriamente originais por comparação com as outras espécies. Todos os animais sociais – em particular os primatas – vivem em grupos que, por natureza (no sentido mais forte do termo), organizam as suas relações sociais segundo padrões de comportamento considerados aceitáveis. No entanto, os seres humanos desenvolvem esta tendência natural de maneiras muito mais elaboradas e diversas.

com os outros, para lá do domínio interpessoal, é uma das competências mais necessárias num mercado de trabalho à escala global (Ellis 2002: 1-6), quanto mais não seja porque a interação no grupo promove o avanço dos indivíduos.

Podemos constatá-lo facilmente quando pensamos nos grupos que nos servem de referência: a família, os amigos, os colegas. Não nos imaginamos sem eles, visto que cada um, dentro do seu tipo, influenciou e influencia a maneira como agimos, ou até a nossa identidade (Trenholm 2001: 179-180). Somos moldados pelas pessoas com quem contactamos ao longo da vida: os colegas da escola, incluindo o que nos costumava roubar o lanche, os colegas de curso ou da tropa com quem nos reunimos regularmente, mesmo que estejam dispersos pelo país inteiro, os amigos do bairro da nossa infância, que não vemos há décadas, mas que nunca esquecemos, para além dos atuais amigos, que vemos todos os dias e que sabem os nossos segredos, como sabemos os deles, dos colegas de trabalho, de quem descansamos ao fim de semana, ou da própria família. Se até pessoas distantes, no espaço, no tempo e no entendimento, perduram no que somos e no que fazemos, isso constitui prova suficiente da importância dos grupos, que configuram os cenários em que nos movemos.

Os grupos são, assim, lugar de cruzamento de variáveis múltiplas e extraordinariamente complexas, que incluem, por exemplo, os fatores espontâneos ou artificiais da sua origem e os critérios de seleção dos seus membros (que podem assentar nas competências, nas afinidades, na influência externa ou até no acaso). Incluem ainda os objetivos que esses membros se propõem atingir, os programas de atividades, que serão laborais, desportivas, sociais ou de mero entretenimento, e a abordagem escolhida, que pode ser informal, amadora, afetiva ou autoritária. Como um grupo apresenta tantas possibilidades de configuração quantas as pessoas que dele fazem parte, vamos partir de uma definição muito provisória, que iremos tentar explicitar melhor, à medida que analisarmos a sua dinâmica (ver 2.), as suas estratégias de interação comunicativa (ver 3.) e mesmo algumas das suas fraquezas (ver 4.).

Podemos, então, considerar um grupo todo e qualquer conjunto de pessoas em relação de *interdependência*, o que resulta de partilharem pelo menos um *objetivo* comum e *estratégias* concertadas para o alcançar. Em consequência da *partilha*, o grupo desenvolve um sentimento de *pertença* que está enraizado na *identidade* de todos os seus membros (Beebe et alii 2005: 193). O sentimento é psicologicamente reconfortante porque constitui um quadro de referência para a nossa própria identidade. É mais fácil sabermos quem somos, o que nos leva a transformarmo-nos no que o grupo é (ou pretende ser, ou pensamos que seja).

Mesmo se somos introvertidos e tímidos, no seio de uma claque barulhenta iremos cantar, gritar e pular de forma tão ostensiva e incomodativa como os outros. Ao integrar um grupo, categorizamo-nos em relação ao protótipo identificador desse grupo, passando a regular o nosso comportamento pelo dos outros (Hartley 1997: 164). Cada uma destas componentes, além de ditar uma dinâmica específica, influencia e é influenciada por todas as outras.

1.2. *Objetivos comuns*

Num verdadeiro grupo, cada membro tem consciência, nem que seja de forma implícita, dos objetivos coletivos em causa, e de que estes determinam, de alguma maneira, toda a sua dinâmica, todas as suas ações e todas as suas comunicações. É por isso que, quando observamos certos ajuntamentos, como, por exemplo, o das pessoas que esperam pelo autocarro numa paragem, compreendemos facilmente que não formam um verdadeiro grupo. É verdade que todas partilham o objetivo de apanhar o autocarro, que seguirá um trajeto comum, à mesma hora, todos os dias. No entanto, não existe uma verdadeira interação, pelo que os laços que as unem são absolutamente ocasionais. Não só não se organizam entre si para o fazer, como até, se o autocarro demorar muito a chegar, podem ultrapassar-se e atropelar-se, além de se insultarem mutamente, chegando mesmo a envolver-se em confrontos físicos. Isto comprova que não passam de indivíduos isolados, defendendo cada um os seus próprios interesses (ver Dimbleby e Burton 2005 [1985]: 98 e 101).[3]

O aparecimento espontâneo de um objetivo não basta, pois, para a união dos indivíduos, motivo pelo qual a sua definição nunca deve ser deixada ao acaso, sobretudo em contextos profissionais, tal como não deve ser deixada ao acaso a estratégia para o alcançar. As dificuldades encontradas pelas equipas resultam muitas vezes de o projeto de partida não ser suficientemente claro. Os membros começam então a agir de forma dispersa, inconciliável ou sobrepondo-se uns aos outros. Curiosamente, se houver uma ideia nítida do que se pretende fazer, as próprias dificuldades externas contribuirão para melhorar a atuação dos membros do grupo, quer individual, quer coletivamente, porque serão vistas como desafios estimulantes ao coletivo e não como obstáculos (Hartley 1997: 142).

---

[3] O comportamento dos passageiros de um autocarro apanhado por uma cheia em 2008 confirma isto mesmo. Alguns, mais afoitos, aventuraram-se a enfrentar as águas para tentar chegar à "margem" (concretamente, um ponto do passeio ainda não inundado). Outros, aceitaram ajuda para fazer o mesmo, mas uma parte preferiu aguardar dentro do autocarro a chegada das equipas de socorro. Se se tratasse de um grupo coeso, teria optado por um só curso de ação.

É habitual distinguir dois tipos de objetivos, que determinarão por sua vez dois tipos de grupos com dinâmicas distintas, satisfazendo também duas aspirações em certa medida complementares: a produtividade, por um lado, e um sentimento de satisfação em todos os membros, por outro (Handy 1999 [1976]: 154). Assim, existem objetivos "de tarefa" ou "*task-oriented*" (cf. Littlejohn 1982: 278), que também consideramos como *pragmáticos*, quase prototípicos em contextos profissionais: elaborar uma estratégia de *marketing*, construir um edifício, equipar um hospital, ganhar um jogo ou um campeonato. Alcançar objetivos deste tipo resulta, em geral, na satisfação automática dos indivíduos. A objetivos de outro tipo chamamos *sociais* ou relacionais, e surgem em qualquer contexto, seja ele formal ou informal: prestar apoio, trocar confidências ou afeto. Em casos destes, a satisfação, por depender de múltiplos fatores, nem sempre é alcançada, para além de não redundar, obviamente, num produto palpável.

Um objetivo pragmático envolve, para além da resolução de problemas e da tomada de decisões que todos os grupos enfrentam, a execução concatenada de tarefas, o que exige, por sua vez, uma organização interna. Ao invés, um objetivo de tipo social pode ser mais vago e espontâneo, já que um grupo se constitui, às vezes, apenas porque as pessoas sentem algumas afinidades entre si. Por exemplo, pertencem à mesma faixa etária, moram perto umas das outras, partilham espaços e gostos, como é o caso dos amigos de infância. Também pode acontecer que estejam unidas por um passatempo, como acontece com amantes da bola, cruzadistas ou modelistas. Outras vezes, as pessoas estão juntas apenas porque se divertem, como é o caso dos companheiros de copos. Objetivos sociais mais sérios são os dos grupos que nos proporcionam compensações emocionais, como acontece com os amigos íntimos, que são, por esse mesmo motivo, uma espécie de bateria do nosso bem-estar (Dimbleby e Burton 2005 [1985]: 119).

A distinção entre objetivos pragmáticos e sociais não significa que os grupos se dediquem em exclusivo a uns ou a outros, já que nenhum grupo seria capaz de subsistir por muito tempo nessa situação. Tendencialmente apenas, podemos reconhecer nos grupos profissionais – que podem chegar a constituir, como veremos, *organizações* – uma maior centralização em tarefas e objetivos de ordem prática. No entanto, é impossível que, por exemplo, os membros de uma equipa apostada em ganhar um jogo ou um campeonato não desenvolvam formas de interação emocional entre si, sejam elam positivas ou negativas: podemos sentir vontade de assassinar o jogador que deixou perder um ponto para a equipa adversária, ou afogar com beijos e abraços a companheira que no-lo deu a marcar. Por outro lado, também um grupo que se encontra pelo simples prazer de estar junto tenderá a envolver-se em iniciativas organizadas, como uma festa de aniversário, um passeio ou um almoço de confraternização. A dupla dimensão comprova pois a importância dos objetivos na identificação do grupo, dado que estes se tornam numa das suas caraterísticas mais marcantes.

Não é, ainda, estranho que tanto o grupo como, sobretudo, os seus membros, tenham mais do que um objetivo. Contrariamente ao que sucede no caso do autocarro atrás referido, na maior parte das ocasiões, haverá uma coincidência, nem que seja parcial, entre o que cada um deseja – os objetivos *individuais* – e o que o grupo como um todo deseja – o objetivo ou objetivos *coletivos*. Em casos extremos, os membros do grupo colocarão o interesse coletivo acima dos pessoais (ver 4.). Assim, os alunos que participam num trabalho de grupo têm um objetivo coletivo de tipo pragmático, que é o de realizar esse trabalho e de obter uma boa nota. Como sabem que, se todos colaborarem e derem o seu melhor, a nota final também melhora, o que redunda no benefício de todos e de cada um, cultivam as relações de solidariedade: ajudam-se uns aos outros, aperfeiçoam as ideias alheias, podem até substituir alguém que não cumpriu a sua parte. Cumprem assim um outro objetivo, de tipo social, que, à primeira vista, não parecia tão importante. Confrontando uma situação diversa, como a de uma apresentação individual na aula, verificamos que o objetivo pragmático até pode ser idêntico, mas, para o alcançar, cada um tentará sobrepor-se e ser melhor do que os outros, entrando portanto em competição. A consequência inevitável é o esvair da solidariedade, passando então a imperar os objetivos individuais, ou, em linguagem mais corriqueira, *cada um por si e os outros que se amanhem*.

Das discrepâncias entre os objetivos individuais e coletivos podem resultar sérios prejuízos para o grupo como um todo, visto que afetam a sua dinâmica, em particular no que toca aos papéis de cada um e ao relacionamento das pessoas. Lembremos aqueles colegas da escola extraordinariamente irritantes, que sabiam tudo e respondiam na nossa vez, ou que nos acusavam de copiar, fazer batota, não ter feito o trabalho de casa ou fazer gazeta. Em contextos profissionais, acontecem exatamente as mesmas situações, quando alguém revela que não fazemos a nossa parte do trabalho, apresentámos uma justificação de falta fraudulenta ou nos estamos a baldar à hora de entrada. Sob a capa de um zelo virtuoso pelos interesses superiores do grupo, a maior parte destas situações encobre antes a vontade que esse alguém terá de nos suplantar, de ficar bem visto perante os superiores hierárquicos, ou mesmo de nos destruir profissionalmente.

A questão, no entanto, vai mais longe do que o simples ataque pessoal, já que mina a confiança interna que os membros do grupo têm de depositar uns nos outros pelo *vínculo de dependência recíproca* (ver Goffman 1993 [1959]: 103). O efeito estende-se até a quem não tinha inicialmente nada a ver com o assunto. Por isso, empenhar-se na coincidência de objetivos, em detrimento de meras vantagens individuais, é um forte incentivo à lealdade do grupo, e reforça a sua coesão interna, tornando-se então numa condição essencial para o seu sucesso.[4]

É por estas razões que um grupo digno desse nome não surge de um momento para o outro, é antes o fruto de esforços continuados ao longo de vários episódios comunicativos. Necessariamente, há que considerar aqui a evolução, caraterística partilhada com as díades interpessoais (cap. 2, 1.2.). Isto acontece não apenas porque a maior parte dos objetivos do grupo exige alguma maturação, mas também porque, mesmo depois de claramente definidos, implicam a listagem, calendarização e distribuição de tarefas por todos. Mesmo num grupo social, em que esperaríamos uma certa liberdade, quando não a franca anarquia, os participantes assumem funções, que os vão modificando aos poucos. Como resultado, o grupo desenvolve práticas rotineiras, por vezes mesmo ritualizadas, uma "forma de fazer as coisas" que é única e, como suprema realização, uma identidade coletiva, reconhecível do exterior. Por todas estas razões, os objetivos comuns são, em suma, a garantia máxima da existência do grupo, que perdurará enquanto os seus membros interagirem de forma positiva uns com os outros e estiverem empenhados na execução de um projeto (Argyle 1972: 117).[5]

---

[4] Numa outra dimensão, a não coincidência entre os objetivos individuais e coletivos pode ser escamoteada, como nas situações em que o indivíduo se serve do grupo para atingir os seus fins sem o afetar (Adler e Rodman 2006: 265-266). É o caso de um clube de golfe ao qual pertencem muitos empresários da região, não porque sejam verdadeiros amantes de golfe, mas porque aí desenvolvem importantes contactos profissionais. Se isso contribuir para incentivar a atividade económica e desenvolver a modalidade, os objetivos individuais de cada membro não prejudicam os do coletivo. A questão será desenvolvida a propósito dos papéis dos membros do grupo (ver 2.3.2.).

[5] Cada grupo tem o seu tempo de duração, e nem sempre são claras as razões pelas quais um grupo se desfaz ou deixa de existir. Num contexto profissional, é mais provável que tal aconteça assim que o objetivo for alcançado, na condição de não surgir nenhum outro. Num grupo de amigos, fatores externos, como a mudança das disponibilidades, a deslocação de um ou mais membros do grupo, alterações no espaço, ou fatores internos, como desentendimentos privados, alteração de interesses, ou, simplesmente, cansaço, são outras tantas razões que alteram os grupos, chegando mesmo a desagregá-los. A família, essa, possui mecanismos internos que a tornam especial, na duração como noutros fenómenos (ver 1.4.).

1.3. *Dimensão restrita*

Existem outras razões, para além dos objetivos, pelas quais nem tudo o que é "grupo" no sentido empírico o será também no âmbito comunicativo. Quando falamos, por exemplo, nos fãs da seleção nacional, não estamos a falar de entidades comparáveis à família, aos amigos, ou sequer à própria seleção nacional. Entre as muitas diferenças óbvias, a dimensão destes grupos dita interações comunicativas totalmente distintas. Aliás, no caso dos fãs, quaisquer comunicações que existam estão certamente massificadas. Embora exista uma espécie de comunicação entre os milhões de adetos espalhados pelo mundo fora, certamente não se conhecerão todos uns aos outros, o que nos impede de falar em interação no verdadeiro sentido do termo. Ao invés, na família nuclear, entre amigos, numa equipa, todos os indivíduos comunicam uns com os outros, tanto individual como globalmente.

O número de participantes é, assim, um outro critério para definir o grupo, ao ponto de se especificar como regra que a comunicação existe no âmbito de um grupo *restrito*. A fim de permitir o intercâmbio, os grupos terão de se limitar a um máximo de quinze a vinte elementos, ou mesmo menos. Pela mesma razão, e tendo em conta a concertação de estratégias mencionada na definição provisória, um grupo implica sempre mais do que duas pessoas, sendo o número ideal o de cinco a sete membros, dependendo do objetivo.[6] Só assim haverá, em teoria, um tratamento igual de todos os elementos do grupo, tal como só assim se poderá obter um contributo suficente e de qualidade por parte de cada um (Argyle 1972: 133; ver também Dimbleby e Burton 2005 [1985]: 98; Handy 1999 [1976]: 159).

O efeito natural desta restrição torna-se evidente nos grupos de maiores dimensões, que tendem a subdividir-se, ou porque apenas uma parte dos membros é que constitui o verdadeiro grupo, ou, numa hipótese mais positiva, por uma simples questão de eficácia. Via de regra, quanto maior o grupo, menor a

---

[6] Ainda que alguns autores considerem a díade interpessoal uma espécie de grupo restrito, as diferenças na interação levam-nos a separar os dois tipos de comunicação (ver Hartley 1997: 21). A partir do momento em que três indivíduos comunicam uns com os outros, as comunicações multiplicam-se em potência, o que exige processos de regularização específicos (Trenholm 2001: 181-182). Além disso, a resolução de conflitos admite estratégias impossíveis numa díade, como a formação de alianças, ou a divisão em subgrupos que voltam a analisar o problema ou ensaiam soluções alternativas (Adler e Rodman 2006: 264). Por exemplo, uma equipa médica a braços com uma epidemia pode dividir-se em equipas mais pequenas e experimentar tratamentos diferentes em grupos de pacientes também distintos, antes de voltar a juntar-se para comparar resultados e optar pela solução mais eficaz.

coesão e maiores os desafios da coordenação. Sobretudo quando o que está em causa é atingir um objetivo concreto, é inevitável assistirmos à transformação do grupo numa *organização*, que opta por uma abordagem formal, conjugando diferentes equipas. A todos os níveis, as tarefas são distribuídas consoante as aptidões e competências individuais; coordenam-se esforços e gerem-se recursos, sejam eles materiais (por exemplo: dinheiro, espaços) ou simbólicos (disponibilidade temporal, apoio moral). Conforme a interação dos indivíduos, assim se optará por uma estruturação mais ou menos formal. Tipicamente, uma organização desenvolve, além das comunicações internas, comunicações externas com outros grupos ou outros indivíduos, dos quais depende para atingir os seus objetivos (Dimbleby e Burton 2005 [1985]: 128-130).[7]

A abordagem formal das organizações não quer dizer que tais grupos sejam exclusivos do mundo profissional, no sentido restrito do termo. Temos um bom exemplo dessa abordagem numa turma de alunos que queira organizar uma viagem de curso (ver Beck *et alii* 2005: 222). Desde logo, a partir de uma eventual primeira reunião, em que o projeto será lançado, e em que estarão todos presentes, assistiremos à formação de subgrupos, ou espontaneamente, pelas afinidades dos próprios alunos, ou artificialmente, por imposição externa dos professores. Cada um terá uma tarefa: contactar as agências de viagem, investigar planos de seguros, angariar fundos, obter autorizações e descontos. Em cada fase do projeto, é necessário recorrer à concatenação de esforços, avaliar as diferentes alternativas, decidir o rumo a tomar, bem como resolver problemas de comunicação (desacordos, conflitos ou simples divergências de opinião), lidar com tensões emocionais, prestar apoio mútuo (Hartley 1997: 34). Todas estas situações são semelhantes às que encontraríamos numa verdadeira organização, como, por exemplo, uma empresa.

---

[7] É verdade que, em contextos políticos ou administrativos, não são raras reuniões de 30 ou mais pessoas. Deixando de parte questões de eficácia, lembremos apenas que obedecem a regras muito mais rígidas: os intervenientes têm de "pedir a palavra", inscrevem-se por ordem, só falam na sua vez e mediante autorização expressa da pessoa que preside. Tanto assim é que a ausência de presidente causa distúrbios na reunião, mesmo quando os participantes sabem a ordem por que devem falar. Casos destes são, no fundo, híbridos, a meio caminho entre a comunicação em grupo e a comunicação pública (ver cap. 4). Para além disso, existem contextos em que as equipas têm de ser maiores: a tripulação de um grande navio, uma fundição, um estaleiro de um grande edifício, uma expedição polar. Trata-se, como é óbvio, de organizações.

1.4. *Tipos de grupos*

Considerando os parâmetros já referidos, compreendemos a dificuldade em estabelecer uma classificação dos grupos a que pertencemos. Na melhor das hipóteses, atendendo à origem e à natureza do grupo como um todo, distinguimos intuitivamente os que estão unidos por laços afetivos, como é o caso da família e dos amigos, dos que estão unidos pelo exercício de uma atividade, ou seja, os grupos e equipas profissionais (Hartley 1997: 25; Dimbleby e Burton 2005 [1985]: 98).[8]

Tal não significa, como é óbvio, que não haja algumas sobreposições: anos num grupo de apoio ou a trabalhar no mesmo escritório encorajam relações de amizade entre as pessoas, que se acrescentarão ou até ultrapassarão o vínculo profissional. Casos em que as pessoas trabalham na quinta da família, fazem terapia de grupo ou pertencem à equipa de futebol de salão da empresa mostram que os limites destas tipologias se esbatem claramente. Por outro lado, corremos sérios riscos quando não há uma clara definição da categoria principal de um dado grupo. Assim, certas famílias não conseguem entender-se quando os seus membros resolvem fundar uma empresa – tanto a empresa como a família passam por uma série de conflitos, dos quais não emergem impunes. A principal razão será cairem no erro de utilizar os mesmos fundamentos da relação familiar para constituir um grupo profissional, quando esses fundamentos devem ser totalmente diversos.

Um outro ponto que afeta igualmente a classificação resulta de os grupos estarem em constante evolução, tal como nós próprios. No fundo, são como as células do nosso corpo, que a todo o momento morrem e se renovam. Em cada história pessoal, há uma espécie de simbiose entre as transformações pelas quais vão passando os nossos interesses, afinidades e atividades, até crenças e valores, e as pessoas a quem nos associamos, umas vezes de maneira voluntária, outras vezes porque a isso somos obrigados. Por exemplo, os vínculos formados na adolescência com os amigos chegam a ser tão fortes, tão importantes para a nossa identidade e as nossas relações afetivas, que se sobrepõem aos que até aí nos definiam, os familiares. Todos os grupos se alteram com o tempo, ainda que, por vezes, um ou outro indivíduo a quem nos associámos no passado continue

---

[8] Optamos aqui pela divisão mais simples, mas existem outras bastante mais sofisticadas. Há as que têm em conta os contextos, distinguindo grupos de aprendizagem, resolução de problemas, terapia ou simples socialização (Adler e Rodman 2006: 267 – 268), as que se baseiam nos objetivos e nos motivos de formação, que distinguem grupos primários, de estudo, de terapia, de resolução de problemas, de trabalho, sociais, etc. (Beebe *et alii* 2005: 195-197). Seria ainda possível considerar, dentro das organizações propriamente ditas (empresas e instituições, por exemplo), grupos formais e informais (Rosenfeld e Wilson 1999: 155). Aproveitaremos algumas destas dimensões na análise da dinâmica dos grupos (ver esp. 2.2.).

connosco noutro grupo. Não será, porém, no mesmo relacionamento nem na mesma dinâmica, não apenas porque nos transformamos, como sobretudo porque, no interior do grupo, quaisquer interações diádicas serão sempre função das outras interações que aí existirem – uma consequência natural da proximidade e interação comunicativa que carateriza as redes intragrupo (ver 3.).

A título de ilustração, vejamos o que acontece quando alguém em início de carreira leciona uma cadeira a estudantes que ainda não a conseguiram fazer e, por conseguinte, podem ter sido colegas de curso. É uma circunstância no mínimo problemática, que altera a relação pré-existente. Em muitos casos, acontece que a sobreposição das obrigações inerentes aos papéis do grupo (no caso, docente e estudante, o que corresponde a uma situação hierarquicamente distinta) implica o fim, ou, pelo menos, a transformação da relação anterior (colega a colega, ou seja, uma situação hierárquica de igualdade). A primeira marca dessa distinção é a consciência das formas de tratamento. À partida, nada impede que continuem a ser as mesmas, mas é preciso não esquecer que se cria então uma desigualdade em relação a todos os outros estudantes, que não tratarão o professor por *tu*. Além disso, o esclarecimento de dúvidas, marcação de trabalhos, apoio tutorial e a concessão de alargamento de prazos suscitarão outros tantos episódios comunicativos que implicam o renegociar da relação, já que é extremamente difícil censurar, corrigir ou impor-se a quem nos considera como iguais. Por fim, a solidariedade inerente à relação anterior nem sempre é compaginável com os critérios de uma avaliação rigorosa. Por outras palavras, pode ser necessário reprovar o antigo colega, que se sentirá ofendido, magoado, até furioso: *Rico colega que tu me saíste!* Justamente, não é mais colega porque a obediência aos ditames do grupo o obrigou a abandonar esse papel social, perfeitamente aceitável na díade entre colegas, para assumir outro, orientado para uma tarefa no interior de um grupo restrito, o de docente.

Se refletirmos um pouco sobre os grupos a que pertencemos, damo-nos conta de que o *primário* – a família nuclear – representa uma forma de relacionamento específico, que nenhum outro grupo substituirá na realidade. Sendo um grupo de origem natural, isto é, formado por obra do acaso, é ao mesmo tempo imposto, uma vez que ninguém escolhe verdadeiramente a família onde nasce. Os laços desse grupo, tanto genéticos como afetivos, também não desaparecem nunca, o que dá um sentido muito especial à expressão "laço de sangue". Em consequência, o grupo familiar tem uma dinâmica de interação comportamental e comunicativa muito própria, que pode chegar à lealdade do clã, mesmo em caso de delito ou crime de algum dos seus membros.

Sem ir tão longe, lembremos a forma como os irmãos se conseguem saudar insultando-se uns aos outros com uns *Olá gordo! Olha a piolhosa!*, ou o facto de a Tia Ifigénia, que sempre foi insuportável, ser convidada para todas as festas, ou o caso do primo Zeca, que não passa de um inútil, e é repetidamente ajudado pelos membros da família a arranjar emprego, ainda que todos saibam que nunca o irá conservar. Tais situações ocorrem porque o relacionamento dos indivíduos não assenta nas regras culturais ou sociológicas em prioridade, e sim nas regras psicológicas – na sua maior parte implícitas – que a própria família construiu ao longo dos anos, à semelhança do que acontece numa díade interpessoal íntima (cap. 2, 1.2.).

Pelo contrário, os grupos profissionais não podem sustentar comportamentos deste tipo, em primeiro lugar porque executam atividades dotadas de estatuto "oficial", além de contactarem com grupos exteriores, para os quais têm de projetar uma imagem digna e eficiente. Em segundo lugar, o facto de não procurarem alcançar objetivos de tipo social em prioridade, e sim objetivos de tipo pragmático, contribui também para que os seus membros tenham afinidades reduzidas entre si. Uma vez que não existe a garantia do laço de sangue, é necessário compensar a falta recorrendo a outros meios. Surgem então instrumentos sociais reguladores, que a interação comunicativa exprime, por exemplo, na linguagem: cortesia das formas de tratamento, atenção ao estilo formal e cultivo do registo neutro ou cuidado através de escolhas lexicais criteriosas, para mencionarmos apenas as mais óbvias.

Um segundo fator que distingue os grupos profissionais é o facto de haver uma distribuição rigorosa de papéis a cada um dos seus membros, conforme o seu estatuto. São relativamente fixos, pelo que proporcionam muitas vantagens: todos agem de acordo com as expetativas, todos antecipam em certa medida as reações alheias, todos se sentem confortados nas perceções que têm uns dos outros (ver Rosenfeld e Wilson 1999: 155; Beck *et alii* 2005: 224). Antes de pensarmos em quão aborrecida parece esta previsibilidade, lembremos que a equipa de uma ambulância dispõe de muito pouco tempo para acudir a uma emergência grave, pelo que ajuda bastante se os seus membros estiverem à partida tão seguros uns dos outros que não necessitam de falar (muito) para concatenar os seus esforços. Isto constitui talvez a suprema forma de comunicação, ao mesmo tempo que acelera a execução da tarefa e aumenta a sua eficácia. O mesmo se dirá das unidades do exército ou das forças de segurança em face do perigo, ou de uma companha de pescadores em plena tempestade.

Os grupos de amigos são, provavelmente, os mais flexíveis desta tipologia, o que também resulta de combinarem os laços afetivos que encontramos nos grupos familiares com a livre escolha que, até certo ponto, junta os grupos profissionais. Talvez por esse hibridismo, estão sujeitos às maiores flutuações. Com efeito, embora todos os grupos referidos sejam uma parte importante da nossa identidade, são estes em particular, também pela liberdade com que se constituem (ou desfazem), os que refletem mais depressa as mudanças pelas quais passamos. Basta lembrarmos que os nossos amigos íntimos vão variando ao longo da vida: os amigos do bairro, da escola, da turma, os que foram nossos colegas de curso, ou de profissão, os que conhecemos a praticar desporto, ou por intermédio de outros amigos. Se, por um lado, o laço afetivo é uma constante, a relação altera-se em função do crescimento e das subsequentes imagens projetadas, motivo pelo qual, por exemplo, mencionamos com displicência *downloads* ilegais aos quinze anos, mas não revelaremos quando adultos que batemos num carro estacionado e não deixámos nenhum contacto. Claramente, os grupos dos nossos amigos ilustram às mil maravilhas a sabedoria popular do *diz-me com quem andas...*

2. Dinâmica de funcionamento

2.1. *A evolução do grupo segundo B. Tuckmann*

Quanto mais longa for a duração do grupo, mais visível se torna a sua evolução, partindo do princípio, como é óbvio, que a interação seja positiva. Podemos dizer até que existe uma certa regularidade nas fases desse processo, motivo pelo qual alguns modelos representativos nos ajudam a compreender melhor como um conjunto de indivíduos dispersos se transforma num só corpo unido. Consensualmente, distinguem-se as fases da *formação – conflito – regulação – concretização* (ou *realização*), tradução que propomos para a consagrada fórmula "forming – storming – norming – performing" (Tuckman 1965: 384-399). Mesmo se nem todos os grupos seguem as mesmas fases, é habitual que os estudos sobre o assunto se centrem nas aqui referidas.[9]

---

[9] Embora não muito recente, o modelo de Tuckman presta-se em particular à análise da interação comunicativa no grupo, pelo que tem suscitado muitas aplicações e discussões críticas (ver Argyle 1972: 115-117; Hartley 1997: 53-70; Trenholm 2001: 194-198; Beebe *et alii* 2005: 207-209). Às quatro fases iniciais já mencionadas, pode acrescentar-se ainda a separação e a reflexão sobre o que o grupo fez – "*adjourning*" e "*mourning*" (Tuckman e Jensen 1977: 419-427). Encontramos exemplos disto na serenata da Queima das Fitas ou nos jantares de homenagem às pessoas que se vão reformar numa empresa. Não obstante, por representarem com frequência o fim da interação, não analisaremos estas fases.

2.1.1. *Formação*

Na fase confusa e incerta da *formação*, como que "apalpamos terreno", tentando compreender os outros e as suas reações ao nosso comportamento, através de um processo de tentativas e erros que assenta sobretudo nos indícios não verbais. Não existe propriamente um conflito, mas sim uma certa tensão, dita *primária*, resultante da incerteza dos primeiros contactos (ver Trenholm 2001: 196). Por exemplo, podemos hesitar quanto ao grau de formalismo e oscilar entre o tratamento por *tu* e o *você*. Nalguns casos, tentamos de forma implícita obter *feedback* específico para isso – *Sabem, eu cá não gosto que me tratem por doutor* (o que é uma forma subentendida de pedir que se usem os nomes próprios e não os títulos). Quando alguém fala, pode hesitar com *Eu não sei o que pensa a...?* ao que a interpelada responde, não com a sua opinião, mas sim com um *Mariana*, o que prova ter entendido a pausa não verbal como uma pergunta sobre o seu nome. O interlocutor prossegue então, acenando com a cabeça, para comunicar que ouviu e registou: *... Mariana, mas, do meu ponto de vista, devíamos...*

Nesta etapa, a interação aproxima-se bastante do que já vimos para as primeiras fases da comunicação interpessoal (ver cap. 2, 2.1.), possivelmente porque se desenvolvem muitas díades no interior do próprio grupo. Os membros procuram descobrir afinidades entre si, e, em casos extremos, lançar as bases de futuras alianças. É o que acontece no primeiro dia de aulas de uma escola nova: vemos os alunos da turma a procurarem conhecer-se uns aos outros, as pessoas que vêm da mesma zona ou região agruparem-se aqui e ali, as conversas surgirem com pretextos. Há uma forte dependência de um eventual líder, que, nesta situação, será o professor ou a professora, pelo menos se nenhum dos alunos vier a assumir esse papel. Os comportamentos e atitudes no interior do grupo são moldados nesta fase crucial para a interação, na medida em que se estabelece o que é e não é aceitável, permitido, proibido ou aconselhável. Daí, aliás, que esta primeira etapa seja considerada por outros autores como uma espécie de *orientação*.[10] A maioria das normas de funcionamento implícitas tem aqui as suas

---

[10] Num outro modelo proposto por Aubrey Fisher in "Decision Emergence: Phases in Group Decision Making", *Speech Monographs* 37, 1970, p. 53-66 (*apud* Littlejohn 1982: 274-278), a evolução do grupo é associada tanto ao comportamento humano como ao processo de tomada de decisões, e passa pelas fases da *orientação – conflito – emergência* (de uma solução, de um resultado) – *reforço*. O pressuposto é, portanto, ligeiramente diferente do de Tuckman, uma vez que se foca numa ação específica do grupo (ver Adler e Rodman 2006: 303-305). Não obstante, as fases são bastante idênticas, pelo que, quando for pertinente, compararemos os termos de ambos os autores, com menção de adaptações em estudos mais recentes.

raízes, e algumas das regras explícitas surgem precisamente porque se verifica haver necessidade de um registo oficial (ver 2.2.).

Desenvolvendo o exemplo da turma nova, é um facto que os professores jogam na sua primeira aula a tranquilidade do ano letivo inteiro. Por isso, alguns, sobretudo os mais antigos e mais experientes, projetam no início uma imagem de rigidez e severidade, a fim de demarcar os limites que os alunos não podem ultrapassar: *Não tolero atrasos nem faltas de educação, os chicletes e os telemóveis estão proibidos na sala de aula, não há conversas, a não ser que sejam sobre a matéria que estamos a dar. Quando tiverem dúvidas ou perguntas, põem a mão no ar para pedir a palavra e fala cada um na sua vez.* Vemos perfeitamente nestas regras quase universais a regulamentação explícita da atuação do grupo, visto que os membros não podem atrasar-se, assumir determinados comportamentos ou usar determinados objetos. Também se regulamenta a interação comunicativa no espaço do grupo, que é a sala de aula. Isso não acontece apenas pelo teor do discurso, já que a sua principal importância é simbólica. Partindo do princípio de que os alunos se conformam ao pacto griceano, compreenderão, nem que seja no seu subconsciente, que se estabelece neste discurso a relação de poder subjacente ao grupo. Implicitamente, o discurso é um conjunto de atos ilocutórios de tipo diretivo, ou seja, um conjunto de asserções que devem ser entendidas como ordens (ver cap. 1, 1.3.4.). A verdadeira eficácia desta intervenção do professor depende de sinais para-verbais e não verbais apropriados: tom neutro e firme, dicção nítida e sem qualquer hesitação e, acima de tudo, o olhar todos e cada aluno de frente, mas sem hostilidade. As reações, ou seja, os efeitos perlocutórios, condicionam, no entanto, o alcance desta atuação – prova evidente de que o grupo é uma entidade em que cada membro tem uma influência limitada pelas dos outros.

2.1.2. *Conflito*

Independentemente do que possa suceder num ou noutro caso mais concreto, na fase que chamámos, por eufemismo, de *conflito* (e que, literalmente falando, é "tempestuosa"), vêm a lume as diferenças dos membros entre si, as relações de força e, em particular, os jogos de poder, que constituem a *tensão secundária* (Trenholm 2001: 196). Ultrapassada a fase da perceção mútua, os membros sentem-se agora suficientemente à vontade para levar ao extremo quer os comportamentos, quer os discursos, para o que também contribui ter desaparecido a inibição inicial, inerente ao contacto com pessoas até aí desconhecidas. O conflito é inevitável até certo ponto, porque nesta segunda fase se negociam os estatutos relativos dos diferentes membros – é, aliás, a fase em que se identifica quem deseja assumir a liderança.

O controlo e a resolução dos conflitos são bastante complexos, e, por isso mesmo, certos grupos podem então desagregar-se. Grupos de projeto em que os objetivos, por qualquer motivo, continuarem por definir numa altura em que já é necessário apresentar trabalho feito, correm o risco de nunca vir a funcionar como deve ser. Noutras situações, são as estratégias individuais que não são compatíveis. Num grupo de estudantes que pretende estudar em conjunto, por exemplo, aparecem as diferenças nos ritmos e horários de trabalho: se alguns preferem trabalhar de manhã cedo e outros só funcionam noite dentro, a probabilidade de sucesso é muito pequena. Uns e outros podem sentir-se mal no grupo, dada a distância entre ritmos de vida e atitudes. Tornam-se então evidentes as personalidades antagónicas, o que gera as tensões emocionais. Mais precisamente, apercebemo-nos de que certas pessoas não têm qualquer afinidade connosco, gostam de coisas diferentes, assumem atitudes que nos ofendem, que incomodam ou que simplesmente não aprovamos. Convém não esquecer que o processo se multiplica tantas vezes quantas as díades potenciais do grupo.

Esta fase é claramente identificada pelo aumento das discussões, algumas funcionais, outras não, tal como acontece nas díades. A comunicação, sobretudo nas reuniões, torna-se demasiado viva, quando não mesmo violenta: os membros falam mais depressa, em voz mais alta, interrompem-se, podem insultar-se, ou, pelo menos, "insultar" as ideias uns dos outros, emitindo comentários depreciativos ou jocosos, chegando até às observações pessoais. Quanto tal acontece, damo-nos conta de que as perceções obtidas na fase anterior ditaram um comportamento muito menos controlado, ou, em linguagem mais clara, que os membros se sentem à vontade para se desrespeitarem mutuamente. Em todos estes casos, o perigo é o de surgirem situações de rutura, ao ponto de, pelo menos nos grupos espontaneamente formados e, sobretudo, nos sociais, esta fase de teste determinar se têm hipóteses de sobreviver ou não (Argyle 1972: 116; Hartley 1997: 56).

Desenvolvendo o exemplo da aula referido na secção anterior, a fase de conflito revela que nem todos os alunos agirão de acordo com o esperado pela intervenção *Não tolero atrasos...* (etc.), o que se torna evidente nas reações: *Ó setora, mas a gente já sabe isso tudo, todos os professores dizem a mesma coisa!* Haverá então violação do princípio da cooperação de Grice, uma vez que, pela interação das máximas conversacionais, os alunos deveriam compreender que, se está a ser dada informação não pertinente, é porque haverá no enunciado um sentido implícito que terão de descobrir. A maioria dos conflitos em sala de aula admite, aliás, uma análise pragmática bastante transparente. Assim, embora o professor tente regulamentar a tomada de palavra de cada um, pode acontecer que os alunos decidam revoltar-se. Isso acontece, às vezes, quando se tenta estender o poder à escola em geral, regulamentando outros domínios. Do ponto de vista do professor, a escola é o espaço em que o corpo docente exerce a sua ação educativa, mas, do ponto de vista dos alunos, só na sala é que essa ação é legítima. Nos corredores, átrios, vestiários, pátios ou jardins, poderá haver outras regras, e, por conseguinte, os grupos funcionarem de maneira diferente. Haverá então uma espécie de negociação na fase seguinte: recomenda-se um dado comportamento nos corredores, mas, se os alunos não o seguirem à risca, poucos professores se darão ao trabalho de insistir na aplicação das regras.

Caso mais grave é o de uma turma indisciplinada dentro da própria sala, onde um ou mais do que um aluno agem de concerto *contra* o professor. Neste caso, a turma, quer participando ativamente, quer apenas pela passividade com que assiste, rejeitará o professor enquanto membro do grupo. A interação comunicativa é o primeiro sinal visível desta disfunção, porque apenas existem discussões, geralmente em díade professor-aluno, a que o resto da turma assiste como se de um espetáculo se tratasse. Aliás, o comportamento dito "de plateia", com aplausos, assobios ou gargalhadas, é mais do que óbvio, revelando as fraturas no interior do grupo.[11]

Em contexto de conflito, pode ainda suceder que o registo passe ao nível familiar e ao calão – o que assinala igualmente o descontrolo. A probabilidade diminui no caso de interlocutores muito específicos, como os universitários, e ainda, em certa medida, nos políticos. Não surge um registo mais baixo, antes, pelo contrário, um mais elevado, o que comprova o esforço maior, por parte dos membros do grupo, para manter o controle necessário à imagem exterior e, até, projetar uma imagem de superioridade. Um professor que vê as suas ideias rejeitadas numa discussão com os seus pares pode, por isso, encetar um enunciado com *Salvo melhor opinião, louvo-me no parecer das autoridades mais conceituadas...* (ver cap. 4, 4.3.).

---

[11] A transformação de uma situação comunicativa em espetáculo (ou seja, a sua comunicação mediada e massificada) aponta para uma perversão da realidade, como, aliás, foi referido a respeito das falsas díades em *talkshows* (ver cap. 2, 4.2.). Um sinal disto mesmo é a frequência com que tais situações são filmadas e difundidas via Net.

Há que ter em conta que nem sempre as situações são explícitas, uma vez que os subentendidos podem ser muito mais potentes do que as afirmações diretas. Assim, o enunciado *Eu já sabia que tu ias dizer isso!* tanto pode subentender *Conheço-te tão bem que antecipei a tua reação – O que dizes é evidente (e não pode haver outra solução)*, como *O que dizes está de acordo com o que és! – És sempre o mesmo (e assim não vamos a lado nenhum)*. Se a fase inicial tiver assinalado limites claros, estas observações pontuais serão, pelo menos tacitamente, desencorajadas pelos outros e, sobretudo, pelo pivô da interação, que é o líder. Este papel é crucial na normalização das relações, porque os outros reconhecerão nele um poder e um modelo de comportamento, pelo que, nem que seja inconscientemente, procurarão seguir o rumo que aponta.

Por fim, e por muito difícil que seja lidar com certos conflitos, é preciso encará-los de forma positiva. Um conflito é preferível a sustentar disfunções em que as pessoas que trabalham connosco, ou em quem pensávamos poder ter confiança, estão na realidade a acumular frustrações, sentimentos de impotência, desacordo e até raiva. Além disso, os conflitos desta fase dão prova de que existe mais do que uma solução, isto é, que o problema está a ser analisado e que, na sequência do confronto, será escolhida a melhor estratégia. O mais engraçado é que, se assistirmos a discussões apaixonadas para impor este ou aquele ponto de vista, este ou aquele curso de ação, isso não é necessariamente indício de um grupo problemático. Muito pelo contrário, dá testemunho do empenhamento aguerrido dos membros nos objetivos do grupo (Gil *et alii* 2005: 220).

2.1.3. *Regulação*

Como vimos já, num grupo profissional, as regras culturais e sociológicas constituem uma bitola para a interação. Assim, podemos esquecer temporariamente um conflito pessoal quando a nossa consciência nos leva a concentrar no trabalho que há a fazer. Num grupo social, se o objetivo for o de que todos os membros se deem bem, pode acontecer que o conflito nunca seja ultrapassado, e que um dos membros em causa, ou até os dois, saiam do grupo. A eventualidade pertence à fase da *regulação*, que, contrariamente ao que se possa pensar, não é apenas característica dos grupos viáveis. Deveremos encará-la antes como uma consequência natural dos conflitos: algo terá de sair desses conflitos, nem que seja a dissolução do grupo, o que também é uma forma de regulamentar os comportamentos e as comunicações dos seus membros (Beebe *et alii* 2005: 208). Uma alternativa mais positiva é aquela em que o grupo aprende a gerir as diferenças existentes entre os membros e a resolver os problemas causados, adotando dinâmicas de funcionamento próprias.

Como o próprio nome indica, esta terceira fase estabelece regras e normas (ver 2.2.) que levarão ao verdadeiro desabrochar do grupo, motivo pelo qual se fala também em *emergência* (Beebe *et alii* 2005: 208). Não só surgem as estratégias de discussão e resolução de problemas, como também as tendências mais marcantes na tomada de decisões, por votação ou por compromisso, tal como nas díades, ou por consenso. É nesta fase que despontam os papéis regulares de todos os membros do grupo e é claramente identificado o/a líder, o que nos mostra estarem os comportamentos de integração e a interação comunicativa em estreita ligação.

Por exemplo, um grupo que não consegue nunca encontrar-se para reunir pode optar por fazê-lo via Net. Um outro em que todos os membros falam ao mesmo tempo na fase do conflito, altura em que as personalidades individuais tentam sobrepor-se umas às outras, escolhe uma estratégia de resolução do problema. Com indivíduos muito jovens, usa-se a "técnica do bastão" (apenas o membro que tiver o bastão, ou outro objeto simbólico na sua posse, pode falar; quando termina a sua vez, passa-o a outro, que poderá então falar, e assim por diante). Com adultos, usa-se a clássica "volta à mesa", em que cada um se exprime sempre que houver questões a discutir. Uma terceira estratégia, mais drástica, aplica-se aos grupos em que os membros são demasiado criativos, mas nunca se controlam: haverá uma pequena sessão de *brainstorming*, ou delega-se no líder a tarefa de recolher sugestões e de as apresentar (ver 3.). Qualquer destas estratégias mostra que a interação comunicativa permite regularizar os comportamentos sociais intragrupo.

Nesta fase, os conflitos são geralmente evitados, já que emergem aqui os membros que, por natureza, aptidão ou prática, estão especificamente encarregados de pacificar o grupo, ou, em alternativa, desenvolvem-se rotinas e hábitos para isso, como acontece em grupos mais dinâmicos (Hartley 1997: 56). É frequente que, numa discussão que ameaça tornar-se desagradável, ou numa reunião em que ninguém parece encontrar soluções, o líder proponha uma pausa, quando não mesmo o adiamento. No entanto, esta intervenção, por benéfica que seja a poupança de tempo e energia, pode condicionar negativamente o comportamento futuro do grupo, sobretudo se houver imposições autoritárias do tipo: *Não há mais discussões! Esta reunião acabou!* Se, na aparência, tudo ficou regulado (*O chefe é que manda*), os membros do grupo, sobretudo quando habituados a uma forma mais cordata e democrática de resolver o conflito, podem desenvolver ressabiamentos que mais tarde se voltarão contra o líder (Rosenfeld e Wilson 1999: 157). Percebe-se aqui de novo quão importante é compreender, na fase inicial de formação, até que ponto certas ações ou reações são aceitáveis.

2.1.4. *Concretização*

Por fim, na fase final de *concretização* ou *realização*, também chamada de *reforço*, o grupo funciona como uma entidade coletiva, mas coesa, oferecendo ao exterior uma imagem de harmonia comunicativa. Ao observarmos um grupo funcional nesta fase, seja ele de que tipo for, apercebemo-nos de como as pessoas se auxiliam umas às outras, da ausência de hostilidade, mesmo nas divergências, do encorajamento mútuo, de que resulta a gratificação de cada membro do grupo. Assim, se, num grupo profissional, esta é a melhor fase para a execução das tarefas, é também, socialmente falando, o melhor período para resolução de conflitos interpessoais (Argyle 1972: 117).

Os grupos sociais mostram nesta altura comportamentos engraçados: sentados em círculo, os seus membros estão descontraídos, satisfeitos, soltam gargalhadas em uníssono e podem mesmo acabar as frases uns dos outros, às vezes em coro. Neste caso concreto, a comunicação interna do grupo não vale tanto pela transmissão de informações como pelo reforço da ligação afetiva, que vai aumentando à medida que os membros do grupo se encontram, uma e outra vez.[12] Por exemplo, entre os colegas que todos os dias almoçam juntos, essa união torna-se visível até por sinais proxémicos e cinésicos. Tenderão a ocupar um espaço simbólico – a mesma mesa – e, dentro desse espaço, a posicionar-se também mais ou menos da mesma maneira – cada um na *sua* cadeira ou numa posição relativa particular. Aos poucos, tornarão as formas de saudação mais esfuziantes e mais íntimas, até ritualizadas. Optarão por esperar uns pelos outros para começar a comer. Conhecerão as preferências alimentares de cada um e manifestarão surpresa se não forem seguidas, sinal de uma certa expetativa em relação à atuação dos outros. A falta de alguém será sentida como uma anormalidade. Isto prova que construíram uma identidade coletiva, uma vez que as pessoas não funcionam da mesma maneira quando uma delas está ausente. O aparecimento de um estranho, que não tenha sido convidado e ignore que "não podia" sentar-se naquela mesa, condiciona a comunicação verbal e não

---

[12] O que, aliás, questiona, ao menos em parte, a noção de redundância "desnecessária" que vimos a propósito dos modelos processuais (cf. cap. 1, nota 18). Do ponto de vista do grupo, nenhuma forma de reforço da união é inútil.

verbal: fala-se em voz mais baixa, evitam-se certas temáticas, olha-se de lado para o intruso, em casos extremos acontece mesmo que dois membros do grupo recuam ligeiramente a cadeira para falarem um com o outro pelas suas costas.

Todos estes comportamentos assinalam uma ligação interna bastante forte, o que é sinal de que os membros do grupo partilham de facto interesses, normas, atitudes, rotinas, espaços e memórias. Um dos sinais mais evidentes desta fase é também a forma como os membros do grupo o veem e nele se reveem (Beebe *et alii* 2005: 209). Tipicamente, utilizam com frequência os pronomes pessoais coletivos, ou seja, o *nós* e as formas menos cuidadas *a gente – o pessoal – a malta – o people*. Numa empresa ou instituição surge com frequência a metáfora *esta casa*, prova de que o sentimento desenvolvido em relação ao grupo é de familiaridade e pertença.

2.1.5. *Evolução em contextos multiculturais*

Nem todos os grupos passam pelas mesmas fases evolutivas, ou as vivem de acordo com a ordem em que foram apresentadas. Apenas a fase da formação é universal, no sentido em que todos os grupos têm de passar por ela. No entanto, certos grupos mais pragmáticos, onde alguns membros sejam mais ambiciosos, sentem por vezes a tentação de a ultrapassar bem depressa, a fim de passar ao trabalho considerado sério. Independentemente de esta não ser nunca uma boa atitude, visto que os membros nunca se sentirão verdadeiramente à vontade uns com os outros, ou escamotearão algumas das suas aspirações, é potencialmente desastrosa em contextos multiculturais. Como as nossas perceções variam muito de cultura para cultura, há o risco de assumirmos que os sinais recebidos dos outros podem ser interpretados como o faríamos no lugar deles, o que, tanto nos contextos diádicos como nos coletivos, provoca desentendimentos sérios. Contrariamente ao que acontece a nível verbal, a comunicação não verbal e para-verbal são as que mais desencontros suscitam, quanto mais não seja porque, se a diferença linguística é evidente – sabemos que não nos entendemos se não falarmos a mesma língua –, a diferença comportamental não o é (Cameron 2001: 107-108).

Um exemplo muito subtil destas correlações é o uso do olhar como sinal não verbal. Os indianos, por exemplo, tendem a olhar os seus interlocutores nos olhos quando desejam assumir a palavra, ao passo que os britânicos o fazem ou quando eles próprios falam, ou para transmitir *feedback* com o sentido de "estou a ouvir/estou atento" (Günthner e Luckmann 2001: 67). Como consequência, indianos e britânicos sentirão sérias dificuldades em coordenar as tomadas de palavra de forma não verbal. Outro exemplo é a forma como os empregados de cafés, restaurantes ou bares comunicam com os seus clientes nos E.U.A. e no Canadá, indicando o nome, perguntando como estão e recitando o menu em voz alta, ou, pelo menos, destacando logo o prato do dia, ou a especialidade da casa. Em Portugal, esse comportamento é assumido como sendo demasiado familiar, mas também é verdade que o simples *Boa-tarde, aqui está a lista* de um empregado português soa como antipático e mal-educado para quem venha do outro lado do Atlântico. Uma e outra perceção refletem-se inevitavelmente na gorjeta.

A raiz de tais desentendimentos está, com frequência, nos distintos quadros de referências que nos configuram (Mercer 2000: 37-43, esp. 42)[13], e que geralmente equacionamos de acordo com parâmetros fundamentais: a identidade de género, a orientação a curto ou a longo prazo, o poder, a incerteza e a preferência pelo individualismo ou pelo coletivismo.[14] No primeiro parâmetro, a distinção entre culturas marcadas pela *masculinidade* ou pela *feminilidade* é assinalada, evidentemente, na construção da identidade de género, mas também na distribuição de papéis, funções e posições. As primeiras tendem a fazer distinções mais taxativas, mas também são as que oferecem menos igualdade de oportunidades. No caso do segundo parâmetro, também existem diferenças na maneira de encarar os objetivos: culturas que se centralizam no *curto prazo* tendem a valorizar resultados imediatos, ao passo que as outras preferem objetivos a *longo prazo*. Assim, indivíduos educados numa cultura de curto prazo estabelecerão metas claras para tarefas de grupo, trabalharão de acordo com calendarizações rígidas e avaliarão negativamente o não cumprimento do estipulado. Quanto ao terceiro parâmetro, que diz respeito à *incerteza*, distingue culturas como a portuguesa e a espanhola, que tenderão a preferir a estabilidade, isto é, a evitar a incerteza decorrente da mudança, ao passo que outras, como a britânica, aceitarão mais facilmente a fuga à norma e a novidade. A diferença é geralmente bem visível na importância conferida a regulamentos, leis e protocolos: culturas do primeiro tipo são caraterísticas de sociedades em que se usa um bilhete de identidade, ao passo que, nas segundas, esse documento é encarado como uma espécie de cerceamento da liberdade individual, ou mesmo uma forma de o governo espiar a vida privada.

---

[13] O problema abrange, evidentemente, todos os tipos de comunicação (diádicos, públicos...). No entanto, é habitualmente desenvolvido no contexto das organizações por ser aí que os seus efeitos se tornam mais visíveis, além de serem dificilmente minimizáveis.

[14] O esboço aqui apresentado é uma condensação dos modelos desenvolvidos em Hofstede *et alii* 2010.

Estes primeiros parâmetros são, na verdade, correlatos dos restantes dois, bastante mais fundamentais. No que toca à relação de *poder* e à subsequente *distância* que estabelece entre indivíduos, podemos confrontar culturas que tendem a estabelecer hierarquias e posicionamentos rígidos (indo ao ponto de imitarem as estruturas militares) com culturas que, pelo contrário, tendem a ver as pessoas de forma igualitária. A diferença é percetível na comunicação, quando nos apercebemos de que as culturas do primeiro tipo recorrem a formas de tratamento distantes e títulos bem diferenciados, como acontece nas universidades portuguesas, ao passo que, nas segundas, e mesmo que a relação seja formal, há o hábito de recorrer a nomes próprios, como nas universidades americanas. Em princípio, estas culturas tenderão a ser mais masculinas, mas também organizadas a curto prazo, ainda que isso nem sempre aconteça.

Por fim, o último parâmetro, particularmente importante, distingue culturas *individualistas* de culturas *coletivistas*, sendo que, nas segundas, é habitual a organização familiar incluir a chamada "família alargada" (ao ponto de constituirem clãs e tribos). Contudo, os efeitos da diferença na sociedade vão bastante mais longe, já que estas culturas também sublimam as obrigações de lealdade e gratidão contraídas no seio de um grupo – parecerá assim menos escandaloso contratar um membro da família do que um estranho, independentemente das respetivas competências, precisamente porque essa é a garantia da conservação do laço e da própria relação de confiança. Ao invés, culturas individualistas tenderão a valorizar o sucesso individual, a agressividade e a ambição, bem como os direitos individuais. Claramente, num conflito, as pessoas tenderão a agir e reagir de maneira diferente, ou procurando atingir o consenso e não ferir os sentimentos alheios – sinal de que valorizam mais a relação social no interior do grupo –, ou, pelo contrário, defendendo as suas ideias e impondo-as aos outros – sinal de que as entendem como mais importantes do que o próprio grupo.

Os encontros de grupos provindos da China e dos E.U.A. são, talvez, o protótipo mais citado em estudos sobre organizações, pela infinidade de fatores que é preciso ter em conta quando duas culturas distantes procuram funcionar em conjunto. Em primeiro lugar, há que ter em conta que as culturas orientais têm tendência a marcar a distância e o poder, pelo que valorizam a idade, a antiguidade e a distância hierárquica, muito mais do que as ocidentais. Não se deve portanto cometer a *gaffe* imperdoável de esquecer as fórmulas de tratamento formal, mesmo que a conversa decorra em inglês, nem de tentar negociar com pessoas de estatuto distinto, o que seria considerado falta de respeito. Todavia, existem outras componentes mais subtis. A cultura chinesa, como todas as culturas orientais, é coletivista, pelo que a sinceridade é julgada pelo número de negociadores, ao passo que, na cultura americana, bastante individualista, não haveria motivo para dispender uns quantos dólares a mais para enviar uma equipa numerosa, o que pode constituir um erro de estratégia num acordo comercial.[15] Outra consequência do coletivismo reflete-se no próprio discurso, no uso habitual de provérbios, que transmitem implicitamente a pertença, a reverência e o peso argumentativo de uma cultura antiga e tradicional, que seria desastroso ignorar ou ridicularizar (ver Günthner e Luckmann 2001: 67).

No que toca às garantias, as culturas orientais minimizam riscos por meio de protocolos, regras ou procedimentos ritualizados, cujas negociações mais demoradas podem, pelo contrário, ser encaradas como uma perda de tempo por parte dos colegas americanos. Ora, se a cultura norte-americana é orientada a curto prazo para o que é visível e avaliável (lucros, números, médias estatísticas, por exemplo), já a chinesa, de base confucionista, valoriza a confiança, a honestidade e a reciprocidade, o que implica, pelo contrário, objetivos a longo prazo (Silverthorne 2005: 223 e 229). Em certas situações, a maneira como grupos destas duas culturas reagem ao estipulado no contrato revela isto mesmo: os americanos esperarão que tudo seja cumprido como previsto, ao passo que os chineses aceitarão facilmente modificações ditadas pelas circunstâncias (Gibson 2000: 65). Do ponto de vista da análise da comunicação, há que assinalar também os reflexos que uma e outra cultura tenderão a deixar no próprio discurso. Os silêncios e o coletivo são valorizados num dos lados, ao passo que o outro admirará, pelo contrário, o discurso fluente, argumentativo, até agressivo, e o individualismo (cf. Gibson 2000: 62). Assim, um americano não tem qualquer problema em falar em nome próprio, associando o pronome "Eu" ao sucesso, o que, na sua cultura, transmite assertividade e segurança. Um asiático usará preferencialmente "Nós", ou, de preferência, tenderá a focar o discurso no interlocutor, para transmitir reverência, respeito e atenção ao outro.

É por estes motivos que devemos aprender a reconhecer as condições específicas de cada contexto. Nas culturas ditas de *high-context*, têm prioridade as formas de comunicação ditas *indiretas* – no fundo as não verbais e as para-verbais (Hall 1981: 113; ver também Silverthorne 2005: 222). Pelo contrário, nas culturas

---

[15] Nas culturas coletivistas, muito mais do que nas individualistas, a própria identidade pessoal é função do grupo ou grupos a que o indivíduo pertence, o que reforça a interdependência, mas também uma espécie de desvalorização do indivíduo e a sublimação da importância do grupo (Hofstede 2010: 90-91).

em que se valoriza pouco o contexto, é a linguagem verbal que tem a prioridade, o que significa que os interlocutores prestarão muita atenção ao que dizemos, mas quase nenhuma às mensagens não verbais e para-verbais, a não ser que lhes causem demasiada estranheza, recusa ou mesmo repulsa. Claramente, existe uma tendência para cruzar esta distinção com a que vimos supra entre culturas coletivistas e individualistas: a valorização das relações no interior do grupo favorece uma comunicação de tipo mais indireto, com implícitos e sinais não verbais, ao passo que a tendência individualista implica uma comunicação mais explícita, sucinta e direta.

Correndo o risco de generalizar em excesso, reconhecemos que, nas culturas contextualizadas, não é tanto o que dizemos que conta, mas sim o *como* o dizemos. Isto leva-nos desde logo a querer saber mais sobre os outros e a sua maneira de ser, bem como a revelar muito do que somos (ou queremos parecer). Há, por isso, a tendência para trabalhar na interpretação de todos os atos comunicativos, até os involuntários, que, como vimos, são mais reveladores do que o discurso propriamente dito (ver cap. 1, 2.3.1.).[16] Sem negligenciarem por completo a avaliação da competência profissional, pessoas educadas nestas culturas não sentem verdadeira vontade de trabalhar em grupo se não houver também uma relação pessoal entre os colegas. Não é portanto ofensivo perguntarem-nos pelo estado civil, se temos filhos, onde moramos ou de que comida gostamos. Nem é de estranhar que nos peguem no braço, passem a mão pelos ombros, nos toquem com frequência ou mesmo sustentem um diálogo com as duas mãos agarradas às nossas, em permanência, situação extremamente embaraçosa, por exemplo, para um europeu.[17]

---

[16] Tem sido discutido se as máximas conversacionais de Grice (cf. cap. 1, 1.3.2.) podem ser formuladas e aplicadas universalmente a estes dois tipos de cultura. Com efeito, a máxima da quantidade e a da maneira parecem funcionar de maneira diferente, uma vez que, em culturas que ligam muita importância ao contexto, haverá, com toda a probabilidade, uma tendência para enunciados mais implícitos, isto é, que desrespeitem recomendações como *deve dar-se toda a informação necessária* ou *deve dar-se informação clara, não ambígua* (Cameron 2001: 85).

[17] A comunicação não verbal pelo toque físico envolve muitas outras dimensões culturalmente marcadas de que não podemos tratar aqui, como, por exemplo, a perceção do género. Por exemplo, países islâmicos que apliquem a lei da *Sharia* não autorizam contactos físicos entre homens e mulheres, excluindo portanto o aperto de mão, gesto quase automático para um europeu ou um americano. Paradoxalmente, a segregação sexual desses países tornará mais fácil a tarefa de uma mulher (ocidental), visto que poderá estabelecer contactos profissionais com ambos os sexos, ao passo que um homem só o poderá fazer com outros homens (Metcalfe 2006: 103). Não é fácil portanto avaliar o impacto destas diferenças.

Pela mesma razão, a primeira fase de formação do grupo envolve muitas interações puramente sociais, que passam até por refeições, divertimentos ou passeios. Nenhum português estranhará que uma reunião de negócios possa começar no bar da empresa, e se "perca" aí meia hora à conversa. Por contraste, noutras culturas, tais situações são impensáveis: colegas americanos, canadianos ou britânicos podem achar inadmissíveis perguntas pessoais ou íntimas, e ainda sentir que quaisquer preliminares são acessórios, ou, pior ainda, inúteis. Nos primeiros contactos, alguns manuais de boas práticas aconselham mesmo a não fazer perguntas sobre estado civil, família, local de residência, idade, etc. (Beebe *et alii* 2005: 353), não apenas porque se tratará, nestas culturas, de uma intromissão intolerável na esfera privada – que deve permanecer separada da profissional, ou pública –, mas também porque poderão constituir uma base para a discriminação. A incompreensão chega ao ponto em que as demoras no início do "verdadeiro" trabalho são vistas como indício não verbal evidente de que as negociações estão a correr mal, ou não vão de todo concretizar-se.

Imaginando então o que acontece quando grupos dos dois tipos de cultura se encontram, num contexto profissional, poderíamos ter algumas imagens cómicas: de um lado, espanhóis ou portugueses muito inquisitivos e faladores, fornecendo abertamente detalhes sobre questões pessoais, do outro, alguns alemães e suecos bastante intimidados e até um pouco aborrecidos por não conseguirem sequer avaliar as capacidades profissionais dos seus eventuais futuros colegas. Os primeiros julgarão então os segundos como frios, distantes, pouco simpáticos e, até, arrogantes, ao passo que os segundos avaliarão os primeiros como demasiado indiscretos, dispersos, pouco sérios, ou, até, frívolos (ver igualmente Günthner e Luckmann 2001: 73). Na verdade, o que acontece é que a "outra parte" está apenas a agir em função do quadro de referência da sua própria cultura.

Ainda que seja a fase de formação a que mais influência terá nas perceções mútuas dos grupos onde se encontram diferentes culturas, as outras também estão incluídas nos desentendimentos e na resolução de problemas comunicativos e culturais. Práticas radicadas em hábitos, sobretudo quando pertencem à esfera legal, administrativa ou burocrática, podem deitar a perder negociações delicadas. Os franceses, por exemplo, têm tendência a registar e certificar decisões, ao passo que os ingleses e americanos assumem não ser necessário fazê-lo antes de atingir um estado muito avançado nas negociações. Uns e outros podem assim achar ou que não existe confiança na palavra dada, ou, pelo contrário, que não há um verdadeiro empenhamento no compromisso (ver Handy 1999 [1976]: 87-88; Rosenfeld e Wilson 1999: 162-163).

A globalização no mundo laboral tornou muito mais visível a questão do entendimento multicultural no âmbito de grupos e organizações. Mesmo os manuais mais elementares sobre o assunto mencionam a importância do respeito pelos valores inerentes a outras culturas, que se manifestam, por exemplo, nos códigos de vestuário, nos horários, na etiqueta. No entanto, a questão vai bastante mais longe, porque não se trata apenas de gerir comportamentos ou interações comunicativas, é preciso também atuar sobre as perceções mútuas da fase inicial, a fim de condicionar positivamente a evolução do grupo. Via de regra, é uma observação cuidada do comportamento alheio e, sobretudo, do comportamento alheio no interior de uma mesma cultura, que acaba por nos informar melhor sobre tais perceções.

Encontramos por isso uma clara influência mútua entre os processos de perceção das díades pessoais e os das comunicações em grupo. De um ponto de vista profissional, ter isto em conta é, evidentemente, essencial para o sucesso, e daí que todas estas situações ilustrem a importância do *feedback* constante no desenvolvimento funcional do grupo. Por outro lado, mostram também que nenhum modelo representativo é perfeito, como nenhum grupo é regular. Por isso mesmo, as fases aqui descritas são mais uma abstração do que um funcionamento real, que apenas é útil para compreendermos como os grupos podem evoluir. Não obstante, constituem um quadro bastante claro que situa as componentes essenciais da dinâmica do grupo.

2.2. *Regras e padrões de comportamento*
Se os objetivos são a condicionante principal da dinâmica de funcionamento e da evolução dos grupos, seja ela em comportamentos, seja ela em intercâmbios comunicativos, seria de esperar que os de tipo social determinassem um grupo mais *informal*, ao passo que encontraríamos objetivos pragmáticos, relacionados com tarefas concretas, num grupo *formal*, cuja evolução é mais controlada. Em teoria, assim acontece. Os grupos formais, dedicados à execução de um projeto e artificialmente constituídos, são os previstos na própria hierarquia de uma organização (como acontece com os órgãos de gestão de uma escola), ao passo que os informais, centrados nas relações de socialização, são os que as pessoas constituem voluntariamente por sentirem necessidade de contactar umas com as outras (Rosenfeld e Wilson 1999: 155). Todavia, na prática, a questão é um pouco mais complexa. Por estranho que pareça, encontramos relações extremamente formalizadas e, sobretudo, sujeitas a padrões de comportamento bastante rígidos em certos grupos sociais, ao passo que algumas empresas apresentam, pelo

contrário, padrões bastante informais, pelo menos na aparência que projetam para o exterior. Só podemos então afirmar que as orientações de cada grupo são "pessoais e intransmissíveis" no interior desse mesmo grupo, em função das personalidades de cada membro, mas também da pressão que for exercida para que se conformem à cultura coletiva (ver 4.).

Um exemplo bastante evidente surge em certos locais frequentados por pessoas de um dado estatuto social. Mesmo na praia, ou no café, mesmo que se trate de crianças, mesmo que estejam unidas por laços familiares, o tratamento usado por quase todos os membros é o formal: *Madalena, não seja maçadora. A menina sabe muito bem que só pode ir para a água daqui a meia hora. Salvador, vá lá ter com as primas e esteja aqui à hora do almoço.* Os membros do grupo são facilmente reconhecíveis do exterior, por terem entoações semelhante, usarem vestuário e adereços idênticos e obedecerem todos às mesmas normas de etiqueta, tanto que os seus comportamentos se tornam previsíveis. Podemos assim apostar que, se chegar uma pessoa de mais idade, os mais jovens se levantarão para a cumprimentar. Estamos então perante normas internas que refletem os valores de um grupo com relações muito antigas e fortemente valorizadas, ainda que nunca sejam explicitadas.

Inversamente, uma empresa jovem, que deseja cultivar uma imagem alternativa, mesmo se estiver empenhada num trabalho muito sério, pode optar por uma aparência de total desregulação. Pode encorajar os seus membros a usarem roupas informais ou extravagantes, mesmo perante os clientes, a não terem um horário de trabalho – o que encoraja muitas vezes a criatividade –, a trabalharem no local que mais lhes convém – o que facilita muito a organização individual de cada um. Se observarmos de perto, porém, verificamos que existe regulamentação de comportamentos, talvez até tão rígida como no exemplo anterior. Por exemplo, o recém-chegado que se apresente de facto completo e utilize as formas de tratamento formais, na crença ingénua de que irá causar "boa impressão", será olhado de lado – um sinal não verbal de que não pertence ao grupo e que constitui, em certos casos, uma primeira forma de ostracização. A maioria dos contextos ditos "alternativos" ou de culturas não convencionais é justamente muito mais formalizado, ainda que não o afirme, ou afirme o contrário. O que sucede é que a formalização se manifesta por outras normas, também aqui não explícitas, mas que tenderão a ser seguidas à risca.

Como é evidente, nada garante o sucesso de uma ou outra opção, uma vez que um grupo social pode dar-se muito mal com a informalidade, outro não a dispensar, um grupo altamente profissional pode ter um alto rendimento com uma disciplina mais relaxada, outro desagregar-se por completo porque a indisciplina reina, etc. Mesmo neste caso extremo, até a avaliação do que é aceitável dependerá intimamente dos valores defendidos pelo grupo (Rosenfeld e Wilson 1999: 185). Mais frequentemente, o funcionamento interno – que depende, não o esqueçamos, de todos os membros – pode combinar a formalidade e a informalidade, o que é visível na diferença entre as regras explícitas e as normas implícitas (Beebe *et alii* 2005: 202).

Pegando no caso dos grupos de professores numa escola, ou seja, um contexto profissional, verificamos que o trabalho em equipa é, logicamente, inevitável: para além das estratégias de ensino-aprendizagem a seguir, escolha de manuais, programação de aulas, distribuição de serviço, iniciativas culturais, pedagógicas ou lúdicas, terão de se organizar no que toca à administração da escola, distribuição de verbas, conservação do edifício, representação nos diferentes órgãos, gestão de pessoal auxiliar, etc. Todos os grupos de alguma maneira previstos na legislação (Conselho Executivo, Assembleia, professores da turma, diretores de turma, etc.) trabalharão assim de uma maneira formal, e de acordo com regras explícitas. Já os grupos *ad hoc*, que se constituem para organizar a festa anual da escola, um passeio de estudo ou levar a cabo iniciativas culturais como o clube de francês ou o clube de ciências funcionarão de maneira mais implícita e informal.

Por isso, estarão previstos regulamentos para os primeiros grupos, que são aprovados pelos órgãos oficiais, escritos, assinados, arquivados para memória futura e utilizados quando necessário. Do ponto de vista da proxémica, juntam-se em espaços próprios, como a sala de reuniões da escola, cuja utilização tem de ser autorizada e agendada. Até horários e calendários estão regulamentados, dado que, na maioria das escolas, há um "dia de reuniões", e estabelece-se oficialmente, numa comunicação ao grupo dos horários, uma hora reservada, em que não pode haver aulas. Existe, obrigatoriamente, uma ordem de trabalhos, onde não podem ser incluídos pontos não previstos, bem como uma orgânica interna que comporta, pelo menos, um/a presidente (que dirige a reunião, controlando em particular as tomadas de palavra) e um/a secretário/a (que redige a ata). Em caso de conflito, "consulta-se o regulamento" precisamente porque nele se encontrará estabelecida a diretriz a seguir, ou, ao invés, a que não pode ser seguida. Por exemplo, *"A Presidência será assumida pelo/a docente de categoria mais elevada, não podendo o cargo ser desempenhado pela mesma pessoa por mais de dois mandatos (sendo que cada mandato terá a duração de dois anos)"*. Conforme vemos por estes pequenos apontamentos, a comunicação interna ao grupo e as atuações dos seus membros obedecem a regras bem explícitas, que são inclusive objeto de registo escrito e que decorrem da sua integração numa orgamização mais vasta.

Já no segundo caso, são os próprios membros que decidem as atitudes e comportamentos. O espaço de encontro varia bastante: o clube pode comecar por se encontrar no bar, no átrio, em qualquer sala que esteja livre. No entanto, com a continuidade, tornam-se visíveis sinais da institucionalização de comportamentos, em particular na proxémica. Por exemplo, passará a haver um espaço próprio, considerado simbolicamente pertença daquele clube, e que os outros não devem ocupar, nem com os seus bens nem com os seus encontros. Verbalmente, o grupo pode sentir-se impelido a comunicá-lo aos outros, por exemplo, colocando rótulos ou etiquetas nos móveis ou nas portas. Mesmo que tal não aconteça, porém, há o claro entendimento externo a respeito desses espaços. Com efeito, a ocupação do espaço pelo grupo é reconhecida sem ser comunicada, tanto que a utilização de uma simples prateleira será objeto de pedido de autorização, sob pena de ser considerada abusiva, não obstante a dita prateleira ser propriedade da escola e, por conseguinte, ter o estatuto oficial de "bem comum".

A força das normas implícitas torna-se evidente quando observamos reações comuns e constantes, e, sobretudo, os efeitos graves da sua subversão. Como exemplo do primeiro caso, temos uma comissão de especialistas, que não precisa de obedecer às regras habituais estabelecidas para grupos mais formais. Assim, um grupo de trabalho nomeado para emitir parecer não necessitaria de um suporte administrativo idêntico ao do órgão que a nomeou. Contudo, os seus membros podem estar de tal maneira habituados a funcionar de acordo com as hierarquias da instituição que não serão capazes de trabalhar enquanto não surgir alguém que presida às reuniões, alguém que as secretarie, etc.

No segundo caso, os efeitos da subversão tornam-se evidentes pela diferença nas reações dos membros do grupo, que refletem, mais do que a cultura, a própria ética que os norteia. Um grupo profissional terá, previsivelmente, uma atitude menos tolerante perante a falta de pontualidade. Contribui para isso o facto de haver uma hora explicitamente marcada na convocatória escrita que antecedeu a reunião. Já o mesmo comportamento num grupo social é menos habitual, porque houve marcação implícita da hora, o que não implica que todos estejam presentes ao mesmo tempo. Assim, um grupo pode combinar *encontrar-se* (e não *reunir-se*) *por volta da hora X*. Um grupo misto pode, aliás, regulamentar os seus comportamentos ora de forma explícita ora de forma implícita: se nos juntamos com amigos para um trabalho coletivo, esperamos que todos cheguem a horas às reuniões de trabalho e censuramos os que não o fazem (a regra é explicitada), mas aceitamos atrasos nos encontros sociais para tomar café e nem nos damos ao trabalho de pedir explicações se isso suceder (a norma, se é que existe, permanece implícita).[18]

2.3. *Papéis*

2.3.1. *Caraterísticas gerais*

Os padrões de comportamento dos membros dos grupos consubstanciam-se nos *papéis* assumidos por cada um. Neste primeiro sentido, um papel corresponde a uma forma de comportamento que se considera apropriada a uma dada situação (Dimbleby e Burton 2005 [1995]: 105), e para o qual as expetativas dos outros membros forçam até um desempenho quase mecânico, do qual já nem nos damos conta. Por aptidão particular, cada um encaixa numa dada função preparada pelo coletivo, o que até acontece espontaneamente.

É sobretudo nos grupos profissionais que os papéis obedecem a padrões pré--concebidos, porque correspondem a horizontes de expetativas bastante nítidos sobre as atuações dos indivíduos. Pelo efeito de espelho, os papéis resultam numa autoperceção do próprio indivíduo, ao mesmo tempo que, para outrem, suscitam uma espécie de "arrumação" em categorias, por forma a facilitar a seleção para o desempenho de funções específicas, de acordo com as capacidades e tendências de cada um (Handy 1999 [1976]: 76-77 e 84; Rosenfeld e Wilson 1999: 157). Em consequência, há uma forte ligação entre o que fazemos num grupo e as identidades que assumimos no seio desse grupo. É sabido que as ordens vêm dos líderes, as piadas dos humoristas e, já agora, o chá ou café, o papel e a caneta, os recados, as desculpas constantes e as atrapalhações do estagiário mais novo, precisamente o que terá, no grupo, o estatuto hierárquico mais baixo.

---

[18] A perceção do atraso e da pontualidade também radica em valores culturais, pelo que constitui uma das grandes fontes de conflito num eixo imaginário Norte – Sul. Culturas que valorizem mais as relações sociais – e que são também as mais indiretas – tenderão a tratar os atrasos, mesmo em contextos sérios, como pouco relevantes, expetáveis e até inevitáveis, ao passo que culturas que valorizem o alcance dos objetivos atribuem um valor quase sagrado à pontualidade (ver Beebe *et alii* 2005: 210-211). Um alemão pode imaginar que um amigo faleceu, ou, pelo menos, ficou gravemente ferido se se atrasar dez minutos para um encontro sem qualquer aviso, ao passo que um espanhol não só não estranha esperar meia hora por um colega de trabalho como, muito provavelmente, nem se dará conta do atraso.

Se, noutros contextos, os papéis se distribuem de forma muito menos programada, ou mudam espontaneamente, é porque todos os membros do grupo têm um estatuto igualitário. Não significa, contudo, que não existam papéis, já que até num grupo informal encontramos o reflexo desta dinâmica. As crianças que se encontram todos os dias no recreio podem, por exemplo, decidir formar um clube de vigilantes para se defender dos mais velhos que os tiranizam. Mesmo sem instrução explícita, serão capazes de formalizar uma espécie de estrutura, distribuindo responsabilidades. O grupo terá um líder (ou uma líder), que é muitas vezes a criança que teve a ideia, ou que tem aptidões para chefiar. Haverá outros que assumem, por inerência, determinadas tarefas: o que tem *walkietalkies* ou telemóvel assume o encargo das comunicações (no interior do grupo ou para o exterior), a filha do dono do mini-mercado traz bolachas e pastilhas, o que tem jeito para o desenho fornece emblemas ou outros símbolos e assim por diante. Em conjunto, desenharão estratégias ou procedimentos combinados: vigiam os outros, combinam formas de alertar auxiliares ou professores, dão o alarme e, em caso extremo, ajudam-se umas às outras. Por negativa que seja a origem desta atuação, mostra bem como a tendência para nos agruparmos perante um perigo comum e externo agudiza as nossas capacidades de organização.

Os papéis constituem uma extensão natural da posição hierárquica atribuída a cada membro pelo contexto social em que o próprio grupo se insere, adquirindo até, em certos casos, uma dimensão jurídica e cultural bem delimitada, como no caso de professores, juízes, ministros e treinadores de futebol (ver Handy 1999 [1976]: 62). Num segundo sentido, portanto, os papéis correspondem à face visível das relações de poder instauradas no seio do grupo. Alguns membros detêm lugares mais elevados, ou mais fortes, pelo saber, visto serem os especialistas na matéria, de cujas informações dependem as atuações dos outros. Outros detêm-nos pela legitimação democrática, por terem sido eleitos para uma dada posição. Outros, ainda, adquirem estatuto pela sua popularidade, capacidades financeiras, posição social, etc. Inversamente, quaisquer membros que não possuírem nenhum destes bens simbólicos estão destituídos também de poder, embora não necessariamente de papel (Beebe *et alii* 2005: 202–204). Há que ter também em conta a possibilidade de um papel ser disfuncional, o que origina uma espécie de contra-poder (ver 2.3.2.).

Sendo relacionais e relativos, os papéis refletem-se na forma como cada membro interage com os outros e, neste terceiro sentido, o papel define-se como uma forma consistente e coerente de comunicarmos no seio do grupo (Beebe *et alii* 2005: 197). Na comunicação verbal propriamente dita, espera-se que um secretário fale pouco, que um líder fale em tom firme... e estranhar-se-ia de um criativo que manifestasse pouco entusiasmo no seu discurso. Nos sinais não verbais, um líder de fato e gravata, ou um técnico de bata correspondem também aos nossos preconceitos, ao passo que a inversão destes estereótipos seria interpretada como errada, problemática ou, pelo menos, estranha.

Por outras palavras, os papéis constituem o laço mais óbvio entre o indivíduo e o grupo (Handy 1999 [1976]: 60): cada membro funciona no interior do grupo de acordo com o que o seu papel exige. Aqui, o conceito de papel amplia, no fundo, o que vimos a propósito das díades interpessoais, na medida em que ajuda a montar um teatro coletivo (ver Dimbleby e Burton 2005 [1985]: 101). Apenas vai um pouco mais longe, uma vez que é objeto de uma classificação fixa, reconhecida em qualquer modelo de análise de grupos, especialmente quando se trata de organizações.[19]

Há que esclarecer apenas alguns pontos. Em primeiro lugar, existe alguma imprevisibilidade, não tanto na existência dos papéis propriamente ditos, mas sim na sua escolha, que é, via de regra, influenciada pelas tendências da personalidade e da atuação mais habitual dos indivíduos, quer por *cópia*, quer por *reação*. Por exemplo, o chefe tirano da repartição de finanças será, por seu turno, completamente cilindrado em casa pela mulher com quem casou. Isto é a ilustração de um papel assumido por reação, que se refletirá na mudança de discursos: *Sousa, esse relatório na minha mesa na 2.ª feira sem falta!* e *Sim, querida, eu já levo o lixo para baixo, não te zangues* (com a devida entoação em ambos os casos). Ao invés, uma dona de casa perfeccionista é capaz de levar para o emprego um esfregão e detergente, garantindo níveis de higiene minimamente aceitáveis na sala do café. Trata-se, pois, de um papel assumido por cópia, reforçado pela manutenção dos discursos: *Se não for eu a tratar disto, esta casa* (no sentido privado/no sentido público) *fica um chiqueiro*. De uma maneira geral, as cópias são muito mais comuns do que as reações, o que também está de acordo com o facto de termos uma personalidade mais ou menos coerente.

---

[19] Não existe propriamente um consenso a respeito da utilidade dos papéis enquanto instrumento de organização prática, ainda que a proposta original de Goffman seja abundantemente citada quando se leva a cabo uma análise. A maior objeção consiste na distância, que não podemos negligenciar, entre os indivíduos enquanto seres únicos e os papéis enquanto estereótipos mais ou menos idealizados. Justifica-se, porém, que sejam tidos em conta pelo facto de guiarem, além das expetativas sobre comportamentos no interior do grupo, as subsequentes avaliações da atuação dos indivíduos (Rosenfeld e Wilson 1999: 158). Por exemplo, não contratar um candidato por "inadaptação ao conteúdo funcional" assenta neste pressuposto.

Em segundo lugar, como o papel depende da posição ocupada pelo indivíduo no seio do grupo, decorre também das atitudes que os outros nos levam a assumir numa dada orgânica de funcionamento. Não desempenhamos exatamente os mesmos papéis nos três grupos de referência que possuímos (família, amigos, colegas) porque não têm as mesmas dinâmicas, nem ocupamos as mesmas posições em todos. De facto, os papéis podem ser destinados ou distribuídos, isto é, resultar de uma influência externa que o grupo ou outras entidades exercem no próprio indivíduo. Assim, no grupo dos irmãos, o papel de *irmão/irmã mais velho/a* é claramente destinado pelo acaso e distribuído em geral pelos pais, o que faz com que funcione de acordo com as regras de um grupo *dirigido*. Já uma pessoa que se ofereça como voluntária para efetuar pesquisas na biblioteca, vender os bilhetes para o espetáculo de Natal ou zelar pelas flores da igreja assume de livre vontade o papel de *investigadora/angariadora de fundos/decoradora*, no fundo, o papel de quem assegura o fornecimento de dados ou o funcionamento prático do próprio grupo (ver Beck *et alii* 2005: 228; cf. quadros 2 e 3). A posição ou estatuto é então criada no âmbito de um grupo *cooperativo*, o que tanto pode dever-se, pela positiva, a uma dinâmica democrática, como, pela negativa, à falta de liderança.

Em terceiro lugar, qualquer papel admite versões funcionais e disfuncionais, ainda que a oposição não seja propriamente mensurável em termos quantitativos e absolutos (ver Dimbleby e Burton 2005 [1985]: 109).[20] Um papel disfuncional num grupo (por exemplo, o de um líder autocrático) pode tornar-se essencial noutro, dependendo tanto dos objetivos como das aspirações dos próprios membros. A bitola de avaliação é o efeito que o desempenho deste ou daquele papel tem na eficácia do grupo e na satisfação dos seus membros. Assim, um submarino em perigo não é propriamente o contexto ideal para reuniões de grupo demoradas, com o fim de obter um consenso geral quanto à melhor maneira de salvar a tripulação.

Devemos então admitir que certos piadistas (um papel individual considerado disfuncional) aliviam a tensão nuns grupos e, noutros, se tornam nos palhaços de serviço. Todas as turmas têm pelo menos um, bastante útil no recreio, mas completamente desestabilizador na sala de aula. Por outro lado, também pessoas

---

[20] A maioria dos modelos distingue taxativamente papéis funcionais e não funcionais, estando estes associados geralmente aos individuais (ver quadros 2, 3 e 4). No entanto, considerados numa perspetiva de avaliação do desempenho, os próprios papéis funcionais, por um ou outro motivo, podem suscitar problemas, tal como as suas manifestações comunicativas.

disciplinadoras, isto é, que mantêm o grupo concentrado nos seus objetivos e nas suas tarefas, podem facilmente tornar-se em capatazes de escravos, sobretudo se forem perfecionistas, caso também frequente em contexto escolar. Em compensação, críticos pessimistas e desencorajadores num grupo conservador podem ter uma utilidade muito especial num outro mais estróina, por serem também avaliadores desapaixonados perante riscos excessivos. *Vamos todos subir o Monte Etna nestas férias!* pode assim ser alterado para *Vamos antes limitar-nos a uma viagem pela Sicília, já que o tempo e o próprio vulcão não oferecem condições de segurança.*

Por último, as imagens que projetamos no interior do grupo e a que o grupo projeta de si para o exterior são extremamente reveladoras, no sentido em que espelham um relacionamento específico e uma forma de consolidação interna (ou da sua ausência). Um grupo que escolhe usar roupas semelhantes, crachás, chapéus, cachecóis, ou mesmo fardas, parece uniforme (sem o ser totalmente), transmitindo uma imagem de união. Profissionalmente, aliás, todos temos consciência do facto: a menos que sejamos muito pouco competentes, não compareceremos a uma entrevista de emprego para um serviço público (um banco, uma empresa) com a roupa com que praticamos desporto, tal como não nos encontramos com os nossos amigos para beber um copo usando a bata com que fazemos experiências químicas no laboratório (ou, se se tratar de um intervalo no trabalho, podemos, por exemplo, desapertar simbolicamente os botões). Muitos contratos têm ou não sucesso conforme a maneira como os intervenientes se vestem. Muitas empresas têm "códigos" de vestuário (no sentido empírico do termo), que aliviam apenas em contextos não laborais (festas) ou em períodos específicos (como a chamada "6.ª feira informal"). A impressão é flagrante, por exemplo, num banco, onde todos os empregados se vestem geralmente da mesma maneira, e, mesmo sendo do sexo feminino, tendem a favorecer o fato de cor neutra ou escura. Muitos colégios privados (e algumas escolas públicas) têm regras de interdição quanto a certas opções (minissaias demasiado curtas, decotes, roupa rasgada, casacos militares, botas com pregos, havaianas, tatuagens e *piercings*, por exemplo). O uso destes sinais proibidos assinala claramente uma atitude de rebelião perante o grupo, que passa subtilmente pela recusa de uma imagem – uma forma não verbal de comunicação pelo vestuário (Beebe *et alii* 2005: 79).

Um caso extremo de projeção é representado pelo exército. Poucos contextos profissionais imporão uma disciplina coletiva tão rígida, mas também em muito poucos a vida de cada membro estará nas mãos de todos os outros. O elevadíssimo grau de cooperação que é preciso atingir para destruir um alvo, conquistar um espaço ou neutralizar uma força inimiga, com o menor número possível de baixas, implica o aniquilamento – por vezes literal – do indivíduo. A comunicação não verbal das paradas e exercícios militares, ou a simples regulamentação dos quartéis, que vai desde o uso de uniformes, de códigos de insígnias e de rituais de saudação aos atos simbólicos (por exemplo, o hastear da bandeira), constitui tanto treino para funcionamento concatenado como manifestação da união do grupo. Por isso a marcha sincronizada é tão importante, como objetivo, como meio e como símbolo.

Concluimos assim que o papel assumido por cada um depende das imagens projetadas, ao mesmo tempo que cria imagens do próprio indivíduo e dos outros, numa multiplicação coletiva da metáfora do espelho que vimos a propósito da identidade nas díades (ver Hartley 1997: 127). Qualquer perspetiva sobre o papel depende assim da harmonia dos "eus" entre si, ou, para retomarmos os termos já conhecidos, da "gestão" de papéis, que, neste caso concreto, abrange não tanto o outro, como os outros. É por isso que um membro pode perspetivar o seu papel como insignificante, ao passo que os outros o veem como fundamental, ou vice-versa, caso muito comum nas mães de família. Também pode representar o seu papel de uma dada forma, sabendo intimamente que é o esperado pelo coletivo, mas que não corresponde ao que seria se não tivesse justamente uma dada posição no grupo. Neste aspeto, a forma como políticos de renome lidam com escândalos sexuais é extremamente reveladora das expetativas do grupo: o que poderia levar à demissão de um Presidente nos E.U.A. e, por isso mesmo, é abafado (sem sucesso) a todo o custo, seria, quando muito, tema de imprensa rosa em França (e não se esconde portanto dos jornalistas). O papel dentro do grupo é assim o encontro entre o que for *perspetivado, representado* e *esperado,* numa clara ilustração do "eu social" que William James, o pai da Psicologia, definiu como sendo "o eu com os outros" (ver também Beck *et alii* 2005: 228).[21]

---

[21] Ressalvando que os autores pertencem a áreas do saber diferenciadas, já muito antes de Goffman, James havia sugerido que todos temos "eus" diferentes: um "eu físico ou material", constituído pelos objetos que possuímos, um "eu social", que se multiplica em função dos grupos a que pertencemos, e um "eu espiritual", correspondente aos nossos valores éticos ou morais (ver William James, *Principles of Psychology*. Nova Iorque: Henry Holt and Co, 1890). O eu social é claramente definido em função da imagem a projetar para o exterior, particularmente delicada no âmbito do grupo. Se desenvolvermos um exemplo visto no cap. 2, diremos que um estudante interrogado sobre a sua posição pessoal em matéria de plágio dará respostas diferentes perante um grupo de amigos ou perante um professor.

2.3.2. Tipologia

Ao variarmos papéis, conformamo-nos a tarefas e atitudes diferentes, ao tipo de interação que vai sendo desenvolvida, e, até, às diferentes fases da evolução do grupo. De todos os modelos que procuram representar esta dinâmica complexa, as três facetas mais relevantes decorrem dos objetivos do grupo, afinal o seu motor principal. Assim, também os papéis podem considerar-se *pragmáticos*, isto é, "de tarefa", ou *sociais*, conforme estejam voltados para a execução de ações concretas ou para o reforço das relações pessoais no interior do grupo, e ainda *individuais*, caso privilegiem os interesses do indivíduo sobre os do grupo (Benne e Sheats 1948: 42-46).[22] No primeiro tipo, encontram-se papéis que contribuem para a realização de projetos (ver quadro 2). Um secretário ou uma investigadora são os membros do grupo em quem reconhecemos facilmente esta dimensão: pesquisam documentos, dão ideias, fornecem e registam dados. No segundo, os papéis garantem as relações sociais intragrupo, justamente as funções típicas de pacificadores e humoristas (Dimbleby e Burton 2005 [1985]: 117-119, ver quadro 3). Quanto aos papéis individuais, assumem-se como disfuncionais, nocivos, e encontramo-los nos membros que se queixam constantemente de que não lhes é dado o devido valor, que se concentram em exclusivo nas suas necessidades ou direitos, que procuram chamar a atenção para si, por vezes com atitudes extremas (cf. Beebe *et alii* 2005: 198). Correspondem assim às pessoas de quem se dirá "terem um problema de atitude" (ver quadro 4).

Como é evidente, os papéis só podem ser considerados teatrais no sentido de Goffman (ver cap. 2, 2.3.), pelo que não são obrigatoriamente desempenhados só por um dos membros do grupo. Por outro lado, e sobretudo no âmbito das organizações, um mesmo membro pode acumular vários papéis (Rosenfeld e Wilson 1999: 158). Por exemplo, as pessoas que pedem informações coincidem, de uma maneira geral, com as que pedem opiniões, tal como as que as fornecem não podem, nem que seja por sinais para-verbais, deixar de indicar a sua posição.

---

[22] A taxonomia, tal como a de Tuckman, já não é muito recente, mas continua a influenciar a maioria dos trabalhos sobre organizações, sobretudo se tiverem em conta a vertente comunicativa, e não apenas laboral. Existem muitas outras possibilidades (cf. por exemplo Hartley 1997: 120-126; Handy 1999 [1976]: 60-95; Rosenfeld e Wilson 1999: 157-163), que utilizam parâmetros diferentes (perceções mútuas, efeitos na interação comunicativa, formas de execução de tarefas ou de atuação em caso de conflito, etc.). A proposta aqui avançada é, assim, uma adaptação crítica (de tradução livre) do que se pode considerar mais pertinente a este respeito, estabelecendo, quando necessário, comparações e confrontos entre diferentes posições.

Mesmo que um membro do grupo tente ser neutro quanto às várias alternativas que se podem escolher, necessariamente é mais entusiasta a respeito da sua preferida, motivo pelo qual a maior parte das pessoas escolhe logo de início exprimir um juízo valorativo. Já um papel criativo, que é habitualmente adstrito aos que tomam a iniciativa (os chamados "inovadores"), nem sempre corresponde aos que têm também papéis sociais de destaque, nem aos que pedem informações ou registam dados.

Independentemente de constituir um fator de regulação de comportamentos, correspondendo ao horizonte de expetativas dentro do grupo, nenhum papel é fixo, já que tem de se adaptar à configuração que o grupo assume e à própria evolução de cada um dos seus membros. Os quadros que se seguem, os exemplos e a descrição da interação comunicativa não passam, por conseguinte, de ilustrações aproximadas do que poderia acontecer num grupo autêntico, posto perante um problema corriqueiro como o mau funcionamento de uma fotocopiadora.[23]

Luísa Silva (técnica superior) – Ponto seguinte: Fotocopiadora. Ora bem, está na altura de resolvermos de uma vez estas queixas constantes a respeito do pessoal da secção de textos, que nunca consegue tirar fotocópias a tempo. O que é que pensam disto?

José Matos (administrativo mais antigo) – Ou se compra uma fotocopiadora ou se despede o pessoal.

Marisa Ferreira (administrativa) – Ó Matos, despedir pessoal? Mas você está doido ou quê?

João Moreira (técnico superior) – Atenção que ainda não ouvimos a representante do pessoal, que tem com certeza uma palavra a dizer sobre isto.

Marisa – Eu só queria um esclarecimento: o problema é do pessoal ou da fotocopiadora?

Luísa – A supervisora queixa-se do pessoal, mas o técnico diz que a fotocopiadora está velha e não há muito a fazer.

---

[23] A maioria dos estudos sobre o assunto apresenta geralmente quadros descritivos dos diferentes papéis seguindo à risca a tipologia de Benne e Sheats (cf., por exemplo, Littlejohn 1982: 178-279; Freixo 2006: 188-189). Nos quadros aqui propostos, optámos por uma descrição mais sumária, mas incluímos uma conversação entre membros de um grupo (fictício), a fim de melhor ilustrar a correlação de papéis na comunicação intragrupo. Necessariamente, e de acordo com o que se passa na realidade da comunicação, muitas intervenções discursivas refletem uma "acumulação" de, pelo menos, dois papéis. Por esse motivo, algumas das categorias originais aparecem subsumidas numa só.

Matos – Eu não entendo porque é que toda a gente se preocupa com uma coisa tão pouco importante, quando há secções cheias de trabalho, com problemas sérios como a minha, e ninguém quer saber!

João – A meu ver, tudo se resume a isto: a fotocopiadora está tão velha que não tira mais de três cópias sem avariar, o problema não é, portanto, o pessoal. Se bem se lembram, foi comprada há mais de três anos e tem tido muito gasto.

Helena Simões (administrativa) – O diagnóstico parece-me correto. Sempre trabalhámos com estas pessoas e nunca nos deram problemas.

Marisa – Eu acho que devemos é tratar de resolver o problema da fotocopiadora: comprar outra, por exemplo. Mas isso fica muito caro, pelo que eu já andei a ver.

Helena – Mesmo assim, eu diria que é o melhor.

Valdemar Mota (administrativo) – Comprar uma fotocopiadora implica o quê? Ver se há dinheiro disponível, pedir e comparar orçamentos, aprovar a despesa e encomendar, não é assim?

Rosa Simões (contabilista) – Querem que traga os orçamentos para a próxima reunião?

Matos – Alto lá, que se há dinheiro para uma fotocopiadora nova, também há para comprar o material que eu pedi há mais de três meses para o meu serviço!

Luísa – Pois, mas não é esse o ponto em discussão...

Valdemar – A solução parece boa, mas acho que não temos meios financeiros para comprar uma fotocopiadora em condições para já. Vejam lá se não é melhor tentar o conserto primeiro...

Helena – Não vamos desanimar. De certeza que fazendo economias noutro lado qualquer podemos arranjar o dinheiro.

Luís – Bom, comprar uma fotocopiadora sem dinheiro é fácil, já enfrentámos situações piores, haha!

Valdemar – Olhem, antigamente, quando eu comecei a trabalhar aqui, nem tínhamos fotocopiadora, íamos à loja da esquina, que por acaso fechou porque o dono faliu... ele até era meu amigo...

Matos – Nenhuma das alternativas é viável: não há dinheiro, não se pode resolver o problema. Pronto, passamos a fazer as cópias à mão!

Marisa – Uma coisa dessas só podia vir de uma pessoa que se está a marimbar para o assunto!

João – Estamos nesta reunião há um certo tempo. E se fizéssemos um intervalo de dez minutos?

Luísa – Assim não se faz nada nesta casa, que passamos o tempo em intervalos. Vamos lá a ver...

Valdemar – Eu tinha sugerido o conserto, mas talvez isso não seja uma ideia assim tão boa...

Marisa – Eu apoio a decisão da compra!

Luísa – Calma! Temos duas propostas, que se resumem, a meu ver, da seguinte maneira: proposta A – gastar dinheiro na reparação da fotocopiadora e arriscamo--nos a ter que voltar a chamar o homem daqui a três meses; proposta B – vemos quanto custará e então decidimos se compramos uma nova fotocopiadora. É isto?

Matos – Façam como entenderem, por mim tanto se me dá. Desde que não saia do meu bolso...

Luís – Há aqui duas propostas, antes isso que nenhuma proposta, não acham?

Luísa – Nesse caso, vamos votar: quem vota na proposta A? Muito bem... Quem vota na proposta B?... Quem se abstém?... Muito bem, ora foi aprovada a proposta B, com 7, um contra e zero abstenções. Vamos a coisas práticas...

Helena – Deixem-me só registar as propostas e os votos de cada uma na ata.

Valdemar – Eu posso ajudar a procurar orçamentos também.

Luísa – Muito bem, vocês os dois trazem então orçamentos para a próxima reunião? Nesse caso, passemos ao ponto seguinte...

QUADRO 2
Papéis pragmáticos ("de tarefa")

Papel	Intervenções verbais	Interação comunicativa
Toma a iniciativa	"Ora bem, está na altura de resolvermos de uma vez estas queixas constantes da supervisora a respeito do pessoal da secção de textos, que nunca consegue tirar fotocópias a tempo." "Ou se compra uma fotocopiadora ou se despede o pessoal."	Tem uma faceta criativa, mas também de líder, porque contribui com ideias novas, sugestões ou soluções. Espera-se, por isso, entusiasmo nas intervenções, mas também que inicie discussões.
Pede opiniões ou informações[24]	"Eu só queria um esclarecimento: o problema é do pessoal ou da foto-copiadora?" "Ora bem, o que é que pensam disto?"	Utiliza sobretudo as perguntas (podendo por vezes desviar a discussão para questões de pormenor ou individuais, numa versão disfuncional do seu papel).

---

[24] Papéis subsumidos (ver nota anterior).

Papel	Intervenções verbais	Interação comunicativa
Dá opiniões ou informações	"A supervisora queixa-se do pessoal, mas o técnico diz que a fotocopiadora está velha e não há muito a fazer." "Eu acho que devemos é tratar de resolver o problema da fotocopiadora: comprar outra, por exemplo. Mas isso fica muito caro, pelo que eu já andei a ver."	Assume a postura de especialista no assunto, o que confere autoridade dentro do grupo, ao ponto de poder indicar mesmo o rumo geral a seguir. Utiliza sobretudo frases assertivas.
Faz os diagnósticos	"A meu ver, tudo se resume a isto: a fotocopiadora está tão velha que não tira mais de três cópias sem avariar, o problema não é, portanto, o pessoal."	Tendencialmente, raciocina e avalia as situações enquanto os outros as expõem, apresentando logo de seguida uma análise ou explicação.
Elabora ou esclarece	"Comprar uma fotocopiadora implica o quê? Ver se há dinheiro disponível, pedir e comparar orçamentos, aprovar a despesa e encomendar, não é assim?"	Por sistema, identifica as tarefas e ações que uma dada decisão implica. O seu discurso exige um suporte anterior.
Coordena, orienta, sintetiza, ou resume[25]	"Temos duas propostas, que se resumem, a meu ver, da seguinte maneira: proposta A – gastar dinheiro na reparação da fotocopiadora e arriscarmo-nos a ter que voltar a chamar o homem daqui a três meses; proposta B – compramos uma nova fotocopiadora. É isto?"	Estabelece relações entre dados, informações ou ideias. Na dinâmica do grupo, é reconhecido como tendo autoridade e há a tendência para assumir o fecho da discussão. Muitas vezes, acumula estas funções com as de estabelecer metas e organizar a distribuição do trabalho.
Avalia/Critica	"A solução parece boa, mas acho que não temos meios financeiros para comprar uma fotocopiadora em condições para já."	Possui capacidades analíticas que permitem ao grupo avaliar um curso de ação.
Assegura procedimentos	"Querem que traga os orçamentos para a próxima reunião?"	Encarrega-se da maior parte das questões materiais de que o grupo necessita para funcionar. Fala (necessariamente) menos.
Secretaria	"Deixem-me só registar as duas propostas e os votos de cada uma na ata."	Regista, organiza e arquiva documentos, dados ou informações.

[25] Ver nota anterior.

Papel	Intervenções verbais	Interação comunicativa
Incentiva/ Dinamiza	"Não vamos desanimar. De certeza que fazendo economias noutro lado qualquer podemos arranjar o dinheiro."	Sempre que o grupo desanima, ou para de trabalhar, ou se dispersa, não se desencoraja nem esmorece: anima os outros, por exemplo, dando palmadas nas costas dos membros mais reticentes.

Os papéis sociais devem ser vistos como fator de coesão e estruturação. Tal como no caso anterior, alguns podem ser acumulados pelo mesmo membro, ou ser desempenhados por vários membros, ou combinar-se com um dado papel pragmático. Assim, os membros conciliadores não são, via de regra, os mais criativos, que têm por vezes tendência para o egocentrismo (ou seja, para desempenhar antes papéis individuais). Da mesma forma, os que concordam sempre raras vezes farão diagnósticos, porque esse papel exige um distanciamento crítico. Por fim, os dinamizadores da interação, ou seja, os que tentam levar os outros a falar – e que são preciosos quando o grupo inclui membros mais tímidos – são também, por vezes, os que menos opiniões emitem, ainda que possam fornecer informações. Naturalmente porém, coincidem com os que pedem e solicitam opiniões. Além disso, podem ser também coordenadores, que, para manterem o grupo concentrado nos objetivos e para organizarem tarefas, suscitam o envolvimento de todos.

QUADRO 3
Papéis sociais

Papel	Intervenções verbais	Interação comunicativa
Encoraja e apoia	"O diagnóstico parece-me correto. Sempre trabalhámos com estas pessoas e nunca nos deram problemas." "Eu posso ajudar a procurar orçamentos também."	Não concorda sempre, mas tenta aproveitar as ideias dos outros. Fornece *feedback* de apoio: acena com a cabeça quando falamos, sorri e aprova.
Concilia ideias e pessoas	"Ainda que a ideia de despedir pessoal seja sempre de considerar, eu diria que a outra sugestão é preferível." "Eu tinha sugerido o conserto, mas talvez isso não seja uma ideia assim tão boa..."	Procura sempre juntar o máximo de consensos, o que é sobretudo útil em momentos de conflito.

Papel	Intervenções verbais	Interação comunicativa
Alivia a tensão	"Há aqui duas propostas, antes isso que nenhuma proposta, não acham?" "Bom, comprar uma fotocopiadora sem dinheiro é fácil, já enfrentámos situações piores, haha!"	Tem sempre intervenções para acalmar, descontrair ou fazer rir.
Dinamiza o diálogo	"Ainda não ouvimos a representante do pessoal, que tem com certeza uma palavra a dizer sobre isto."	Embora encoraje os outros a falarem, tem tendência a falar muito pouco. Utiliza com frequência as interrogações.
Verbaliza os sentimentos do grupo	"Estamos nesta discussão há um certo tempo. E se fizéssemos um intervalo de dez minutos?"	Está atento ao que os outros sentem, toma o pulso aos comportamentos e "sente" o que o grupo sente, encarregando-se de traduzir isso em palavras.
Concorda (sempre)	"Eu apoio a decisão da compra!"	Chamado "*yessman*" na época anterior ao politicamente correto, pode ser um elemento passivo, ou, pelo contrário, ser um apoiante com quem se pode sempre contar.

Um problema diferente é o dos papéis individuais, uma vez que esses poderão antes ser vistos como fatores que ameaçam desagregar o grupo e impedi-lo de alcançar os seus objetivos. Numa equipa desportiva, por exemplo, é sempre disfuncional a jogadora que insiste em marcar pontos para chamar a atenção sobre si, mesmo quando não se encontra na melhor posição para o fazer, em vez de assistir uma colega que tenha mais probabilidades de sucesso. Neste caso, encontramos um claro conflito entre o que é coletivo e o que é individual, à semelhança do que acontece com os objetivos (ver novamente 1.2.).

QUADRO 4
Papéis individuais

Papel	Intervenções verbais	Interação comunicativa
Agride	"Despedir pessoal? Mas está tudo doido ou quê?" "Uma ideia dessas só podia vir de uma pessoa que não percebe nada do assunto!"	Comunica geralmente em tom irritado, grita ou resmunga, sorri muito pouco, ou de maneira cínica.

Papel	Intervenções verbais	Interação comunicativa
Bloqueia	"Nenhuma dessas alternativas é viável: não há dinheiro, não se pode resolver o problema. Pronto, passamos a fazer as cópias à mão!"	Todas as suas intervenções são becos sem saída. Através do bloqueio da discussão, impede também o avanço do grupo.
Chama a atenção para si[26]	"Olhem, antigamente, quando eu comecei a trabalhar aqui, nem tínhamos fotocopiadora, íamos à loja da esquina, que por acaso fechou porque o dono faliu... ele até era meu amigo."	Repete-se muito, vagueia, foge ao assunto. Geralmente, tem problemas pessoais que não se coibe de apresentar em público, fazendo do grupo uma audiência para terapia.
Não se compromete/Abandona o grupo	"Façam como entenderem, por mim tanto se me dá. Desde que não saia do meu bolso..."	Distrai-se com frequência, não se empenha nos objetivos nem nas tarefas, nunca se pode contar com a sua colaboração.
Manipula	"Alto lá, que se há dinheiro para uma fotocopiadora nova, também há para comprar o material que eu pedi há mais de três meses para o meu serviço!"	Procura dominar os outros membros, levando-os a fazerem o que redundar em seu benefício. Tem geralmente estratégias argumentativas bastante eficazes.
Defende outros interesses que não os do grupo	"Eu não entendo porque é que toda a gente se preocupa com uma coisa tão pouco importante, quando há secções cheias de trabalho, com problemas sérios, e ninguém quer saber!"	Não é capaz de ver outro ponto de vista que não o seu, desviando o assunto da conversa e, por arrasto, a concentração do grupo nos objetivos principais.

É importante perceber que os papéis, ainda que sejam funcionais, podem originar conflitos e ambiguidades, por exemplo, quando um mesmo indivíduo é chamado a desempenhar mais do que um em simultâneo (Rosenfeld e Wilson 1999: 158). Imaginemos que nos pedem para levar a cabo um trabalho muito complexo num prazo muito apertado (papel pragmático), com uma equipa onde as pessoas não se entendem bem entre si, onde é necessário conciliar antagonismos (papel social). Claramente, encontra-se aqui um conflito de papéis, porque o tempo "perdido" a resolver as relações intragrupo não será devotado à execução da tarefa.

---

[26] Ver nota anterior.

O desconforto de certos indivíduos com o papel que lhes é destinado pelo seu estatuto pode levá-los a assumir comportamentos que se revelam desastrosos. Uma situação muito frequente nas escolas no período posterior ao 25 de Abril revelou isto mesmo. Por desaprovarem as distâncias que as hierarquias rígidas impunham, muitos professores mais jovens começaram a solicitar, no contexto da sala de aula, que os alunos usassem o tratamento informal de *tu* para lhes dirigirem a palavra. Em certos casos, o evoluir do comportamento e da interação comunicativa da turma resultou num caos de insubordinação e indisciplina. A perceção dos alunos a respeito do papel do professor deixou de poder guiar-se pelos sinais mais óbvios, e criou-se uma imagem totalmente distorcida do seu papel no grupo. Mais do que ambiguidade, trata-se aqui de um problema de *incompatibilidade* entre o papel e o comportamento (ver Handy 1999 [1976]: 65).

Este tipo de situação permite-nos perceber melhor por que motivo certas pessoas recorrem a metáforas cinésicas, por vezes mesmo à "metáfora do chapéu" para tentar resolver o conflito ou a ambiguidade dos papéis, nem que seja apenas na interação comunicativa: *Permitam-me que fale como vossa amiga* (gesto de abrir as mãos), *e não como diretora da empresa – Eu aqui tenho de usar o chapéu de Presidente* (gesto de pôr o chapéu), *não posso ser a Isabel Mendes – Enquanto universitário, estou do lado dos estudantes, mas, como reitor, não posso ir contra uma lei aprovada pelo governo!* Estes enunciados, frequentes em líderes mais recentes, ou que trabalham em contextos colegiais, ou, ainda, que acumulam estatutos dentro do grupo (é o caso das instituições de ensino, em que os gestores são, também, professores), refletem precisamente o problema da conciliação entre assumir um papel que nos empurra para uma dada identidade e as relações que queremos manter com os outros membros do grupo, que nos empurram para uma outra, incompatível com a primeira. Na verdade, o que vemos em todos os casos é uma pessoa que solicita aos outros – explicitamente até, no primeiro caso – o estatuto adequado para poder desempenhar o papel em causa.

Tal como foi visto para as díades, a proxémica funciona como adereço essencial na representação de papéis, ajudando mesmo, em certos casos, a resolver ambiguidades ou conflitos. Vemos isso em reuniões de orgãos de gestão, uma vez que a forma como as pessoas se sentam à volta de uma mesa indicia o tipo de relação que têm umas com as outras e com o grupo. É por isso que a simples mudança de lugar, ao alterar a perspetiva, chega a mudar também automaticamente o papel que desempenhamos. Num caso muito concreto, uma sala de reuniões tem habitualmente, por regra implícita, um lugar especial para a presidência (a cadeira do topo da mesa, por exemplo). Outras vezes, a rotina do grupo fixou no espírito de todos que existe um lugar reservado. Em casos mais extremos, pode haver uma placa ou um outro sinal simbólico, mas, via de regra, isso nem sequer é necessário. As pessoas não ocupam a cadeira em causa a menos que estejam a assumir o papel apropriado (quando estão a liderar o grupo), e qualquer uma que não seja mais presidente, por exemplo, porque chegou ao fim do mandato, deixa de se sentar aí sem que lho digam. Por extensão, também o seu discurso, as suas intervenções e o relacionamento com os outros mudam automaticamente.

É por esta razão que muitas empresas organizam os seus espaços de maneira a refletir os papéis e o estatuto que cada membro terá dentro do grupo. Os exemplos vão desde os nomes nas portas dos gabinetes aos lugares de estacionamento, que refletem outras tantas regalias e posições. Por exemplo, um hospital pode ter os nomes dos médicos que dirigem certos serviços explicitamente assinalados, com menção até do título académico (*Prof. Doutor Mendes de Carvalho – Oftalmologia*), mas já não fará o mesmo para o pessoal de enfermagem ou dos serviços (*Gabinete de Enfermagem – Copa – Esterilização*). Explicitamente, comunica-se ao público a localização dos serviços, mas também, de maneira implícita, dá-se a entender quais as formas de tratamento que deve usar para esta ou aquela pessoa. Não existe uma separação tão explícita no exterior, uma vez que as hierarquias internas do grupo se esbatem em espaços mais públicos, mas, apesar disso, as placas também distinguem os lugares de estacionamento reservados (*Conselho de Administração*) e gerais (com o simples e universal sinal azul de *P*).

Inversamente, uma organização de hierarquia menos rígida optará pela chamada organização em espaço aberto, comum para todos, o que, supostamente, facilita a interação comunicativa. A diferença é igualmente marcada pela forma como se perspetivam alguns papéis em particular, sobretudo por alterar estatutos mais tradicionais, baseados numa ideia de poder talvez ultrapassada.

2.3.3. Liderança

Apesar de haver atualmente bastante controvérsia a respeito do papel de líder em particular, os modelos mais clássicos de análise das organizações atribuem-lhe uma série de caraterísticas-chave, decisivas por condicionarem a ação dos membros do grupo e a sua interação comunicativa. Algumas das atitudes e práticas resumidas nos quadros 2 e 3 surgem combinadas entre si nas atribuições de qualquer líder, o que explica, colateralmente, por que motivo está este macropapel tão imbuído de stress. O/A líder é, num grupo, a pessoa que toma a iniciativa de levar a cabo um projeto, que incentiva os outros membros a desempenharem as tarefas necessárias, que desafia atitudes de ineficácia ou complacência (Hartley 1997: 122). A imagem que projeta é um misto de personalidade, capacidades e competências (Hartley 1997: 93), com um traço essencial, que muitos associam ao carisma. Supostamente, trata-se de algo inato, que leva os membros do grupo a confiarem numa pessoa ao ponto de a seguirem no que quer que ela proponha – precisamente a capacidade de influenciar outrem que levou muitos ditadores ao sucesso (ver van Knippenberg e van Knippenberg 2004: 123). Numa palavra, parece que o líder é o fator fundamental que *faz* o grupo, ou, pelo menos, que faz a sua eficácia, ainda que ninguém tenha uma exata perceção do que faz a eficácia propriamente dita do líder (Hartley 1997: 90-91).

É verdade que existem alguns indícios, já que o desempenho de um papel se avalia pela forma como o indivíduo que o assume se adapta às circunstâncias do grupo. Há comportamentos comunicativos que os bons líderes assumem e que vão desde a forma como falam, interrogam e respondem aos comportamentos não verbais ou ao estímulo dos outros. A liderança não está necessariamente associada ao discursar bem, ao falar muito, ou, até, à própria eficácia em determinadas tarefas – certos líderes são um desastre a lidar com burocracias, por exemplo. Está, sim, na forma como se consegue incentivar os comportamentos que melhor permitirão ao grupo atingir os seus objetivos. Compete a qualquer líder implantar os melhores procedimentos para a execução de objetivos e de tarefas, zelando ao mesmo tempo pelo bem-estar de todos os membros, promovendo as boas relações e comunicações. Socialmente, quem lidera tem de ser capaz de incentivar relações amistosas, tanto em relação à sua pessoa como aos restantes membros do grupo (Hartley 1997: 105-107).[27]

Tradicionalmente, distinguem-se dois estilos de liderança, que não devemos avaliar apressadamente como positivos ou negativos: o *democrático* e o *autoritário* (ou *autocrático*).[28] O primeiro carateriza-se sobretudo por procedimentos de consulta ao grupo antes de qualquer tomada de decisões. Há uma dinâmica mais igualitária, em que todos participam nas tarefas e na discussão, mas também um condicionamento das decisões, que só podem ser tomadas por votação (e, por conseguinte, se não forem unânimes, deixarão sempre uma minoria insatisfeita),

---

[27] As caraterísticas descritas por Hartley seguem o modelo de Peter L. Wright (1995) *Managerial Leadership*, Londres: Routledge, completado em Peter L. Wright e D. S. Taylor *Improving Leadership Performance: Interpersonal Skills for Effective Leadership*. Hemel Hempstead: Prentice Hall, 1994, 2.ª edição.

[28] A distinção, que pode ser novamente encontrada em Hartley (Hartley 1997: 96-97), é inspirada em R. K. White e R. Lippit, *Autocracy and Democracy*, Nova Iorque: Harper, 1960.

ou, mais raramente, por consenso. Não é um papel solitário e isolado, uma vez que, nos efeitos positivos, se verifica que o grupo está capaz de trabalhar sozinho mesmo quando não existe liderança. Os seus membros evidenciam um alto grau de satisfação, tornando-se assim o grupo um fator de estímulo e de autoconfirmação. Se pensarmos em como gostamos de apresentar ideias num trabalho de grupo, de ver como elas tomam forma, se nos lembrarmos do que acontece nas equipas de trabalho voluntário, que muitas vezes se baseiam na boa-vontade e na motivação e, por isso mesmo, não possuem estatutos hierárquicos que autorizem relações de poder, compreendemos como este tipo de liderança pode ajudar os membros a sentirem-se bem consigo mesmos.

Ao invés, num estilo autoritário, compete a quem lidera distribuir tarefas, mas não necessariamente participar nelas. De um certo ponto de vista, esta dinâmica aumenta a produtividade, sobretudo em grupos pragmáticos. Fixados os objetivos e as estratégias para os alcançar, os membros têm apenas de trabalhar para isso, o que farão com tanto mais afinco quanto é habitual criar-se uma certa rivalidade, tanto no exterior como no interior do grupo – aquilo que chamaríamos "espírito de competição". Seguros das suas incumbências em cada um dos outros papéis, procuram suplantar-se uns aos outros, numa tentativa de se autovalorizarem aos olhos da "chefia". A tomada de decisões não é, obviamente, participada (a não ser no que toca à recolha de dados), recaindo sobre os ombros do/da líder, que também assume por si só a responsabilidade do insucesso. Grupos deste tipo apresentam com frequência um grau de satisfação menor dos seus membros, pelo menos no que toca às relações sociais, mas nem sempre um grau de solidariedade menor. O exército, por exemplo, não funciona de outra maneira, sendo mesmo impensável que qualquer subordinado questione decisões tomadas pelas pessoas que estão acima de si.

A distinção de estilos de liderança cruza-se com outra, ainda que não a acompanhe necessariamente: a distinção entre a liderança baseada no *poder*, por um lado, e na *popularidade*, por outro (Argyle 1972: 127). Com base no raciocínio que acabámos de desenvolver, a primeira surge com mais frequência em grupos dedicados a tarefas concretas, ao passo que a segunda é mais habitual em grupos sociais que se concentram em desenvolver as relações pessoais entre os seus membros. Uma escolha externa e *formal* – isto é, a distribuição do papel de líder por uma instância externa ao grupo – resulta numa obrigatoriedade dupla: líderes deste tipo têm de ser, ao mesmo tempo, poderosos e populares. Se, pelo contrário, a escolha vier do interior do próprio grupo, a questão do poder torna-se mais problemática – porque o poder é justamente concedido pelo próprio grupo, que a todo o momento o poderá retirar. Líderes destes, que chamaremos *informais*, têm todo o interesse em ser, pelo menos, populares...

Podemos portanto constatar que a capacidade de gestão do grupo, por muito importante que seja, resulta num bom gestor (ou gestora), não necessariamente em liderança. O *quid* extra que faz a diferença parece poder resumir-se na seguinte formulação: reconhecemos a liderança eficaz na pessoa que é capaz de determinar um rumo (a longo, médio e curto prazo), de associar a esse rumo pessoas eficazes, experientes e detentoras do conhecimento necessário, de as inspirar e motivar para ultrapassar obstáculos e, por fim, de as levar a mudar o *status quo*, seja ele problemático ou não, para melhor (Kotter 1996: 26). O traço essencial – que podemos considerar uma espécie de revisão do conceito de carisma acima referido – será o dom da "visão" para o futuro (cf. Lowney 2006: 19-31), no fundo o que leva um grupo à "cultura de excelência".[29]

É bom lembrar ainda que, às vezes, a identidade de género tem o seu peso, uma vez que as mulheres parecem ser mais eficazes em incumbências do segundo tipo, isto é, as que decorrem da socialização no interior do grupo (Hartley 1997: 107). Atualmente, tornou-se estranho recomendar que se deve ser "direto", "objetivo", "afirmativo" para obter sucesso e reconhecimento, porque tal equivale implicitamente a um modelo masculino de interação verbal, já obsoleto e ineficaz no mercado de trabalho dos nossos dias (ver Cameron 2003: 454 e 458-459). Por outro lado, apontar a "natural" tendência feminina para a empatia como a base da "nova" comunicação profissional, que se tornaria assim mais eficaz, contribui também para promover um novo estereótipo, pelo menos tão machista quanto o anterior (Barrett e Davidson 2006: 2-3, Cameron 2003: 458). Esta divisão obedece em parte aos preconceitos já discutidos, pelo que seria ilógico defender-se que as líderes criam grupos cuja interação assenta nas boas relações, que são afetivamente orientados para as pessoas, colaborativos, conciliadores, ao passo que os líderes constituem grupos orientados para as tarefas ou os resultados, confrontacionais, competitivos, autónomos, agressivos (ver Holmes e Stubbe 2003: 574; cf. cap. 2, 2.5.3.). A avaliação de um grupo não pode reduzir-se a tão pouco, para além de favorecer um outro preconceito muito questionável, segundo o qual uma mulher em posição de

---

[29] Os conceitos de *visão* e de *cultura de excelência*, criados por T. J. Peters, e R. H. Waterman na obra *In Search of Excellence*. Nova Iorque: Harper and Row, 1982, têm sido objeto de muita discussão que, por englobar fatores bem mais vastos que os da simples interação comunicativa no âmbito da gestão de empresas, não discutiremos aqui.

líder teria mais possibilidades de sucesso se adotasse um estilo masculino no seu comportamento e no seu discurso (Metcalfe 2006: 97).[30] Tal como no caso das competências e, sobretudo, da gestão de identidades, a identidade de género na interação profissional deverá assim ser vista como uma negociação de estratégias e de práticas comunicativas muito mais ampla do que a simples dualidade "masculino/feminino", em correlação com outras identidades grupais (Holmes e Stubbe 2003: 593; Barrett e Davidson 2006: 14).

A eficácia de qualquer líder, tal como a dos grupos, define-se, por fim, em termos culturais: os estilos de liderança têm de estar de acordo com o que se pratica no interior e no exterior do grupo. Por exemplo, uma empresa habituada a uma liderança autoritária pode não conseguir trabalhar sob uma liderança democrática, e vice-versa. É muito provável, porém, que tal resulte da própria perceção interna, isto é, da maneira como vemos o funcionamento do nosso grupo. A maioria das pessoas encara a liderança como uma forma de poder subjacente à hierarquia, ideia obsoleta num mundo em democratização acelerada, mas também confunde com toda a facilidade um grupo sem líder com uma célula anarquista e ingovernável. Na verdade, estas ideias assentam em preconceitos sobre a dinâmica do grupo, não tendo portanto em conta as capacidades extraordinárias que até os indivíduos menos experientes possuem para trabalhar em conjunto. É preferível então substituir a imagem tradicional sobre liderança e relações de poder por uma perspetiva sobre as relações de coesão e solidariedade características do grupo, visto ao invés como uma equipa. Neste âmbito, todos os papéis são essenciais, o que implica a subversão das hierarquias, ou, pelo menos, o seu aplanamento. Basta pensar que uma boa equipa de futebol não pode dar-se ao luxo de dispensar um só dos seus jogadores – se isso é evidente em todas as situações para o guarda-redes, torna-se óbvio no caso dos médios e avançados, dos pontas de lança, dos trincos, etc., quando consideramos diferentes estratégias de jogo.

Atualmente, defende-se de preferência o conceito de SDT ("*self-directed teams*"), em que, mais do que grupos, temos equipas que assumem a responsabilidade total por uma tarefa e possuem elevada autonomia na tomada de decisões e na forma como organizam o seu trabalho diário (Hartley 1997: 178-179). São cada vez mais, aliás, os grupos que optam por resolver problemas através de

---

[30] Eventualmente, existe uma maior "agentividade" ("agency") no discurso masculino, por oposição a uma maior tendência comunitária ("communality") no discurso feminino, ainda que tal não se reflita de forma taxativa nos estilos de liderança (Carli 2006: 70-71).

decisões negociadas, ou por compromisso ou por consenso (Trenholm 2001: 166-169), eventualmente com aceitação de liderança cooperativa ou, até, rotativa. Isto implica redefinir o papel de líder, que não mais será gestor, organizador, coordenador e autoridade, acumulando papéis e funções que, mais tarde ou mais cedo, entram em conflito, ou suscitam ambiguidade, ou se tornam mesmo incompatíveis. No máximo, se liderança existe, serve para incentivar desenvolvimento de um ritmo de trabalho próprio do grupo (Hartley 1997: 179). Implica também, de alguma maneira, que a vertente social no seio do grupo se torne até mais importante do que a pragmática. Implica, acima de tudo, que a comunicação interna reflita o estatuto igualitário e interdependente de todos os seus membros (ver Williams 2002: 36-40). A ligação entre a nossa posição relativamente aos outros membros e a maneira como comunicamos no interior do grupo torna-se, por conseguinte, mais do que evidente.

3. Comunicação intragrupo

3.1. *Redes de comunicação*
Tendo em conta esta dinâmica, compreendemos agora melhor que a comunicação num grupo restrito envolva díades no seu interior, o que é uma das partes mais significativas da comunicação intragrupo (cf. novamente Littlejohn 1982: 205). Como já foi várias vezes sublinhado, há que considerar, por um lado, a *participação* de cada membro e, por outro, a *interação* que desenvolve com todos e com cada um dos outros. Se a participação corresponde ao contributo comunicativo, já a interação corresponde à relação social propriamente dita (Dimbleby e Burton 2005 [1985]: 113). O conjunto permite-nos perceber, quer pelos sinais verbais, quer pelos não verbais, quais são os membros que têm mais influência nos destinos e na dinâmica do grupo, quais são os membros mais apagados, quais são os que falam mais e os que são mais escutados (o que nem sempre é coincidente), quais são os que fazem mais e cujo trabalho é mais valorizado (novamente aqui, sem coincidência obrigatória).

Numa panorâmica genérica de uma rede funcional, quando alguém toma a palavra, todos os membros do grupo interagem com esse alguém, fornecendo *feedback* de confirmação ou de negação, ainda que nem sempre de forma direta. Se houver audição interativa, o grupo incentiva o relacionamento amistoso, além da gratificação pessoal. O facto de sermos ouvidos é percebido como uma forma de o grupo valorizar o nosso contributo e, por conseguinte, de nos valorizar também enquanto indivíduos. Pelo contrário, num grupo disfuncional, certos membros podem fornecer *feedback* negativo ou nulo, ou ainda estarem envolvidos em formas de comunicação paralelas, o que nos devolve uma imagem negativa. As reuniões de um grupo de trabalho constituído por estudantes podem comprovar isto mesmo. Assim, enquanto uma das raparigas (A) apresenta a sua posição, ou fornece dados, ou resume os trabalhos do grupo, desempenhando um papel pragmático, dois colegas (B e C) estão a prestar atenção e manifestam-no através do olhar atento e de acenos de cabeça, que tanto podem significar aprovação quanto desacordo, o que corresponde a um papel social. Contudo, outras duas colegas (D e E) podem estar a trocar bilhetinhos, sorrisos ou olhares cúmplices, a bocejar, a olhar para o teto ou a trocar mensagens de telemóvel, entre si ou com outros, ocupando-se portanto dos seus interesses pessoais. Os contributos de cada um destes cinco membros são claramente distintos, sendo pelo menos dois dos papéis referidos individuais e disfuncionais.

Mesmo abstraindo de episódios deste último tipo, a verdade é que a participação comunicativa nos grupos não é igualitária, isto é, os membros do grupo não falam todos o mesmo número de vezes entre si, ou para o grupo, nem falam durante períodos de tempo idênticos. Necessariamente, a interação daí resultante também não é idêntica. Retomando o caso referido, a estudante A terá, com toda a probabilidade, uma interação mais desenvolvida com os colegas B e C, que, por sua vez, poderão sustentar entre si uma interação muito menos próxima do que a que D estabelece com E. Se é verdade que, a haver grupo, tem de haver também uma espécie de cruzamento de díades interpessoais entre todos os seus membros, mesmo assim poderemos medir o número de vezes em que cada membro (A, B, C, D ou E) fala com cada um dos outros para imediatamente percebermos que a comunicação intragrupo não é de todo simétrica. Por exemplo, A pode falar 6 vezes para o grupo todo, 3 com B, 2 com C, e 1 com D e com E; D pode falar 1 vez para todos, nenhuma para B, 2 para C e 8 para E, E pode não falar nunca para o grupo todo, apenas 2 vezes para D e 1 vez com A, etc. Tudo indica portanto que o elemento com mais interações será A, possivelmente também o membro mais participativo. Não é seguro, apesar das aparências, que lhe caiba também a liderança, porque será necessário avaliar ainda a qualidade dos seus contributos. Se 80% corresponderem a anedotas, não projeta certamente uma imagem credível para esse papel, para já não mencionar o facto de ser um membro disfuncional. Convém, por fim, assinalar que um grupo deste tamanho admite uma rede com dez díades distintas e setenta e cinco interações comunicativas com mais do que dois membros do grupo, ou seja, um potencial comunicativo explosivo, de funcionamento bastante complexo (Adler e Rodman 2006: 277).

A maneira como nos organizamos em rede admite variações adaptáveis ao contexto, à dimensão do grupo, à forma como trabalha e, sobretudo, às idiossincrasias de cada indivíduo. Grupos em que os membros têm estatutos semelhantes funcionarão, de preferência, em círculo ou em estrela, isto é, uma rede em que todos podem, em teoria, comunicar com todos (Figuras 1 e 2). Já grupos fortemente hierarquizados girarão em torno de um membro-pivô, geralmente o líder, que controlará as ações do grupo, mas também as tomadas de palavra. Estas são as redes centralizadas (Figura 3) ou em pirâmide (Figura 4). Entre estes dois extremos, podem ainda existir as comunicações em cadeia ou em Y (Figuras 5 e 6).[31]

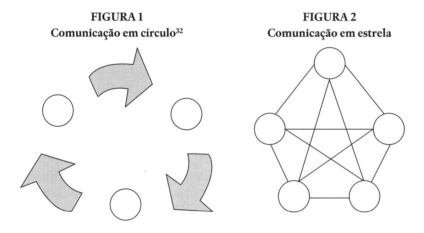

FIGURA 1
Comunicação em círculo[32]

FIGURA 2
Comunicação em estrela

---

[31] Não estabelecemos aqui uma distinção taxativa entre grupos e organizações, a não ser no que toca à dimensão (ver 1.3.). Também esquematizamos em exclusivo as comunicações pelos canais oficiais, deixando de lado os informais ou oficiosos (boatos e jogos de bastidores, por exemplo). Em contrapartida, adaptamos diferentes modelos de comunicação intragrupo, para abrangerem um leque tanto quanto possível amplo de situações (ver Dimbleby e Burton 2005 [1985]: 135-136; Beebe *et alii* 2005: 205-207; Adler e Rodman 2006: 277-279; Freixo 2006: 193-197). Uma resenha das teorias mais antigas sobre redes de comunicação em grupo pode ser encontrada em Haslam 2004: 81-83.

[32] Em todas as figuras, o sinal das flechas indica a direção das comunicações, verificando--se por isso que nem sempre existe verdadeiro intercâmbio. O esquema não permite distinguir as situações diádicas das situações em que se fala para o grupo, admitindo-se por defeito que as mensagens são ouvidas por todos. Excluem-se apenas, por dificuldade de representação, as comunicações em que um membro do grupo fala apenas para uma parte do grupo (ou voluntariamente, ou porque alguns não lhe prestam atenção), bem como os conteúdos.

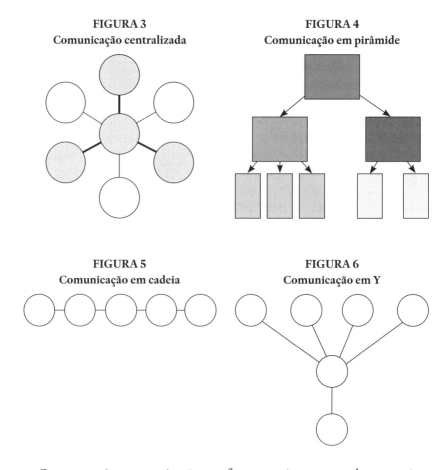

FIGURA 3
Comunicação centralizada

FIGURA 4
Comunicação em pirâmide

FIGURA 5
Comunicação em cadeia

FIGURA 6
Comunicação em Y

Grupos restritos e organizações configuram assim as suas redes comunicativas em consonância com ditames externos ou internos, em particular com os seus objetivos (ver Freixo 2006: 195). Uma organização de uma centena de pessoas não consegue funcionar em círculo ou em estrela (cf. novamente Figuras 1 e 2), pelo simples dispêndio de tempo que isso levaria, por muito que gostemos do incentivo à participação que estas redes suscitam. Preferencialmente, encontramos aqui redes centralizadas ou em pirâmide (Figuras 3 e 4). Mesmo em pequenos grupos, como os que encontraríamos numa traineira, por exemplo, as comunicações funcionam obrigatoriamente em pirâmide, sob pena de a casa das caldeiras explodir, o leme desgovernar e o barco andar à deriva até bater num obstáculo, com o inevitável naufrágio que se seguiria. Daí que o comandante – nitidamente um membro A-seja o senhor supremo a bordo depois de Deus, como é bem sabido.

Por outro lado, um grupo de três ou quatro membros não ganha muito se funcionar em cadeia (Figura 5), a menos que pretenda escalar uma montanha, caso em que o próprio espaço obriga a que a comunicação assim se organize. Finalmente, uma corrida de Fórmula 1 exige a organização em Y (Figura 6), quanto mais não seja porque o piloto não pode ser bombardeado com perguntas, respostas, informações e contra-informações por parte dos mecânicos enquanto conduz o seu bólide a mais de 300 km à hora.

Não devemos pois partir do princípio de que apenas as redes em círculo ou em estrela são positivas, pelo simples facto de serem também as mais democráticas, ou por facilitarem, na aparência, as comunicações intragrupo. Na verdade, as assimetrias inevitáveis mostram que tomar a palavra não decorre automaticamente da possibilidade teórica de o fazer. Sabemos isso só pela nossa experiência escolar, já que todas as turmas têm membros mais afoitos e outros mais tímidos, sendo então necessário, mas nunca suficiente, recorrer a estratégias para controlar os primeiros e encorajar os segundos, com o objetivo último de garantir uma certa equidade.

3.2. *Estratégias*

Existem muitas estratégias possíveis para realizar projetos, resolver conflitos e ultrapassar dificuldades, ligadas a técnicas de comunicação e de interação comunicativa. Algumas são mais adequadas à discussão de problemas, como é o caso do *brainstorming*, outras tornam-se cruciais no momento da tomada de decisões (consenso, votação, decisão executiva), outras ainda constituem verdadeiros protocolos regulamentados, que conduzem o grupo desde a enunciação do problema à implementação da solução no terreno. Todas e cada uma, tal como os papéis, são adequadas ou não aos contextos dos grupos, ainda que os problemas de algumas resultem não das estratégias em si, mas antes de serem mal aplicadas, ou mal coordenadas.[33]

Desde logo, uma das técnicas para gerar ideias que goza de muita popularidade, ainda que nem sempre seja bem entendida, consiste no chamado *brainstorming*, uma forma de associação e expressão de pensamentos que, por ser totalmente espontânea e não sujeita a avaliação, encorajaria a criatividade

---

[33] Apresentam-se aqui apenas alguns exemplos comentados. Para outras estratégias ou técnicas de funcionamento do grupo, ver Trenholm 2001: 207-210.

e a produtividade.[34] No entanto, por paradoxal que pareça, exige regulamentação para produzir resultados. Assim, na fase inicial, que não durará mais de 10 minutos, os membros devem produzir tantas ideias quantas as possíveis, podendo inclusive desenvolver ideias alheias (Hartley 1997: 10-11). É legítimo, por exemplo, aproveitarmos a ideia de um colega para organizar um festival de música popular para propormos que seja contratado o Quim Barreiros e se faça também uma homenagem. Nesta fase, não pode haver qualquer avaliação ou censura (inclusive não verbal...) por parte dos outros membros.[35] No entanto, o processo não pode alongar-se, já que há o perigo de o grupo se dispersar no entusiasmo da sua própria criatividade.

Pelo lado positivo, o *brainstorming* é um excelente meio para desbloquear a comunicação e a livre circulação de ideias. Pelo lado negativo, que surge sobretudo quando a técnica é mal aplicada, há o perigo de suceder exatamente o oposto, já que certos indivíduos isolados produzem também muitas ideias (e por vezes melhores), auto-avaliando-se antes de apresentarem "o que primeiro lhes vier à cabeça" e poupando com isso tempo precioso ao grupo. Existe ainda a tentação de "deixar o trabalho para os outros", especialmente aguda em pessoas com baixa autoestima ou elevada preguiça, o receio de uma avaliação negativa, mesmo implícita, que pode inibir os participantes e, por fim, a dificuldade em seguir as ideias dos outros ao mesmo tempo que se elaboram as nossas. Tudo isto faz-nos compreender que, tal como a democracia, a liberdade da técnica implica muito treino e experiência, além de uma liderança segura, se quisermos que seja realmente eficaz (Hartley 1997: 14-15).

É por isso que o *brainstorming* é uma técnica para uma situação muito específica, mas não um procedimento comunicativo global, o que, pelo contrário, encontramos na estratégia dita *estruturada*. Neste caso, o grupo segue um protocolo ou agenda de que constam vários passos obrigatórios. Qualquer decisão que um grupo tenha de tomar começa por uma correta identificação do problema, seguida de uma análise sob todos os ângulos (pelo menos, todos aqueles de que os membros do grupo se conseguirem lembrar). Estes dois passos são seguidos tendo em conta, evidentemente, o objetivo principal do grupo, mas também as

---

[34] O conceito, também apelidado de "tempestade cerebral", foi originariamente avançado nos anos 50 por A. F. Osborn, in *Applied Imagination*. Nova Iorque: Scribner's, 1958 (ver Hartley 1997: 10 – 12 para uma apresentação, e pp. 12-16 para uma discussão crítica).

[35] É de todo impossível cumprir esta condição, pelo menos se tivermos em conta os sentidos implícitos (ver cap. 1, 1.3.3.). Com efeito, o simples facto de aproveitarmos uma ideia alheia para a melhorar ou modificar é uma forma subentendida de a avaliar.

competências de que dispõe, já que os conhecimentos privilegiados deste ou daquele membros poderão constituir informação vital. Num problema como o da fotocopiadora avariada visto em secção anterior, por exemplo, ajuda bastante que um dos membros tenha já falado com o técnico que a veio reparar e tenha averiguado o que envolve o conserto da máquina.

O passo seguinte é o do conhecimento dos critérios de configuração da solução, ou, melhor dizendo, das condicionantes. No mesmo exemplo, saber se existem verbas disponíveis é crucial, porque só assim se poderá tomar uma decisão sem correr o risco de ter de voltar à estaca zero, quando o grupo se der conta de que a compra da fotocopiadora nova não é viável. Só no momento de formulação propriamente dita das soluções é que o grupo pode utilizar a técnica de *brainstorming*.[36] Convém, de preferência, que haja mais do que uma solução possível, ou melhor, que os membros do grupo sejam capazes de encontrar alternativas. Por fim, tendo sido selecionada uma solução, o trabalho do grupo só estará completo se esta for implementada com sucesso e reavaliada pelo grupo (Adler e Rodman 2006: 297-299).[37]

Na maioria dos grupos com estatuto oficial numa organização (Conselhos, Assembleias, Direções), seguimos intuitivamente este protocolo, uma vez que o problema é geralmente apresentado por quem coordena a reunião, e os membros do grupo se manifestam, de acordo, aliás, com informações e opiniões, que vão sendo dadas, à vez, pelos que já o analisaram ou que têm dados relevantes. Deste "período de discussão" surgem em geral duas ou três propostas alternativas, que serão votadas, ou uma que reune o consenso geral, ou, nos casos mais complicados, a constatação de que o grupo não tem informação suficiente para poder decidir. Ressalvando esta última hipótese, o grupo passará então à aplicação da proposta vencedora. Até no seio de um grupo de amigos que organiza os seus planos para férias podemos encontrar uma aproximação deste procedimento. Uma pessoa pode lançar o debate, perguntando *E este ano, sempre fazemos férias juntos? Onde é que querem ir?* Vários outros falarão em seguida sobre as suas preferências, darão razões para este ou aquele destino, outros poderão contrapor objeções, inconvenientes, ou dar o seu apoio entusiástico – *Isso é muito longe/muito*

---

[36] Note-se que, contrariamente a uma crença muito divulgada, a técnica não surge na fase inicial, apenas é utilizada quando os membros do grupo já têm algumas balizas para conduzir a discussão.

[37] Este protocolo, conhecido como *"standard agenda"*, decalca os passos do raciocínio individual que todos pomos em prática quando confrontados com um problema e é inspirado nas ideias de John Dewey in *How we think*. Lexington MA: Heath, 1910 (*apud* Trenholm 2001: 203-205).

caro/muito perigoso/Já lá fui/Eu sempre quis ir ao Japão!.... Por fim, surge a pergunta *Ora vamos a votos?* Ou *Tá toda a gente de acordo?* O grupo passará então à fase de concretização do projeto, ou seja, à parte prática, onde pode, aliás, vir a repetir o mesmo protocolo quanto à distribuição de tarefas, calendarização, etc.

É ainda possível optar por outras formas de funcionamento, de acordo com o próprio tamanho de grupo. O protocolo que vimos adapta-se bem a um grupo restrito, mas um *brainstorming* com uma dúzia de pessoas a despejarem as suas ideias na mesma sala pode tornar-se avassalador e contraproducente, ou, ao invés, causar um efeito inibidor, que é o de nem todos falarem, porque o simples número de pessoas que nos vão ouvir é intimidatório. Nestas circunstâncias, o grupo pode optar por uma estratégia alternativa, dita *nominal*, que fomenta contributos igualitários de todos. Depois de uma explicação prévia sobre o problema, cada membro analisa-o, ou individualmente, ou em subgrupos mais pequenos, fornecendo, de preferência por escrito, hipóteses de solução. As propostas serão apresentadas, discutidas e avaliadas por todos. A estratégia favorece a interação, mas também a coordenação comunicativa, já que permite obter a participação de todos, diferir as reações e evitar que as pessoas se sintam ofendidas. Cada membro procede então a uma seriação das propostas, optando no final pela que reunir mais preferências, novamente por votação ou por consenso (Hartley 1997: 144). Outras variações incluem o diferir da própria discussão, uma vez que o grupo não necessita de estar reunido na mesma sala para que cada membro reflita sobre o problema. Aqui, os membros do grupo recebem questionários, sendo as respostas coligidas e enviadas a todos, para apreciação. O processo é repetido até que comece a emergir uma solução dominante, resultado dos contributos de todos, mas cuja responsabilidade caberá, em princípio, a quem dirige o grupo, sendo portanto objeto de uma decisão executiva (Haslam 2004: 108).

Se todas estas possibilidades nos parecem familiares, é justamente porque são universais em muitas estratégias pedagógicas, ou seja, porque todos as experimentámos enquanto alunos. De certeza que, no contexto da sala de aula, fomos muitas vezes colocados, ou individualmente, ou em pequenos grupos, perante um problema ou uma experiência. Os resultados obtidos terão sido analisados e, de seguida, discutidos por todos, sob a supervisão do professor ou professora. Em alternativa, também nos terá sido marcada com antecedência a tarefa de ler e analisar um texto, pesquisar um conceito ou fazer exercícios preparatórios para apresentação e discussão posterior na aula. Admitindo que tudo tenha corrido bem – em bom português, que tenhamos feito esse malquisto trabalho de casa – terão surgido resultados palpáveis. Assim, um debate sobre um tema filosófico terá resultado num documento para resumo das conclusões, um conjunto de exercícios de Matemática na compreensão de um teorema, uma experiência sobre energia eólica na construção de um pequeno moinho, etc.

A grande variedade de projetos e tarefas que os grupos conseguem executar dá-nos desde logo a ideia de que não existe uma única estratégia ou técnica que garanta o sucesso da cooperação. Mesmo que algumas técnicas possam ser transversais, a verdade é que cada grupo molda o seu funcionamento às personalidades dos seus membros e ao objetivo que os une. Por outras palavras, cada grupo desenvolve estratégias de comunicação e de cooperação diferentes, necessariamente adaptáveis às circunstâncias, ainda que, no seu interior, também haja uma certa previsibilidade nos padrões comunicativos. Podemos assim afirmar que a dinâmica e a interação comunicativa são as vertentes indissociáveis que configuram a estrutura interna do grupo e, por essa via, a sua coesão.

4. Coesão e conformação: os riscos dos grupos restritos

A coesão do grupo assenta no facto de todos sentirem que lhe pertencem e que partilham algo, nem que seja simbólico (ver Hartley 1997: 20-24). Partilha e pertença traduzem-se numa espécie de identidade coletiva, fundada numa história e num destino comuns, precisamente o que cria nas pessoas uma união mais forte e duradoura. Basta pensar, aliás, no que fundamenta a maioria dos nacionalismos ou nos discursos justificativos de ocupação de territórios para perceber o que acontece, em escala mais pequena, com os grupos restritos. Tal como um país se revê nas suas conquistas (territoriais ou culturais), uma equipa pode rever-se nas taças e medalhas colecionadas na sede do clube e esforçar-se por ser digna desse passado glorioso, ainda que se trate de uma coletividade tão modesta como a dos jogadores de sueca de um pequeno bairro, ou tão jovem quanto uma patrulha de lobitos.

Se a confirmação identitária é, por um lado, condição essencial da integração num grupo e, consequentemente, da sua coesão, por outro, exige um comportamento de *conformação* de todos os membros (Beck *et alii* 2005: 236), particularmente agudo quando se integra um novo indivíduo num grupo já formado. É o que acontece entre estudantes, num gangue de marginais ou em regimes de internato, uma vez que os neófitos procuram imitar, às vezes de forma inconsciente, os maneirismos dos outros, guiando-se pelos que detêm posições hierárquicas mais elevadas e, numa fase inicial, exagerando mesmo os sinais externos de pertença ao grupo. O processo é faseado, iniciando-se pela *aceitação passiva*, prosseguindo com a *identificação* e consumando-se na *interiorização* (Argyle 1972: 124-125).

O contexto universitário ilustra perfeitamente esta evolução nas chamadas *praxes*. Vemos aí que os caloiros se sujeitam sem protestar a um certo número de dissabores rituais, muitas vezes humilhantes do ponto de vista físico e psicológico, que supostamente servem para os integrar no grupo. Mesmo os que se revoltam, recusam, ou simplesmente desaprovam, chegam a perguntar *Então e o que é que eu tenho de fazer para não ser praxada?* o que, em certa medida, é já uma conformação à cultura do grupo, uma vez que se solicita a quem o dirige autorização para não lhe pertencer. Na fase da identificação, sobretudo visível nos mais adaptáveis, os próprios caloiros assumem os comportamentos do grupo, usando o traje académico, discutindo as regras da praxe e participando nas reuniões do grupo (por exemplo, comparecendo a uma hora combinada num dado local, justamente para ser... sujeito à praxe). Por fim, a interiorização torna-se evidente quando, no ano seguinte, o ex-caloiro faz voluntariamente aos novos colegas o que lhe fizeram a si, perpetuando portanto os comportamentos que assinalam para o exterior a especificidade única do grupo.

Existem marcas linguísticas muito concretas deste processo de integração no uso da gíria estudantil, variação linguística de tipo diastrático que assinala a identidade coletiva para os "de fora", os "outros", e apresenta um caráter aglutinador que fomenta a união dos membros, excluindo os que não a dominam. Um novo membro, isto é, um caloiro, cuja pertença ao grupo se está a iniciar, não domina todos os termos, além de que usa os que conhece com uma certa autoconsciência. Posteriormente, quando passar a *pastrano*, isto é, puder usar a pasta, passará a integrá-los no discurso, de tal maneira que já nem se dará conta da diferença, ainda que a sua competência pragmática, se estiver apurada, lhe dite as situações em que pode e aquelas em que, ao invés, não deve partilhá-los com outrem. A evolução da gíria acompanha assim *pari passu* a conformação aos comportamentos do grupo.

Não existe portanto coesão sem uma certa dose de conformação, o que será tanto mais gratificante quanto o estatuto identitário conferido ao indivíduo se torne por essa via prestigiado e prestigiante (Argyle 1972: 119). Profissões onde a formação comporta uma componente "iniciática" (caso da recruta no exército, ou da fase de "interno" na carreira médica), por exemplo, favorecem a construção de uma identidade social específica, de tipo "profissional", que pode ir até ao sentimento de pertença a uma élite e, por arrasto, à de uma diferenciação marcada dos outros (Argyle 1972: 65). Não obstante, podem surgir alguns problemas, sobretudo quando somos obrigados a uma alteração demasiado violenta da nossa individualidade. Muitas situações de pressão externa sobre os membros redundam em efeitos funestos, pelo que é necessário avaliar a identificação coletiva e a conformação aos ditames do grupo, confrontando vantagens e inconvenientes. Renunciar ao fim de semana para sair com a patrulha de escuteiros, levantar de madrugada para obedecer às regras da comunidade religiosa ou esconder a cara por detrás de um véu para não chocar os parceiros de negócios são exemplos de mudanças de comportamento que podem ser positivamente avaliadas, não apenas por reforçarem a coesão grupal, como também por facilitarem os objetivos coletivos através do assumir de uma face conciliatória (cf. cap. 2, 3.2.). Assassinar um transeunte, torturar um colega ou mutilar-se para conseguir ser aceite num grupo são extremos em tudo diversos. A conformação implica então uma pressão intolerável, porque nos obriga a violentar os nossos valores, as nossas crenças, a cometer atos ilegais, ou, a nível afetivo, obriga ao corte de laços com tudo o que nos definia até aí, inclusive outros grupos. É o que acontece em certas seitas, quando uma pessoa fica *alienada*, ou seja, no sentido etimológico, se torna *outra*, com todas as funestas consequências psicológicas que isso acarreta. Numa espécie de caricatura perversa do processo de conformação, as pessoas são "recrutadas" por meios de estratégias persuasivas manipuladoras (bombardeamento de ideias, ofertas de ajuda, afetividade excessiva, conversas muito íntimas), depois identificam-se, não apenas com os ideais da seita, mas também com os seus métodos, e, por fim, passam a empregá-los conscientemente para recrutar novos membros.

O outro efeito pernicioso da conformação excessiva é o facto, não tão raro quanto isso, de alterar as perceções dos membros do grupo, o que afeta não apenas o juízo individual de que necessitamos para fazer diagnósticos críticos, mas também a capacidade para tomar decisões e para atuar da forma mais adequada. Como os grupos levam o indivíduo mais longe do que se estivesse isolado, encontramos então aqui a majoração do grupo no seu pior, como dissemos no início do presente capítulo. Por estranho que pareça, o grupo pode mesmo toldar as nossas capacidades, levando-nos até a duvidar do que vemos, ou, pelo menos, a afirmar o que o grupo diz que vê, ainda que tal não corresponda ao que temos diante dos olhos (ou sequer ao que pensamos).

Dos muitos erros históricos que são em parte consequência deste problema, destaca-se o desastre do vaivém *Challenger* em 1986. Apesar de sucessivas equipas terem detetado problemas técnicos, os responsáveis subestimaram os riscos, sobre-estimaram as possibilidades de sucesso e ignoraram os avisos mais evidentes, com a consequente destruição da aeronave e de toda a sua tripulação (Haslam 2004: 100). O fenómeno é designado como *"groupthink"*, expressão que traduzimos livremente por *pensamento de grupo*. Trata-se de uma consequência subvertida dos esforços que os membros levam a cabo para sustentar a coesão e que os leva a não comunicarem os seus pontos de vista, por mais reservas que possam sentir quanto a uma determinada solução (Janis 1982 [1971]: 35 e 9).

Grupos afetados por este problema exercem uma influência tão forte sobre o indivíduo que o levam a apoiar soluções desajustadas, erradas, ou mesmo catastróficas. No pensamento de grupo, os indivíduos, apáticos, cansados da discussão, com pouca capacidade para encontrar alternativas, ou apenas arrastados por um líder prestigiado, ou cuja competência ninguém questiona, colocam a unanimidade acima da eficácia, ou preocupam-se mais com o consenso do grupo do que com a solução propriamente dita. Em alternativa, podem estar tão confiantes na invulnerabilidade do grupo que não conseguem admitir erros, chegando até a racionalizar em excesso e a auto-censurar-se. Há mesmo indícios de que cada um deseja suplantar os outros para ser considerado como um exemplo prototípico da identidade coletiva, sacrificando portanto a eficácia à conformação. O processo inicia-se com a manifestação de uma qualquer tendência, que depois todos seguirão, não apenas confirmando-a, mas também extremando-a, efeito chamado de *polarização* (Haslam 2004: 103).

Um outro exemplo ilustrativo é o do caso Dreyfus, onde o pensamento de grupo explica provavelmente as sucessivas condenações do oficial do exército francês acusado de espionagem a favor da Prússia, às vésperas da I Guerra Mundial. Este efeito terá sido, aliás, favorecido por um espírito de corpo e de lealdade ao prestígio militar demasiado exacerbado, que terá toldado, se não o pensamento dos responsáveis, pelo menos as suas mensagens e atuações. Foi preciso que um membro *exterior* ao grupo emitisse uma mensagem distinta para que o grupo se visse obrigado a agir de outra forma, o que aconteceu quando o escritor Emile Zola confrontou o Estado francês com o seu manifesto "J'Accuse", acusando o próprio exército de conspiração e ocultação de provas. Esta é, aliás, uma das soluções preconizadas para libertar o grupo do excesso de conformação: a abertura ao exterior, a par do encorajamento das opiniões divergentes, ou, até, do trabalho em separado.

Nem todos os falhanços coletivos podem ser explicados pelo fenómeno do pensamento de grupo, existindo mesmo quem ponha em dúvida a análise tornada canónica de Janis (ver Haslam 2004: 102-103). No entanto, é indubitável que, em certos grupos, o excesso de coletivismo pode afetar todos os membros, numa espécie de contágio, se não do pensamento, pelo menos das suas mensagens verbais. O problema aumenta se o grupo ficar refém da manipulação por parte de alguém mais influente, o que veremos no capítulo seguinte.

CAPÍTULO 4

DO ORADOR PARA A AUDIÊNCIA:
A ARGUMENTAÇÃO NA COMUNICAÇÃO PÚBLICA

1. Componentes para uma definição

1.1. *Artifício e poder*
Até ao momento, a comunicação tem-nos surgido como um fenómeno *natural*, isto é, em que todos nos envolvemos por força da convivência com os nossos semelhantes. Assim é no que toca à comunicação diádica ou em grupo restrito, uma vez que, apesar de implicarem processos de aprendizagem, apresentam semelhanças com as formas de comunicação dos outros seres vivos, sobretudo se forem primatas como nós. No que toca ao terceiro tipo de comunicação, porém, há que fazer uma distinção, e não apenas porque nenhuma outra espécie a pratica. Para além de ser exclusiva do ser humano, a forma de comunicação que chamámos *pública* exige uma aprendizagem formal, com vista a obter determinados efeitos (Cameron 2000: 32). Corresponde então a um *artifício*, desenvolvido e difundido por alguns privilegiados com acesso à cultura ou a outras formas de poder simbólico, seja ele político, económico ou social. Além disso, transcende o domínio privado – que é, por definição, o da díade e, até certo ponto, o do grupo restrito –, para atuar num espaço público, em que a comunicação constrói o saber e a opinião das massas (Lilleker 2006: 172). Como consequência, a comunicação pública é, por excelência, a forma mais abrangente de influenciar as coletividades humanas.

É certo que todo o ato comunicativo implica, em certa medida, uma ação sobre outrem, da qual podemos estar mais ou menos conscientes. Por extensão, implica o exercício de um poder discursivo, que se aprende e se refina, mas que também, por outro lado, faz parte da essência da comunicação, pré-existindo em potência a qualquer dos seus episódios. Em parte, isto deve-se a que, se a comunicação é um fenómeno adstrito à cooperação harmoniosa entre seres humanos, não exclui numerosas situações em que divergimos na forma de fazer as coisas, precisamente o que desencadeia conflitos e discussões. Mesmo sem chegar a esse ponto, temos, em muitas ocasiões, de defender, contrapor, ou, até, impor o que pensamos ser mais adequado, em detrimento das ideias dos outros. Em suma, podemos dizer que todos os tipos de comunicação humana, sobretudo a verbal, convocam relações de poder.

Assim, torna-se obrigatório recordar o que vimos no âmbito da Pragmática, que é o facto de esse poder da linguagem, ao traduzir-se em atos ilocutórios, necessitar de um contexto "jurídico" que o valide. Ou seja, decorre de parâmetros irrepetíveis da situação de comunicação, como sejam o estatuto dos locutores, o tempo e o espaço, a relação sustentada, etc. (cf. cap. 1, 1.3.4.). Ora, qualquer situação em que um falante recorra à linguagem verbal, e, por extensão, qualquer episódio comunicativo em que tenha disso consciência contém intruções específicas dirigidas ao interlocutor, o que faz com que compreender uma mensagem seja também compreender por que motivo nos foi transmitida e o que devemos fazer com ela. Se conjugarmos estes dois pontos – a relação de poder por um lado, e o enquadramento específico, por outro –, podemos concluir que não existe comunicação, seja ela pública ou não, que não seja também um ato de argumentação.[1]

A diferença que existe entre os três tipos de comunicação consiste no facto de em nenhum contexto isso ser tão deliberado e obedecer a técnicas tão avançadas quanto no da pública. Com efeito, temos aqui um contexto preparado, ao serviço de um programa de intenções prévias, norteado pela criação ou pela modificação de comportamentos e hábitos que pretendemos sejam adotados pelos outros. Até a simples exposição de um assunto, ocorrência muito frequente em contexto escolar, terá por trás uma coloração argumentativa, no sentido em que influenciará a educação dos alunos. Qualquer informação dada numa aula está, em princípio, subordinada a uma formação, que acreditamos ser positiva, mas que poderia ser questionada em determinadas circunstâncias.[2] O que interessa,

---

[1] Retomamos aqui os princípios caros a Ducrot e também a Anscombre. Cf. Oswald Ducrot, *Le dire et le dit*, Paris, Minuit, 1984 e J.C. Anscombre e Oswald Ducrot, *L'argumentation dans la langue*, Bruxelles, Mardaga, 1983.

[2] A sociedade contemporânea ocidental não questiona sequer a utilidade da educação, mas não é essa necessariamente a perspetiva de muitas sociedades mais pobres. Mesmo em alguns países da Europa, incluindo Portugal, não tem sequer um século de desatualização o princípio de que as crianças são mais úteis a trabalhar no campo do que nos bancos da escola. Mais recentes são os princípios de "educação para a cidadania" ou de "educação para a democracia", que poderiam ter sido considerados subversivos nos anos 60, tal como hoje consideramos obsoleto educar apenas para acabar com a ignorância. Por outras palavras, seria ingénuo pensar-se na objetividade do projeto educativo da escola, ainda que as suas intenções sejam nobres.

para o caso, é que serve um objetivo, e que os meios usados funcionam como outras tantas formas da linguagem tornada ação. Se assim é, então faz sentido tratar todas as ocorrências da comunicação pública como macro-atos ilocutórios – episódios comunicativos em que, por definição, um orador ou oradora exercem conscientemente poder sobre os seus interlocutores.[3]

A componente didática e reflexiva da comunicação pública entronca naturalmente nesta dimensão de poder, exigindo portanto uma aprendizagem mais complexa do que a permitida pela mera observação, imitação ou interação com os nossos semelhantes. Não se trata de uma prática que decorra de maneira natural da socialização, mas que é construída para mover as massas, não sendo nunca espontânea, nem informal. Mais especificamente, é uma arte destinada a *persuadir* ou a *convencer*, ou, no termo consagrado, é a herdeira natural da Retórica tal como a Antiguidade Clássica a entendia (Robrieux 2000: 2). Isto mesmo pode ser comprovado pela sua história, ou, melhor dizendo, pela consciência dessa história, já que, também ao contrário dos outros tipos de comunicação, é a única a beneficiar de normativização desde épocas bem remotas.

1.2. *Uma história muito antiga*
No nosso conhecimento, as primeiras manifestações de "comunicação pública" – ou, por outras palavras, da Retórica – terão surgido no século V a.C., em Siracusa, a partir de reclamações apresentadas nos tribunais sobre terras usurpadas. Não possuindo nenhuma experiência de advocacia, os cidadãos comuns eram ensinados a defender as suas causas pelos Sofistas, que hoje podemos considerar como uma espécie de "profissionais da comunicação". Foram eles que nos deixaram muitos dos princípios de estruturação e apresentação das ideias, ainda hoje usados, mesmo que inconscientemente, nas apresentações formais e nos debates públicos. É o caso de algumas táticas argumentativas, como a de "considerar os dois lados da questão", ou ainda a de "pesar os prós e os contras" (Kennedy 1999: 98).

É significativo, porém, que estas estratégias do contexto jurídico tenham sido rejeitadas por Sócrates, de acordo com os registos legados por Platão. Uma vez

---

[3] A importância deste pressuposto é amplamente confirmada pelo facto de muitos modelos teóricos da *praxis* argumentativa partirem dos contextos institucionais para explicitar a força, o alcance, a eficácia, até as tipologias de argumentos utilizados nos discursos públicos (ver também 1.4.). É esse o ponto de vista assumido no presente livro, cujos fundamentos foram avançados no brevíssimo resumo sobre Pragmática (ver novamente cap. 1, 1.3.). Embora atuem em todos os tipos de comunicação, iremos adaptá-los agora a um contexto específico: o do orador perante a sua audiência.

que não passavam de manipulações da linguagem – na verdade, por serem muitas vezes uma mera exploração das deficiências da lógica linguística, como seria mais tarde demonstrado por Aristóteles, justamente o autor da obra *Retórica* –, prejudicariam o pensamento, a procura da verdade, a verdadeira sabedoria. De facto, em alguns textos de Platão, surgem sofistas que se orgulham abertamente de a sua arte permitir enganar os outros, o que talvez justifique, ainda hoje, não só as suspeitas com que olhamos para os advogados, mas também o descrédito que, ao longo dos tempos, tem sido associado à Retórica (Plantin 1990: 117-119; Robrieux 2000: 8-9). O problema que aqui se põe, que configura um dilema ético da própria comunicação pública, é o dos limites da associação entre Retórica e Teoria da Argumentação, duas faces da mesma moeda, divorciadas pela evolução do pensamento (cf. 1.3. e 1.4.).

Para melhor compreender esta evolução, convém estabelecer um paralelo entre conceitos no domínio da comunicação e conceitos no domínio da argumentação. No que toca aos primeiros, uma visão empírica algo ingénua separa a realidade física, por um lado, da linguagem verbal humana, por outro. A linguagem estaria assim subjugada aos fenómenos externos, sendo um mero veículo de transmissão que os deveria representar com toda a fidelidade, embora sofrendo necessariamente as modificações dos crivos culturais humanos e das configurações das próprias línguas. Neste pressuposto, a realidade pré-existiria à linguagem, ou seja, seria independente do ato de a comunicarmos. No que toca aos segundos conceitos, é pelo menos desde Aristóteles que se separa a argumentação *analítica* – associada mais tarde à lógica – da argumentação *dialética* – associada à retórica.[4] Este processo de separação identitária de duas argumentações distintas, se assim se pode dizer, consuma-se com o racionalismo cartesiano do século XVII.[5] Teremos doravante a Retórica enquanto arte da persuasão, que discute opiniões transitórias, claramente oposta a um pensamento racional, que

---

[4] Para uma explicação da associação algo abusiva entre argumentação analítica e lógica, ver Plantin 1990: 101.

[5] O ambiente científico do século XVII, por assim dizer, é bastante coerente neste aspeto. Não menosprezando o papel do revolucionário *Discurso do Método* de Descartes (1637), não será de esquecer que, no mesmo século, Antoine Arnauld e Claude Lancelot elaboram a *Grammaire Générale et Raisonnée* (1660), dita *Grammaire de Port-Royal*. Nela, todas as línguas (e daí a designação *gramática geral*) são explicadas através da razão, isto é, do raciocínio lógico. Como consequência, qualquer língua é vista como o reflexo de um pensamento sobre as coisas, necessariamente universal. Um segundo texto fundamental é *La Logique de Port-Royal* (1662), onde o raciocínio matemático é utilizado como modelo para os raciocínios em todas as outras áreas. Ambas as obras refletem assim nos seus princípios as separações mencionadas.

se procupa com princípios universais – o pensamento da Filosofia (Toulmin 1994: 23). As duas separações são, portanto, coerentes entre si: à crença numa realidade autónoma separada da linguagem, corresponde a defesa de um pensamento lógico, independente de manipulações retóricas. Como consequência natural, promove-se um sentimento de desconfiança em relação à Retórica, ao mesmo tempo que o papel da argumentação se torna progressivamente menos importante (cf. Perelman e Olbrechts-Tyteca 1996 [1958]: 575-576; Perelman 1993 [1977]: 21-22).

Recorde-se, ainda, que a *Retórica* de Aristóteles estabelecia já três géneros do discurso, conforme a situação comunicativa em que se produziam: o *deliberativo*, próprio do debate nas assembleias políticas, o *jurídico*, caraterístico dos tribunais, e o *epidíctico*, forma de elogio de personagens ou ideias que visava reforçar normas sociais e morais (Plantin 1990: 12). Dentro do mesmo princípio classificatório, que correlaciona género e contexto institucional, outros discursos virão a surgir mais tarde: o de exortação religiosa, o epistolar, o publicitário, o propagandístico (Plantin 1996: 8). Não é só na visão empírica que, ao longo dos séculos, estes discursos se mantiveram nitidamente separados do discurso da lógica formal. Às suas "subjetividades" dialéticas, sempre foi oposta a "objetividade" da *demonstração*, pelo menos tal como a Matemática a entende. De facto, não sendo uma *argumentação*, a demonstração é-lhe superior, em primeiro lugar por resultar de uma dedução baseada em axiomas, e, em segundo, por estes possuírem valor de verdade indiscutível, já que estão encerrados num sistema autosuficiente (Perelman 1993 [1977]: 29).

Algo de muito semelhante acontece no discurso das ciências, visto que, enquanto explicação da realidade pré-existente à linguagem, está subjugado à distinção entre verdadeiro e falso, utopicamente considerada como universal e intemporal. Retomamos aqui a questão da linguagem que se perspetiva como uma representação "transparente" da realidade, constituída por factos observáveis. Ora, se este é o ideal do discurso científico e lógico, não há aí lugar para a argumentação. Em termos mais simples, diremos que "contra factos não há argumentos". Por outro lado, as linguagens "coloridas" da Retórica, marcadas, aliás, pelas figuras de estilo e tropos que a estética literária nela foi incorporando, tornam-se suspeitas de distorcer os factos, visto que ou os transformam em ornamento, ou os colocam ao serviço de uma argumentação tendenciosa, que varia conforme o ponto de vista de quem a faz.[6] Com efeito, fiel às suas origens,

---

[6] O próprio encadeamento lógico de um raciocínio depende da associação permitida pela linguagem em que é feito (Plantin 1990: 25). Para a língua portuguesa, podemos constatar

a Retórica comporta ambiguidade e mudança, porque as posições dos oradores são, por definição, variáveis. Aqui, a argumentação não desaparece – apenas se torna contingente. Nesta ótica, a consequência para qualquer comunicação pública (debate, discurso político, defesa em tribunal, sermão) é a de ser depreciativamente considerada como artificial, manipulativa, em suma, "retórica" e "falsa" também (cf. Toulmin 1994).

1.3. *Dimensão teatral*

1.3.1. *Montagem do espetáculo*

Uma prova colateral da artificialidade retórica encontra-se no próprio Aristóteles, que ensinava aos seus alunos estratégias para convencer as audiências de uma ideia, o que envolvia sensibilizar pelo *pathos*, construir uma imagem credível do orador, de acordo com o *ethos*, ou criar uma argumentação racional baseada no *logos* (Kempf 2004: 29-32; cf. 4.). Além disso, também reconhecia a necessidade de explorar possíveis argumentações contrárias, justamente para que pudessem ser refutadas (Robrieux 2000: 11). Aos nossos olhos, torna-se um pouco difícil distinguir tais estratégias, com a sua óbvia construção artificial, das manipulações sofistas acima criticadas. Para todos os efeitos, vemos aqui os bastidores de um espetáculo montado para um público, que em nada fica a dever à teatralidade da comédia ou da tragédia.

Uma segunda prova colateral desta montagem é-nos dada pela organização das partes canónicas do discurso, estabelecidas igualmente pela Retórica grega.[7] A primeira, a *invenção* (*inventio, heuresis*), corresponde à procura das ideias e dos argumentos, à sua seleção e eventual rejeição. Já nesta primeira parte é visível que a própria pesquisa – a investigação dos dados, como diríamos hoje em dia – se norteia pela posição a sustentar, nobremente apelidada de *tese* nalguns

---

isto analisando as ligações que estabelecemos com conetores como *embora, se, quando* ou *tendo em conta que,* e a forma como o seu posicionamento afeta a construção da frase ou, até, do próprio texto. Uma prova adicional é dada pelo facto de conetores "equivalentes" em línguas diferentes não possuírem o mesmo peso argumentativo, o que impede uma tradução automática. Para uma compreensão sumária do uso dos conetores em contexto argumentativo, ver, entre outros, Moura 2005.

[7] Grande parte destes ensinamentos não é conhecido por via direta, mas sim pelos registos escritos que nos deixaram os romanos (cf. os dois mestres da retórica romana: Cícero, que escreveu *De Orator,* e Quintiliano, que nos deixou *De partitiones oratoriae*). Se pouco inventaram depois dos gregos, em compensação operaram uma fixação dos cânones da Retórica que atravessou toda a época medieval e o próprio Renascimento.

casos. A segunda parte, a *disposição* (*dispositio, taxis*), diz respeito à planificação dos argumentos, que devem ser hierarquizados consoante o seu peso argumentativo, a sua importância e o seu encadeamento lógico. Será preciso, por exemplo, evitar que se contradigam entre si, ou que surjam de maneira dispersa, pois isso levaria a audiência a perder o fio do discurso e a não acompanhar o orador. A disposição também opera uma segunda seleção dos argumentos, descartando ou remetendo para posições inferiores os que não sirvam os propósitos argumentativos ou possam prejudicá-los, dando-lhes, se necessário, o estatuto de argumentos contrários, que será preciso refutar. Por fim, a terceira parte, a *elocução* (*elocutio, lexis*), consiste no arranjo final do discurso, sendo constituída por muitos dos recursos literários e estéticos que consideramos artifícios ornamentais (Robrieux 2000: 16-17).

Estas três partes principais, que são as partes argumentativas propriamente ditas, apontam claramente para uma construção artificial do discurso – uma construção impossível de erguer sem conhecimentos profissionais sobre a matéria. Não obstante, devemos igualmente ter em conta duas outras menos valorizadas, que concorrem no mesmo sentido pelo seu impacto na comunicação pública: a *ação* (*actio, hupocrisis*), que é, no fundo, a apresentação oral do discurso, em conjunto com as estratégias não verbais e para-verbais (gestos, tom da voz...) e a *memória* (*memoria, mneme*), isto é, a memorização do discurso, ou, pelo menos, de alguns dos seus excertos. Toda a elaboração necessária a esta estrutura do discurso torna a argumentação numa peça retórica montada pelo orador para a persuasão e o convencimento da audiência.

1.3.2. *A personagem do orador*

Ora, apesar de qualquer estratégia escolhida neste contexto ser sempre consciente e trabalhada, a comunicação pública de hoje não é necessariamente um logro, tal como não o era na Antiguidade. A preparação é, de facto, semelhante à montagem de um espetáculo, com as suas obrigatórias componentes orais e visuais. No entanto, de um ponto de vista mais amplo, o que se revela aqui, em toda a sua plenitude, é a representação inerente a qualquer ato comunicativo, e que vimos encenada já por mais do que uma vez. Neste ponto, a comunicação pública reaproxima-se dos outros tipos de comunicação, visto que mais não faz do que apurar as técnicas que as díades ou os grupos põem igualmente em prática. Mesmo alguém muito calejado, a quem a ideia de se dirigir a uma plateia impressiona menos, não encara a situação de ânimo leve. Terá consciência de que o que diz, o que faz, a maneira como se apresenta, até, tudo será avaliado, julgado e, eventualmente, criticado. Numa fórmula simplificada, retomando os termos de Goffman, estará ciente da sua *persona*, neste caso *pública* (ver cap. 2, 2.3.). Tal como aconteceria numa díade, partirá então de uma das suas "identidades" para construir uma personagem por meios verbais, para-verbais e não verbais, recorrendo a consultores em casos extremos.

Consoante o horizonte de expetativas da plateia, enquanto oradores, trabalharemos o discurso e a personagem que queremos projetar, que pode distanciar-se muito das nossas identidades privadas. Assim, há que lembrar que uma audiência tende a gostar de alguém que se apresente como fonte de informações fiáveis, por quem sinta simpatia ou de quem se sinta próxima, seja nas ideias que expõe, seja na aparência física. Haverá ainda adesão à mensagem se a audiência ficar convencida de que tem algo a perder se discordar, ou algo a ganhar se concordar, o que implica uma imagem investida de alguma superioridade.

Uma ou outra destas vertentes pode tornar-se mais saliente, dependendo do tipo de contexto em que se produz a comunicação pública, dos objetivos em causa e, sobretudo, do próprio público. Num contexto académico e científico, por exemplo, o público tende a concentrar-se no conteúdo da mensagem, pelo que a nossa atenção deve focar-se na credibilidade e na fiabilidade das informações recolhidas. Contudo, as outras vertentes nunca são descuradas, ou não devem sê-lo. Um exemplo evidente é o de estudantes que envergam no quotidiano roupa esfarrapada, étnica, um pouco suja ou simplesmente descontraída, mas que chegam ao ponto de, na apresentação oral de um trabalho, preferirem um fato, uma gravata, sapato de cerimónia bem engraxado, para projetar uma imagem mais atraente (ou mais credível). Inconscientemente ou não, associarão a qualidade científica do trabalho e a eventual boa nota à impressão de cuidado e seriedade que a aparência exterior causará no professor e nos colegas. As estatísticas de aceitação, ou, como se diria em latim, os efeitos desta *captatio benevolentiae*, dar-lhes-ão em parte razão.

A construção da personagem pública do orador passa também por outros adereços, como os objetos de que nos rodeamos para fazer uma apresentação ou um discurso. Poucas pessoas pensarão fazer hoje uma comunicação sem recorrer a um qualquer suporte visual, seja ele tão simples quanto um acetato ou tão sofisticado quanto uma projeção multimédia. Como é óbvio, um conteúdo de qualidade sê-lo-á sempre, independentemente dos meios técnicos que utilizar. No entanto, o impacto que uma boa apresentação deixa na memória não é de desprezar, sobretudo tendo em conta a cultura visual em que vivemos. Ora a preparação destes suportes visuais não só é feita de acordo com a própria comunicação, como também deve acompanhar a distribuição dos tempos, o que nos remete para a cronometragem muito mais rígida a que estamos sujeitos.[8]

Por muito importantes que sejam os adereços, no entanto, é do nosso interior que emergem as armas mais importantes para convencer a audiência. Não se trata apenas do discurso em si, da sua fiabilidade, do assunto tratado ou da argumentação escolhida, embora todos esses elementos tenham a sua importância, como veremos. Trata-se, sobretudo, das formas de comunicação não verbal e para- verbal, que deverão ser todas trabalhadas tendo em vista o máximo de efeitos possível. Partimos então do princípio segundo o qual todas as comunicações públicas implicam estratégias de preparação e de apresentação do discurso, subsumidas numa representação projetada para benefício da audiência. Quanto mais natural parecer uma dessas situações, mais trabalho de bastidores implica, nem que esse trabalho seja apenas o somatório de anos de experiência. Daí, aliás, as numerosas obras de conselhos práticos sobre o assunto, conselhos que vão desde o que devemos dizer, o tipo de linguagem a usar, ou a estrutura do próprio discurso, ao vestuário, ao penteado, à maneira como nos devemos mover no espaço ou utilizar a luz (ver, entre outros, Adair 2003 ou Denny 2006). Da mesma forma, o trabalho dos gestos, da entoação, da altura da voz, e até da maneira como devemos respirar assemelham-se em tudo ao necessário para uma *performance* num espetáculo (ver, por exemplo, Dimbleby e Burton 2005 [1985]: 228-229).

1.3.3. *O público como plateia*
Esta montagem do espetáculo, tal como no teatro grego, depende do fator crucial que é o próprio público – a audiência, se quisermos vincar a componente verbal da comunicação.[9] Qual o impacto que pretendemos causar? Queremos convencê-lo de uma ideia, levá-lo a adotar uma atitude ou uma forma de agir, comovê-lo, diverti-lo, preocupá-lo, entusiasmá-lo por uma causa? Ou queremos

---

[8] Numa comunicação feita num congresso, por exemplo, 70 a 80% do discurso deverá ser dedicado à apresentação dos resultados, reservando-se os restantes 20% para a introdução e a conclusão. Ora esta percentagem terá ser a mesma nos acetatos, projeções ou outros documentos, o que exige uma montagem bastante elaborada (Madeira e Abreu 2004: 108).

[9] *Público* e *audiência* designam indiferentemente o grupo de pessoas para quem se faz um discurso no contexto de uma comunicação pública. Contudo, o primeiro termo é mais abrangente, inserindo-se na globalidade do espetáculo, ao passo que o segundo, pela sua raiz etimológica, é mais específico, ajudando a salientar a componente auditiva da comunicação pública, ou seja, a parte referente à comunicação verbal e à parte da para-verbal relacionada com a voz.

apenas que compreenda e assimile informação? Qualquer destes objetivos é persuasivo, no sentido em que procura influenciar esse mesmo público, pelo que, na base de qualquer tentativa de argumentação pública, seja ela implícita ou explícita, está a adaptação do que dizemos a quem o dizemos. Saber para quem falamos permite assim antecipar reações, o grau de adesão, até futuras ações, desejáveis ou a evitar.

Uma das nossas maiores dificuldades reside então no facto de os públicos raras vezes serem homogéneos. Mesmo admitindo uma certa uniformização de pensamento num grupo (cf. cap. 3, 4.), haverá sempre a individualização de personalidades, o que, por sua vez, desencadeará reações diferentes. Uma pessoa pode estar à partida fortemente motivada porque conhece o assunto, ou admira o orador ou oradora, ou já contactou com os seus trabalhos, as suas ideias ou os seus métodos. Neste caso, o problema não é tanto o de suscitar o interesse, mas sim o de estar à altura das expetativas, visto que tais pessoas já possuem, via de regra, motivação e informação. Outras poderão ter aparecido na sessão apenas para se abrigar da chuva, ou porque um qualquer docente a isso as obrigou, e será necessário então cativá-las e prender-lhes a atenção. Este indivíduo pode ser um grande apreciador de anedotas, ao passo que aquele é totalmente desprovido de sentido de humor, ou chega mesmo a ofender-se porque "não se brinca com coisas sérias". Alguém pode estar muito habituado a raciocinar logicamente, porque a sua cultura, a formação escolar, até a profissão o condicionam para isso, mas ao lado pode estar outra pessoa que mal sabe ler e tem, por isso, mais dificuldade em estabelecer associações de ideias abstratas. Uma audiência pode simpatizar logo de início com o orador, por terem muitos valores em comum, em cujo caso as argumentações podem ser construídas com base na racionalidade. Outra pode ser hostil, e aí há que construir uma relação de empatia psicológica, subindo gradualmente a força da argumentação. Estas são apenas algumas das muitas contingências que a nossa análise do público terá de ter em conta, antecipando, com base num cálculo de probabilidades, as tendências em valores, crenças e atitudes que serão dominantes.

Para resolver o problema, podemos recolher antecipadamente dados sobre as caraterísticas mais marcantes das pessoas para quem vamos falar, estabelecendo a partir daí uma espécie de imagem ideal, cujos parâmetros serão seguidos no estilo, nos apoios, na argumentação, no plano do discurso e na sua apresentação, ou até mesmo, em certas circunstâncias, no tema escolhido, na ideia central, na própria perspetiva. As perguntas da díade *Quem sou eu para lhe falar assim? Quem és tu para que eu te fale assim? Em que pé nos situamos? Que relação sustentamos?* (ver cap. 2, 1.3.), pluralizando neste caso um interlocutor coletivo (*Quem são vocês?...*), exigem então um cálculo probabilístico sobre os possíveis perfis do público. Há que considerar, por exemplo, a ocasião e os motivos da comunicação: *Que tipo de comunicação devo fazer? Quais são os meus objetivos e os da audiência?* Há que definir também o grupo de pessoas em causa: *Quantas pessoas? O que esperam de mim? Que interesses ou problemas particulares terão? Existem grupos dominantes – sociais, económicos, culturais, etários...? Quais os valores mais importantes? Que afirmações ou posições as podem ferir, ofender, interessar, divertir, galvanizar...?*. Há ainda que analisar e preparar o tempo e o espaço físico em que essa comunicação terá lugar: *Quanto tempo tenho? Qual o tamanho do espaço? Que meios técnicos existem? Qual a disposição dos objetos?* Assim, um discurso semi-improvisado que tenha lugar no âmbito de uma campanha eleitoral na lota da Nazaré será bastante diferente de uma sessão de encerramento do encontro nacional da Associação de Famílias Numerosas, mesmo que a pessoa que fala seja a mesma. De facto, não é exagerado admitir-se aqui um estranho paradoxo da comunicação pública: por vasto que seja o tempo de palavra de quem fala, a maior parte da preparação do discurso não se deve concentrar no que dizemos nem em como o dizemos, mas sim na maneira como o público receberá o que dizemos. A chave do sucesso está em nos moldarmos ao horizonte de expetativas de quem nos ouve.[10]

É certo que existem impedimentos ou choques óbvios. Não faz sentido falar de planos poupança-reforma a estudantes de Engenharia do IST, porque essa faixa etária está programada para se preocupar com o curso, as relações afetivas e o primeiro emprego, geralmente por esta ordem de prioridades. Da mesma forma, os perigos das drogas duras não terão grande impacto num público de septuagenários, cujo contacto com tais substâncias raramente é direto. Ressalvados extremos tão evidentes quanto estes, existem, apesar disso, adequações mais difíceis, em parte pela imprevisibilidade ou pelo desconhecimento do que uma parte da audiência poderá sentir. Apresentações baseadas em factos e dados estatísticos, por exemplo, são bastante convincentes, mas é preciso que a audiência considere o orador como fonte credível do que comunica e que compreenda e se interesse pelos ditos factos e dados. Num exemplo muito simples, basta confrontar a proporção de 10 milhões em 215 milhões com a sua

---

[10] Perelman estabelece isto mesmo, ao distinguir o "auditório universal" de auditórios de especialistas, reconhecendo que as estratégias argumentativas terão de se adaptar às suas diferenças. Indo mais longe, o autor serve-se destas para opor o discurso persuasivo ao discurso convincente (Perelman 1993 [1977]: 33-37), precisão que não aproveitaremos aqui.

"tradução": em cada 215 falantes lusófonos, apenas 10 são portugueses, sendo os restantes de outras nacionalidades. Este segundo conjunto de termos é bem mais fácil de avaliar porque está mais próximo das proporções que os públicos conhecem.

Embora algumas destas situações escapem a qualquer controle, outras há, extremamente delicadas, mas que são também previsíveis. Oradores experientes podem dar-se ao luxo de correr alguns riscos: uma anedota mais picante, um exemplo mais chocante ou uma afirmação mais provocante servirão como formas de despertar o interesse e a empatia da audiência. No entanto, há que não esquecer a sensibilidade do grupo ou de subgrupos que possam estar presentes na sala. Por princípio, intervenções sexistas ou discriminatórias, mesmo num contexto descontraído, estão proibidas (Denny 2006: 123). Mas é bastante mais difícil perceber que o slogan *Um homem, um voto* possa ser mal recebido... até constatarmos que grande parte do público é constituída por mulheres. Ou, em alternativa, podemos achar que "telegramas, telefones e telemóveis" são bons exemplos de meios de comunicação a distância... desde que a faixa etária da audiência não se situe abaixo dos 25 anos.

A dimensão teatral da comunicação pública remete-nos então para o dilema ético que já evocámos (cf. 1.2.). Virada para a persuasão e o convencimento de um público, ela é, na sua essência, argumentativa, ou retórica, no sentido que lhe dá Perelman (cf. Perelman e Olbrechts-Tyteca 1996 [1958]: 4). Toda esta montagem é, no fundo, a montagem de uma argumentação que recorre aos mais diversos meios, sejam eles verbais ou não, para influenciar, pelo que pode tornar-se manipulativa a qualquer momento. Poderia pensar-se que algumas formas de comunicação pública – uma aula, a apresentação de uma investigação num congresso científico – não poderiam, por questões de princípio, lançar mão de estratégias argumentativas, já que o seu conteúdo deveria impor-se naturalmente por apresentar factos. No entanto, qualquer discurso pedagógico ou científico contém argumentação – e não apenas lógica, no sentido restrito acima mencionado. Por exemplo, o desenvolvimento discursivo de um raciocínio pode recorrer à indução, estabelecendo uma lei, um princípio, ou um teorema a partir de um certo número de exemplos considerado representativo (ver 2.3.3.).

Ampliando a questão a outras formas de comunicação pública, temos o discurso jurídico, essa tradicional peça de Retórica, que deveria funcionar da mesma maneira, já que, por princípio, os tribunais procuram apurar a verdade dos factos para condenar ou absolver os réus. Por último, causa um certo desconforto pensar que outras peças argumentativas, como o discurso político, ou o debate, sem os quais a democracia não existiria, sejam falsos (cf. 4.4.).

A resolução do dilema está nas pessoas para quem falamos, uma vez que a comunicação pública é, como o seu nome indica, feita para um público – e para as suas capacidades de aceitação. Na verdade, não é manipulativa por natureza, apenas se poderá subverter nesse caminho pela atuação de oradores menos escrupulosos. A *argumentação* que lhe é inerente funcionará então como um conjunto de estratégias de persuasão que levam o público a aderir às posições propostas pelo orador, tal como proposto no âmbito de uma *Nova Retórica* (Perelman e Olbrechts-Tyteca 1996 [1958]: 4, ver 2.2.).

1.4. *Contextos e usos*

Se a argumentação depende da audiência para quem se fala, existirá um claro aproveitamento do contexto para a construção da mensagem, ou, de acordo com um conceito explicitado antes a propósito do modelo semiótico da comunicação, da sua construção conjunta (cf. cap. 1, 2.1.2.). A cada passo, a audiência terá de interpretar, examinar criticamente e assimilar o que lhe é apresentado – todo o discurso argumentativo é assim virado para um interlocutor coletivo. Isso explica que trabalhemos aqui com um conceito de argumentação abrangente – ou seja, que inclui, além da justificação das ideias defendidas, a relação com o público e a participação desse público no exame da tese, quando não mesmo na sua elaboração implícita. Ora, partindo do princípio segundo o qual o recetor – neste caso coletivo – colabora, por via da interpretação, na construção do sentido, não podemos senão aceitar que essa construção conjunta partirá das suas capacidades e competências. Algumas audiências respondem bem a apelos diretos ou emocionais porque elas próprias se comovem facilmente. Outras preferirão argumentos solidamente fundamentados em dados (estatísticos ou outros), porque estão habituadas a desenvolver um pensamento crítico. Certos públicos reagem com mais ou menos subserviência às credenciais de oradores aureolados de um prestígio inalcançável, ao passo que outros preferirão oradores com quem se possam identificar, porque reagem mal à intimidação e ao distanciamento. Será, pois, com base nestas diferenças que o orador ou oradora terá de desenvolver as suas estratégias argumentativas.

Isto implica que a audiência seja colaboradora e participativa na comunicação pública, ainda que não seja dialogante no sentido diádico. Podemos mesmo afirmar que não é tanto interlocutora quanto parâmetro do próprio contexto. Por este motivo, a avaliação de um qualquer argumento será sempre feita em função do seu *uso* num dado contexto (cf. Plantin 1990: 22-23).[11] Justifica-se portanto que a argumentação – retórica ou outra – esteja sujeita a critérios variáveis, consoante o ambiente em que for produzida. Sem negar que a comunicação pública é uma comunicação construída, montada – e que nisso é claramente continuadora da Retórica –, também não podemos deixar de aceitar que apenas amplia ao domínio coletivo o que é, no fundo, a essência do ato comunicativo: mais do que comunicar *a* outrem um sentido das coisas, comunicamos *com* outrem a nossa perceção da realidade, a forma como a interpretamos e lhe conferimos sentido. Se essa realidade não pode ser compreendida independentemente da sua perceção e tradução numa qualquer representação linguística, necessariamente construída em comum, então deixa de fazer sentido separar a argumentação do discurso, o que permite ainda reconciliar Retórica e pensamento (se não mesmo Retórica e lógica). Passaremos então a perspetivar a comunicação pública como uma entre muitas outras formas de representação da realidade, tornada ato de poder de um sobre muitos. Não é isso que a torna distinta dos outros tipos de comunicação, mas sim que apenas seja praticada por alguns de nós.

Não é portanto viável continuar a separar o discurso jurídico, o político e, em certa medida, o religioso, do discurso científico, nem perpetuar o mito de que apenas este será veículo da "verdadeira" sabedoria, ou, pelo menos, do conhecimento que consideramos fiável. O que é aceitável é que, em cada um, os efeitos persuasivos e as técnicas sejam correlacionadas com o contexto específico em que forem produzidos, contexto esse ditado pelo tipo de público presente. Todos constituem assim exemplos ilustrativos da comunicação pública, uma vez que em todos se procura influenciar as atuações dos indivíduos. Eventualmente até, como veremos, lançarão mão de recursos retóricos universais, como um determinado tipo de argumentos, ou uma planificação-padrão, ou estratégias de apresentação comuns (ver 2. e 3.).

---

[11] A obra que inspira esta ideia, da autoria de Stephen Toulmin – *The Uses of Argument* (Cambridge: Cambridge University Press, 1958) –, indicia no próprio título integrar-se, ao menos nesta parte, no mesmo contexto da Pragmática de Austin (cf. cap. 1, 1.3.4.). Por oposição a uma certa lógica formal, o autor propõe que se considere a *força* de uma avaliação e o *critério* que permite interpretá-la, dependendo do domínio considerado (*apud* Plantin 1990: 22-23). Numa versão mais simples, qualquer prática argumentativa deve ser considerada no contexto concreto em que cumprir uma determinada função – por extensão, os argumentos são considerados também do ponto de vista do uso que deles é feito num determinado contexto. A associação com o conceito de *ato ilocutório* torna-se assim evidente.

Assim sendo, se todos estes discursos apresentam pendor argumentativo, também podem subverter-se, por influência indevida, num controle ou numa manipulação de pensamentos ou de atos. Existem muitos exemplos na propaganda dos regimes totalitários, mas também nos discursos fanáticos de certos fundamentalismos. Um pregador carismático pode levar toda uma vasta congregação a estados de arroubo místico, de histeria ou até ao suicídio coletivo. Compreendemos então por que motivo a maior parte dos meios utilizados neste tipo de comunicação, não diferindo necessariamente em qualidade dos que já conhecemos, pode, com toda a facilidade, degenerar em táticas de manipulação, ou, pelo menos, em estratégias de persuasão que aliciam, conduzem e controlam audiências. Por um lado, é isso que explica a importância deste tipo de comunicação no funcionamento da sociedade contemporânea e na garantia dos direitos de todos. Por outro, faz-nos perceber o seu perigoso alcance, quando nos leva a adotar um procedimento, uma ideologia política, uma crença ou uma fé. De certa maneira, todos corremos o risco de ser aliciados, convencidos ou mesmo enganados.

É por todas estas razões que a comunicação pública é tão complexa, e por isso também que, embora raramente tenhamos ocasião de a produzir na nossa sociedade, façamos com muita frequência parte dela enquanto audiência: quando assistimos a uma conferência, um debate formal entre especialistas (ou uma das suas variantes, que é a mesa redonda), quando presenciamos um discurso político, uma comunicação ao país, quando participamos numa manifestação convocada por um sindicato, uma ONG, etc. Muitas destas ocorrências têm como pano de fundo a comunicação de massas, isto é, são difundidas por meios tecnológicos, como a televisão, a rádio ou a *Internet*. Contudo, não devemos esquecer que o contexto distinto, decorrente em parte do caráter diferido imposto por tais meios, não altera a essência básica desse tipo de comunicação: um só orador ou oradora fala para uma audiência, isto é, para muitos (Trenholm 2001: 258).[12] Por simplificação, é com esse conceito que trabalharemos aqui, entendendo-o como etiqueta cómoda para todas as situações em que uma pessoa se dirige a um grupo vasto, utilizando conscientemente a linguagem verbal, em conjunto com formas auxiliares de comunicação não verbal e para-verbal.

---

[12] Conforme anunciado (cf. cap. 1, nota 28), não será aqui tratada a comunicação de massas. O conceito de *comunicação* que norteia o presente livro orienta-se pelos atos que estão ao alcance dos indivíduos comuns, e não pelos dos privilegiados com os seus quinze minutos de fama sob a luz dos holofotes mediáticos.

Por outro lado, e ainda que nos imaginemos com dificuldade a falar em público, a simples apresentação de um trabalho perante os colegas, seja em contexto profissional seja em contexto escolar, a reunião de condomínio, a sessão de boas-vindas no início do ano letivo, ou um brinde numa festa, sem esquecer a entrega de prémios no concurso de tiro aos pratos das festas da Senhora da Encarnação, são outras tantas ocasiões em que o cidadão comum pode ver-se obrigado a fazê-lo. Não sendo, então, tão provável na nossa existência quanto a díade ou a comunicação em grupo restrito, a comunicação pública merece ainda assim uma análise dos seus mecanismos.

2. Argumentação e persuasão

2.1. *O argumento segundo S. Toulmin*
Partindo do princípio segundo o qual a comunicação pública tem por objetivo a ação sobre outrem, isto é, a mudança, seja ela de um estado de coisas, seja das opiniões das pessoas ou até das próprias pessoas, compreendemos que a argumentação engloba um sentido mais amplo do que teria se, no decurso de uma discussão, disséssemos a alguém: *Não tens quaisquer argumentos!* Mais especificamente, *argumentar* significa aqui construir uma explicação que permita à audiência aceitar uma conclusão por via de um raciocínio (Weston 2005 [1986]: 13). Tal raciocínio reproduz o que cada um de nós tenta fazer quando confrontado com a compreensão de algo novo: seguimos pequenos passos de complexidade crescente para descobrir o que não sabemos e integrá-lo no nosso sistema cognitivo. O processo parte de uma base conhecida para encontrar e fazer aceitar gradualmente o desconhecido (Robrieux 2000: 30).

Num discurso argumentativo assim entendido, qualquer argumento, seja em aceção restrita, seja em aceção lata (isto é, enquanto conjunto de argumentos), surge como uma *conclusão* obtida a partir de um ou vários *dados factuais*, seguindo o consagrado modelo de Stephen Toulmin. Para que a conclusão seja aceite, é necessário estabelecer então uma relação de inferência. No fundo, trata-se de uma passagem lógica, semelhante à que vimos para a aplicação das máximas conversacionais (cf. cap. 1, 1.3.2. e 1.3.3.). Além disso, para transformar os dados num verdadeiro argumento, será necessário indicar a sua *força* ou grau de validade, bem como eventuais *restrições* (*apud* Plantin 1990: 34 e 26-28).

Se pensarmos bem, é isso que acontece em qualquer comunicação feita num contexto científico, em que uma tese surge como hipótese ou teoria de explicação para um fenómeno, defendida por factos observáveis, de acordo com parâmetros estabelecidos *a priori*. Quando a apresentamos, devemos explicitar as correlações existentes, mencionar as condições em que é válida, afastar possíveis refutações, indicar os casos de exceção e, por fim, apresentá-la como a única conclusão possível, ou, pelo menos, como a mais provável. *Mutatis mutandis*, é ainda este o modelo que, em contexto académico, deve ser seguido para a apresentação de um trabalho ou projeto de investigação, mas o seu prestígio é tal que extrapola para outros domínios. De facto, para alguns autores, esta será a forma suprema de argumentação (Huber 2005 [1964]: 2). Não é, aliás, por acaso, que muitas das estratégias argumentativas mais usadas no contexto da comunicação pública, sobretudo na composição do discurso, se conformem a este esquema, ou a alguma das suas variações (ver 2.6.).[13]

Aplicando então o protocolo de procedimento, vejamos como, no quadro 6, é possível construir uma argumentação suscetível de ser discutida – no caso, em torno da conclusão *A ponte deve ser construída*.

Note-se que, num discurso autêntico como o apresentado, alguns pontos da argumentação podem assentar em lugares-comuns aceites por todos, em impressões subjetivas ou em ideias discutíveis. As diferentes partes do quadro 6 incluem assim vários tipos de argumentação, tenha ela por base o raciocínio implícito *se a ponte traz tantos benefícios, então deve ser construída*, ou um aproveitamento dos receios da audiência, como na ameaça segundo a qual *o trajeto continuará a ser longo e demorado*, ou a invocação da autoridade, como na menção aos *estudos de diferentes especialistas* e aos *estudos de impacto ambiental* (ver 4.2. e 4.3).

Se relermos a totalidade do quadro, verificamos ainda que, para uma audiência esclarecida, lhe faltam as provas verdadeiramente credíveis destes contextos: dados numéricos significativos e parâmetros comparáveis, pelo menos (ver Weston 2005 [1986]: 37-40). Os dados, aliás, são projetados para o futuro, o que os torna bastante menos convincentes do que se correspondessem a factos já verificados. Por fim, algumas expressões admitem várias leituras, ambiguidade que pode esconder informação vital. O que significa, por exemplo, *retorno apreciável*? E se *retorno apreciável* não significa *grandes lucros*, mas sim que ninguém

---

[13] É percetível em muitos autores o favorecimento de algumas formas de argumentação, em detrimento de outras. No caso, existe uma preferência pela que se baseia na lógica ou, retomando a tipologia de Aristóteles, pelo *logos* (ver 1.3. e 2.3.). *Pathos* e *ethos* seriam então estratégias argumentativas menos nobres e, por isso mesmo, descartáveis, pouco éticas ou desaconselhadas. Como veremos, nenhum discurso as dispensa, ainda que os científicos ou académicos as usem menos. Não é o que acontece, porém, em contexto político ou religioso (cf. 4.).

QUADRO 6
Desenvolvimento de um argumento (adap. Toulmin, 1958)

		ARGUMENTO	
		Protocolo	A ponte deve ser construída ...
Dados (fundamentação)		por visualização de efeitos positivos	...uma vez que facilita o movimento de pessoas e de bens e, por isso mesmo, estimulará a economia local.
		por visualização de efeitos negativos	...porque, sem ela, a travessia do rio continuará a implicar, para os residentes em ambos os municípios, um trajeto muito mais longo e demorado.
		por analogia	...para ajudar a desenvolver economicamente a região, tal como aconteceu já em outras regiões.
Condições		absoluta	...seja qual for o seu preço.
		restritiva	...desde que as finanças o permitam.
		Força	...como garantem os estudos das diferentes comissões de especialistas.
		Refutação	...não obstante as vozes em contrário, que apenas pensam nos gastos financeiros, sem terem em conta que o investimento implicado, apesar de grande, terá um retorno apreciável.
		Restrição	...a menos que os estudos de impacto ambiental desaconselhem terminantemente a execução do projeto.

sabe muito bem como calcular o possível retorno do investimento, ou sequer se ele existirá?

Por aqui vemos que não é apenas o facto de apresentar todas as partes constituintes de uma argumentação típica que essa mesma argumentação é válida, mas pode, apesar disso, ser bastante convincente, conforme a audiência para a qual foi construída. Supondo que estamos perante um público que há muito reclama uma travessia mais rápida e cómoda para aquele ponto do rio, que necessita de se deslocar com frequência para a outra margem e que pouco se interessa pela gestão das obras públicas, o argumento será, de facto, mais do que persuasivo, absolutamente convincente.

2.2. A Nova Retórica *segundo C. Perelman e L. Olbrechts-Tyteca*

De forma mais elaborada, existem muitas possibilidades para a construção dos argumentos, que podemos analisar segundo as suas caraterísticas estruturais, ou em função do impacto que produzirão na audiência. São esses os critérios a que as diferentes teorias sobre o assunto recorrem para estabelecer qualquer tipologia (cf. Plantin 1996). Por simplificação, apresentaremos apenas algumas ilustrações mais conhecidas do modelo canónico da *Nova Retórica*. Interessa-nos, mais do que esmiuçar exaustivamente as caraterísticas de cada um, perceber como se podem utilizar para determinados fins persuasivos, em concatenação com outras estratégias não verbais ou para-verbais. Note-se que tratamos neste ponto apenas de estratégias discursivas, isto é, que utilizam a linguagem verbal para suscitar a adesão de uma audiência (cf. novamente Perelman e Olbrechts--Tyteca 1996 [1958]: 4).[14]

Os primeiros argumentos que veremos são chamados *argumentos quase-lógicos*, muito próximos dos raciocínios da lógica formal caraterísticos da Matemática, já que seguem os mesmos princípios de igualdade/identidade, como A = B, ou, pelo contrário, de desigualdade, como A ≠ B (Robrieux 2000: 141-143). São *quase* lógicos porque lhes faltam caraterísticas indispensáveis nesse outro domínio, já que as línguas naturais se prestam a alguns "absurdos" como, por exemplo, o de defender uma posição e o seu contrário, de recorrer a tautologias ou de abusar das analogias. Retomando os termos tradicionais, diremos assim que os argumentos quase-lógicos terão a aparência de uma demonstração lógica, ainda que o seu uso discursivo configure uma natureza retórica. Daí, aliás, incluírem,

---

[14] Os autores sublinham que esta *nova retórica*, que tanto influenciou os estudos de argumentação dos últimos cinquenta anos, apenas versa sobre os recursos discursivos (Perelman e Olbrechts-Tyteca 1996 [1958]: 8). Restringe-se pois ao campo da linguagem, ou seja, da comunicação verbal propriamente dita. Do nosso ponto de vista, isto não exclui, como é óbvio, que a comunicação pública recorra a estratégias não verbais ou para-verbais, que podem ser igualmente eficazes do ponto de vista da persuasão (cf. a crítica de Plantin 1990: 16). Por este motivo, o conceito de argumentação mais restrito é aproveitado para entender apenas uma parte da comunicação pública, quanto mais não seja porque a argumentação por autoridade ou por imagem são igualmente possíveis (cf. 4.). Por outro lado, os autores correlacionam o efeito do discurso persuasivo com os efeitos obtidos numa dada situação (Perelman e Olbrechts-Tyteca 1996 [1958]: 211). Este facto justifica a associação ao *uso* do argumento tal como exposto a propósito do modelo de Toulmin (cf. 1.4. e 2.1.), o que, aliás, é feito também por outros autores (ver Plantin 1990: 11-12). Consequentemente, a tipologia apresentada será ilustrada com exemplos que também recorrem a sentidos implícitos com fins persuasivos, sejam eles pressupostos ou subentendidos.

por exemplo, as definições, os raciocínios indutivos e dedutivos e, sobretudo, os silogismos (ver 2.3.).

Um segundo tipo de argumentos, baseado na estrutura do real, e que poderíamos considerar como tendo uma base empírica, vale-se de situações ou fenómenos pré-existentes para desenvolver a partir daí determinados raciocínios, cujo ponto de chegada se torna então admissível (Perelman e Olbrechts-Tyteca 1996 [1958]: 297). Por outras palavras, lançamos mão deles quando queremos ancorar as posições a defender no mundo que partilhamos com a audiência, enquanto experiência concreta e objeto físico. É o caso dos factos históricos, por exemplo, que ocorrem numa ordem cronológica, o que, muitas vezes, também implica que existem relações lógicas entre eles. Num caso caricato, a vitória de um exército numa batalha implica a derrota do exército adversário, pelo menos de acordo com um raciocínio simplista. As necessidades argumentativas do discurso, contudo, ditarão se, de facto, essa é uma relação válida, ou que nos interesse validar. Os exemplos prototípicos de argumentos deste tipo serão então os da *sucessão*, geralmente estabelecendo uma relação de causa e efeito, e os da *coexistência*, neste caso associando a essência de um objeto às suas diferentes manifestações (Perelman e Olbrechts-Tyteca 1996 [1958]: 298-299; ver 2.4.).

Em terceiro lugar, consideramos os argumentos que fundamentam eles próprios a estrutura do real, isto é, que funcionam também a partir dos factos, com a diferença que, neste caso, é o próprio facto que se constitui como argumento e não a relação que possa ser estabelecida no discurso. Assim, recuperando uma tradição do discurso epidíctico, utilizamos *exemplos, ilustrações* ou *modelos* para estabelecer propostas que se aplicarão a outros casos, considerados, como é evidente, similares (Perelman e Olbrechts-Tyteca 1996 [1958]: 399; ver 2.5.).

2.3. Uso de argumentos quase-lógicos

2.3.1. Lógica versus quase-lógica
Os primeiros argumentos quase-lógicos são a *contradição* e a *incompatibilidade* (Perelman e Olbrechts-Tyteca 1996 [1958]: 221-223). Numa comunicação pública, podemos argumentar mostrando que duas ideias ou pontos de uma tese se negam entre si (contradição), ou que se excluem dentro de um dado sistema de valores ou quadro de pensamento corrente (incompatibilidade). No primeiro caso, por exemplo, um advogado que consiga comprovar o álibi do seu cliente destrói, por contradição, a acusação de crime: se o réu esteve num determinado sítio a uma dada hora, não esteve no local do crime (e, já agora,

vice-versa, mas tal compete ao procurador descobrir). No segundo caso, um autarca pode defender que a construção simultânea de uma ponte sobre o rio e de uma passagem para peões sobre a autoestrada se excluem mutuamente, dado que apenas existe verba para um dos projetos. Assim, construir a ponte é incompatível com a construção da passagem e vice-versa. Nesta versão, aliás, o auditório está também perante um dilema, porque terá de escolher uma das soluções, em detrimento da outra (e poderá mesmo nem se preocupar com saber se, de facto, a verba não é suficiente).

Se a lógica formal não admite contradições, já fora dela – isto é, no contexto de uma comunicação pública – todos compreendemos e admitimos o lugar-comum *não acredito em bruxas, mas que las hay, las hay*. Esta afirmação é perfeitamente compreensível a partir das inferências e do jogo das máximas conversacionais, visto que a contradição pode ser lida como *Não tenho certezas... há algo de misterioso em tudo isto... a honestidade do candidato da oposição talvez não seja o que parece... não há fumo sem fogo*. Inversamente, duas posições ou ideias podem não ser incompatíveis entre si, mas surgir como tal no discurso, se isso servir os propósitos da argumentação. Num discurso político, o facto de um adversário hoje liberal ter um passado de militante radical num qualquer partido de extrema-esquerda pode ser usado como exemplo de contradição, ignorando-se então convenientemente o facto de que as ideias políticas mudam conforme as pessoas evoluem.

Uma situação muito idêntica pode surgir a partir do argumento de *reciprocidade*, em que o orador aproveita ou constrói uma relação de simetria. Na lógica, tal argumento não iria muito além de A = B (com a ressalva da relação de *transitividade*, que veremos infra). Numa comunicação pública, a máxima *Não faças a outrem o que não queres que te façam a ti* funciona de acordo com este mesmo princípio, mas admite muitas ramificações e, em particular, o seu inverso: *Se alguém te faz mal, podes fazer o mesmo*. Neste raciocínio pervertido, os operários com salários em atraso podem aproveitar a declaração de falência da empresa, se for fraudulenta, para se apropriarem do material e para o vender em proveito próprio, sob pretexto de que mais não fazem do que recuperar aquilo a que têm direito. Tratar-se-ia de uma aplicação abusiva da relação de simetria – o que não impede que os trabalhadores o defendam como argumento válido e ameacem agir em conformidade quando ocupam as instalações de uma empresa nesta situação.

A argumentação quase-lógica pode ainda aproveitar a *relação todo – parte* (Perelman e Olbrechts-Tyteca 1996 [1958]: 262-274). Contudo, este uso exige um domínio perfeito tanto das partes constituintes como das suas respetivas relações. Por outras palavras, se quisermos aplicar a um conjunto o que for válido para os seus elementos, ou se quisermos aplicar a um elemento o que for válido para o conjunto, convém que isso seja verificado. No discurso científico, por exemplo, a categorização de uma espécie nova não pode limitar-se a uma só caraterística, sob pena de não a podermos sustentar. Afinal, se assim se tivesse procedido, as avestruzes não seriam aves porque não voam, os golfinhos seriam peixes porque vivem no mar e têm barbatanas, e os ornitorrincos não seriam mamíferos porque põem ovos. Em todos estes casos, a classificação falha porque a relação entre o todo e a parte foi abusivamente estendida, ou insuficientemente explorada. É, aliás, o que acontece na lógica (imbatível) de uma criança, em que o imperfeito conhecimento do mundo e o incipiente domínio da linguagem ocasionam taxonomias elementares – e erradas, pelo menos do ponto de vista biológico (cf. cap. 1, 1.5.2.).

2.3.2. *Identidade e definição*
No âmbito de uma argumentação puramente lógica, também seria bastante difícil aceitar um argumento dito de *identidade* pelo pouco interesse que suscita, mas já não é tão estranho que a identidade de conceitos ou objetos, por via da linguagem, introduza no discurso uma informação mais completa (Robrieux 2000: 162-163). Numa aula de Estudo do Meio, descrever um mamífero como sendo *um animal que mama enquanto é pequeno* só parece repetitivo para um adulto que há muito aprendeu a reconhecer esses seres vivos. Para uma audiência de crianças de 8 anos, a informação é bastante pertinente. Da mesma forma, o caso extremo de "identidade não pertinente" que é a *tautologia* só tem carga informativa nula quando visto fora de contexto. Nenhuma comunicação pública dispensa o uso de afirmações como *um euro é um euro*. Aqui, o peso argumentativo deve ser procurado no âmbito do sentido implícito, uma vez que a afirmação viola a máxima da quantidade (ver cap. 1, 1.3.2.), pelo que o auditório terá de procurar, por inferência, uma interpretação particular. *Um euro é um euro* pode assim querer dizer que se trata de uma quantia muito pouco importante (*Um euro não custa quase nada*) ou, pelo contrário, que todas as quantias são importantes (*Atenção, que um euro sempre é dinheiro*), o que pode ainda ser reforçado pelo recurso a um lugar-comum (*...e grão a grão enche a galinha o papo*). Imaginemos então o efeito destes recursos perante uma audiência de reformados com poucas posses, a quem é proposto um plano de investimento lucrativo a partir do depósito semanal de um euro.

Para além destes argumentos, existem, na argumentação quase-lógica, técnicas cujo alcance poderá mesmo sustentar a própria planificação do discurso (ver 2.6.). Trata-se, em primeiro lugar, da *identificação* de conceitos, ideias ou objetos, essencial para fazer com que a audiência saiba do que falamos e, em simultâneo, participe – ao menos mentalmente – na concatenação do discurso. Assim, um objeto desconhecido será *definido* por um conjunto de propriedades, como em *O Simplex é um programa do Governo destinado à administração pública e implementado pela primeira vez em 2006*, ou, em alternativa, as suas partes constitutivas, como em *O nosso partido tem tudo para governar o país: um líder, um projeto de futuro e a força dos seus militantes* (Robrieux 2000: 144). Note-se que ambos os exemplos são condensações de descrições mais latas, isto é, reduzem-se ao considerado essencial pelo orador (ver Perelman e Olbrechts-Tyteca 1996 [1958]: 238 – 239). Em ambos os casos, encontra-se implícita a força da definição, em particular na credibilidade subentendida em *programa do governo*, e no carisma associado às palavras *líder, futuro, força*.

Existem ainda outros processos de definição que estabelecem ou uma associação, ou, pelo contrário, uma dissociação entre o definido e o definidor (Robrieux 2000: 144-148). Numa definição *descritiva*, substituimos o definido por outro termo, ou mais conhecido, ou mais informativo... ou mais persuasivo. Por exemplo, *um fonema é, no fundo, um som*, ou *uma criança é um adulto em potência*. Já numa definição *operatória*, o conceito é definido pelos seus efeitos – *O Simplex destina-se à simplificação dos processos burocráticos*. No processo explicativo, recorremos à enumeração das caraterísticas distintivas do definido, por meio de comparações e contrastes com objetos semelhantes – *Uma virtude não é feita de atos isolados, mas sim de hábitos bons*. Por fim, na definição dita *convencional*, cria-se um termo, nalguns casos mesmo um neologismo, para designar o objeto: *um reflexo pavloviano é um reflexo condicionado*.

A definição permite-nos identificar algo por meio de uma associação, de preferência conhecida do público. Evidentemente, o objeto a definir é o primeiro indicador do tipo de definição, mas existem também razões de clareza ou de eficácia argumentativa para a nossa escolha. Já que constitui com frequência um fundamento ou uma premissa de base, é importante que seja aceite sem discussão (cf. 3.1.2.). Daí, aliás, ser estratégia muito comum aproveitar este lugar estratégico da argumentação para deixar implícitas algumas refutações.

2.3.3. *Indução, dedução e silogismo*
Um último conjunto de técnicas argumentativas de tipo quase-lógico possui igualmente alcance na planificação do discurso, para além de lhe conferir um poder bastante substancial. Trata-se do encadeamento de ideias que constrói

argumentos por *indução* ou por *dedução*, a partir de dados generalizados ou ampliados. Sendo particularmente eficaz perante uma audiência informada, com um determinado tipo de escolaridade, não exclui de todo o recurso ao implícito, mas a construção discursiva mais dirigista implica um elevado número de pressupostos, sobretudo numa construção peculiar e bastante eficaz – o chamado *silogismo*.

No raciocínio indutivo, o ponto de partida são as ideias ou os factos que, correlacionados uns com os outros, conduzem a uma conclusão ou generalização. Geralmente, distinguimos a indução *completa* – que implica ter em conta todas as ocorrências sem exceção –, da indução por *amplificação*. A primeira ocorre com as provas apresentadas em tribunal, por exemplo. É necessário comprovar que todos os crimes foram de facto cometidos pelo mesmo réu para sustentar a sua condenação por cada um deles. Caso isso não aconteça, há uma insuficiência de prova, pelo que podemos incorrer numa *falácia*, no caso a da generalização com base em informação incompleta (Weston 2005 [1986]: 107). Embora o sistema judicial garanta, em princípio, que tal não acontece nunca – isto é, que um réu não pode ser condenado por um crime se não houver provas específicas desse crime –, é frequente na vida real aplicar-se o provérbio *cesteiro que faz um cesto faz um cento*. Qualquer estudante apanhado uma vez a copiar será alvo de atenção particular em todas as provas que vier a fazer com o mesmo docente... mesmo que tal não possa ser comprovado num processo oficial movido pelos órgãos da instituição.

O processo já é legítimo na indução por generalização, em que se amplia uma afirmação aplicando-a à globalidade de casos do mesmo tipo, com base num dado número de ocorrências (Robrieux 2000: 34-35). Quase todas as previsões baseadas em dados estatísticos utilizam o mesmo tipo de raciocínio, isto é, são fundamentadas por um número representativo de dados, ou, pelo menos, que a audiência considere significativo. Por exemplo, a partir do momento em que se constatou que uma percentagem significativa de bébés vítimas do sindroma da morte no berço dormia de barriga para baixo, passou a haver uma recomendação explícita para não os deixar dormir nessa posição. Constatamos a força da argumentação pelo facto de a recomendação se ter generalizado mesmo antes de existirem provas concretas, uma vez que os estudos não explicaram ainda todas as causas da fatalidade, apenas apresentam fortes correlações estatísticas.

No raciocínio dedutivo, procedemos pela ordem inversa da indução, ou seja, partimos de uma afirmação genérica, que tentamos demonstrar ou comprovar por meio de argumentos, fenómenos ou exemplos. Aliás, é este o sistema habitualmente empregue, mesmo fora da comunicação pública, em ensaios que sustentem uma tese. Desde Aristóteles, a forma mais conhecida do raciocínio dedutivo é o chamado *silogismo*, baseado numa relação transitiva de implicação que podemos representar pelos seguintes termos lógicos: se A → B e se B → C, então A → C (Perelman e Olbrechts-Tyteca 1996 [1958]: 260).[15]

Na sua expressão mais simples, podemos resumi-lo de duas formas diferentes, a que chamamos, respetivamente, o *modus ponens* ou "modo de pôr" (se *p*, então *q*) e o *modus tollens* ou "modo de tirar" (se não-*p*, então *q*).

(i) *Modus ponens*:

Se (*p*) *ninguém cuida da floresta* → então (*q*) *haverá todos os anos incêndios de proporções avassaladoras.*

Como (*q*) *há todos os anos incêndios de proporções avassaladoras,* → então (*p*) *ninguém cuida da floresta.*

(ii) *Modus tollens*:

Se (não-*p*) *não houver uma intervenção do Estado no sentido de obrigar os proprietários a limparem os seus terrenos* → então (*q*) *os incêndios conservarão todo o seu potencial devastador.*

Ora (não-*p*) *o Estado não intervém* → portanto (*q*) *os incêndios conservarão todo o seu potencial devastador.*

No silogismo dito *completo*, a) e b), as duas primeiras *premissas*, quando concatenadas, levam a uma terceira, com estatuto irrefutável. A premissa *maior* consiste numa lei geral, válida para todos os membros de uma dada categoria, ao passo que a segunda, dita *menor*, corresponde a uma aplicação ou lei particular (Robrieux 2000: 31-34). Consideremos, por exemplo, o silogismo típico:

a) *Se todos os homens são mortais* (premissa maior)
b) *e se Sócrates é homem* (premissa menor)
c) *então, Sócrates é mortal* (conclusão).

A força da conclusão mantém-se sempre, independentemente de um conteúdo verdadeiro ou falso das proposições, porque as ligações entre as premissas constroem uma pressuposição, isto é, um sentido implícito impossível de negar (ver cap. 1, 1.3.3.). Consideremos então um silogismo hipotético como

a) *Se os animais com doenças incuráveis são abatidos para não sofrerem* (premissa maior, considerada verdadeira),

---

[15] Para que este silogismo simples seja válido fora da Retórica, isto é, no domínio da Lógica formal, basta que as suas premissas sejam universalmente válidas.

b) *e se os seres humanos são animais* (premissa menor, também verdadeira do ponto de vista biológico).

c) *então, os seres humanos com doenças incuráveis devem ser abatidos para não sofrerem.*

O argumento brutal em defesa da eutanásia mostra como um raciocínio puramente lógico funciona, independentemente do facto de, em consonância com determinados valores éticos em muitas sociedades, não ser válido.

No segundo caso, agora com um silogismo em que as próprias premissas são hipotéticas, temos

a) *Se todos os seres humanos são deuses* (premissa maior, obviamente falsa)

b) *e se Jeová é um homem* (premissa menor, também falsa)

c) *então, Jeová é um deus* (conclusão verdadeira, ao menos no universo bíblico).

Estes raciocínios dedutivos podem ser aproveitados não apenas nas hipóteses e nas categorias de classificação (*homens, animais, deuses,* como nos exemplos anteriores), mas também nas *disjunções* e nos *dilemas,* quando se impõe a escolha entre alternativas (Huber 2005 [1964]: 112-125). Encontramos facilmente em qualquer discurso político esta divisão redutora que, pela sua simplicidade, é bastante fácil de assimilar:

(ou p ou q) *Das duas, uma, ou havia armas de destruição maciça no Iraque ou não.*

(se p, então r) *Se havia armas de destruição maciça no Iraque, então tem de haver provas concretas da sua existência que devem ser publicamente divulgadas, para justificar o esforço de guerra.*

(se q, então s) *Se não havia armas de destruição maciça no Iraque, então não há provas concretas da sua existência, pelo que não podem ser divulgadas (e, portanto, o esforço de guerra não tem justificação).*

Se as duas possibilidades iniciais (p e q) forem possíveis, mas se excluirem mutuamente, a audiência estará perante um dilema (Weston 2005 [1986]: 76-79). Assim, estabelecida uma relação de contraste entre as duas possibilidades e uma relação de causa-efeito com as restantes ideias, encerra-se a audiência numa escolha do qual deve sair escolhendo a opção desejada pelo orador. Cf. o seguinte discurso: *Temos duas hipóteses: ou queremos um país forte, com futuro, um país de que nos possamos orgulhar* (ponto não enunciado: *e então devemos... escolher o partido X para governar/optar pela ideologia Y/combater a crise/acabar com a pobreza/educar os nossos jovens/trabalhar com afinco/reformar as finanças públicas/expulsar os emigrantes/recorrer à pena de morte...)... ou queremos um país fraco, um país que não avança, um país de que temos vergonha* (subentendido: o que acontecerá *se não escolhermos o partido X/se não optarmos pela ideologia Y...*).

Muitas destas argumentações não surgirão desta forma simples na comunicação, serão antes trabalhadas, ou suprimindo as partes que não forem necessárias, ou enunciando conclusões e premissas numa ordem distinta. No caso do exemplo sobre a mortalidade de Sócrates, por exemplo, não é possível negar a conclusão, mas também nem sequer é preciso enunciá-la, porque o seu conteúdo se encontra já na concatenação das duas primeiras afirmações. Aliás, tão forte é o poder implícito deste raciocínio que a referida conclusão pode ser mesmo deixada a cargo da audiência.

2.3.4. Aproveitamentos pragmáticos

Sobretudo no caso de ser apresentada uma espécie de dilema ou disjunção de ideias, a técnica discursiva que consiste em suprimir alguns passos maximiza o poder argumentativo dos silogismos por via pragmática, usando estratégias de indireção ilocutória e sentidos implícitos. O coletivo de interlocutores construirá então, por si, o sentido final da mensagem, exercitando as suas capacidades cognitivas, apropriando-se do argumento e fazendo-o seu. Neste caso, a persuasão também tem mais efeitos a longo prazo, uma vez que estimula a própria memória (Trenholm 2001: 275).

É o que acontece na seguinte formulação: *Se havia armas de destruição maciça no Iraque, então tem de haver provas concretas da sua existência que devem ser publicamente divulgadas, para justificar o esforço de guerra. Ora, até ao momento, nenhuma prova foi divulgada, ou sequer anunciada. Não será então legítimo concluir que não existem provas porque não podiam existir, porque as armas em causa nunca existiram... ? Não será então o esforço de guerra apenas um erro que obstinadamente o governo americano se recusa a admitir, ainda que nada o justifique?*

Encontramos neste pequeno excerto um bom exemplo de como um raciocínio dedutivo, com toda a aparência de uma demonstração lógica, é, na verdade, uma peça de argumentação persuasiva. De facto, a supressão da afirmação *o esforço de guerra não tem justificação* é deixado implícito também pelo recurso à pergunta, que ilustra um dos atos ilocutórios indiretos mais potentes da comunicação pública. As perguntas, como sabemos, são atos de tipo diretivo, porque exigem uma resposta concreta por parte do interlocutor (cf. cap. 1, 1.3.4.). Ora, no caso em apreço, o débito não para, isto é, não se admite a tomada de palavra por parte da audiência (a menos que, pela construção tendenciosa do discurso, o orador tenha a certeza de que obtém o seu apoio entusiástico). Assim sendo, a pergunta é *retórica* no sentido mais amplo do termo, constituindo no fundo uma afirmação, ou seja, em termos de eficácia pragmática, um ato ilocutório assertivo indireto, e não um ato diretivo.

2.4. Uso de argumentos baseados na estrutura do real

2.4.1. Argumentação por sucessão

Como dissemos, a par da argumentação quase-lógica, existem argumentações empíricas, que retiram a sua força do próprio real. É o que se passa com o primeiro destes argumentos, a *sucessão*, que se organiza em duas partes. A primeira consiste nos fatores que levam a uma dada situação e a segunda nos resultados desses fatores. A relação tanto se estabelece no passado – em cujo caso trabalhamos com a realidade – como no futuro – e entraremos então no domínio do hipotético. Podemos convencer uma audiência de que um dado procedimento é favorável ou não, justificando-o de forma incontestável, o que se torna ainda mais forte se lhe associarmos uma argumentação com base na autoridade (ver 4.3.). Na versão mais conhecida, a argumentação por sucessão permite também estruturar os argumentos no plano *causa-efeito*.

Por exemplo, se uma equipa de engenheiros defende o traçado de uma autoestrada numa dada zona, pode invocar, pelo processo de causa-efeito, que as caraterísticas geomorfológicas do terreno originam menos despesas nessa opção. Ou, em alternativa, uma outra equipa, especialista em estudos demográficos e económicos, pode invocar as vantagens para as populações que serão servidas por esse traçado, nomeadamente pelo facto de ser o mais curto ou o que serve o maior número de pessoas. Da mesma forma, um representante sindical pode defender que uma manifestação contra uma medida do governo terá mais impacto se reunir representantes de todos os setores afetados na capital, porque será sempre muito mais ampla do que pequenas manifestações locais, ao passo que outro pode contra-argumentar com as dificuldades logísticas levantadas por esse plano, e advogar, ao invés, manifestações regionais em datas sucessivas, porque terão a vantagem de atrair a atenção da comunicação social durante um largo período de tempo.

É importante notar que, embora bastante fortes, estes argumentos exigem, antes de mais, que exista uma real conexão entre a causa e o efeito, depois que a causa invocada seja a única, a mais importante, ou, pelo menos, a mais provável, que preceda o efeito (e não que se lhe siga, sobretudo) e, por fim, que não subsistam quaisquer outras causas colaterais para o efeito descrito (Weston 2005 [1986]: 61-63). Em qualquer destas situações, incorremos no risco de interpretar incorretamente a relação entre factos, tal como acontecia, aliás, com o argumento quase-lógico de relação entre a parte e o todo (cf.2.3.1.). Por exemplo, durante muito tempo acreditou-se que o Sol girava em torno da Terra porque esta seria o centro do universo, enquanto criação divina e morada do Homem, por sua vez feito à imagem e semelhança de Deus. Trata-se de um caso evidente de confusão do sinal (ou seja, o que se vê, o efeito) com a causa propriamente dita. Erros de raciocínio deste tipo podem igualmente ocorrer com os outros argumentos mais corriqueiros acima adiantados: se a autoestrada tiver uma portagem muito cara e houver alternativas de trajeto, as populações da zona não beneficiarão assim tanto com a sua construção, o que destrói automaticamente a causa e a fundamentação para construir a autoestrada.

Numa situação inversa – a do efeito que permite reconstruir a causa –, um ponto a defender pode ser sustentado pelas consequências que temos à nossa frente. Em vez de dizermos que alguém gastou o dinheiro à-toa e, por isso, vive agora com dificuldades económicas (relação causa-efeito), podemos dizer que vive com dificuldades económicas agora porque gastou o dinheiro à-toa (relação efeito-causa).[16] Mediante um efeito ou resultado, calculam-se quais os prováveis antecedentes que o originaram. Aconteceria o mesmo numa comunicação pública, se um autarca afirmasse numa sessão da Assembleia Municipal que a criminalidade em certos bairros aumentou porque é visível o clima de insegurança. Ou, num contexto idêntico, o representante de uma comissão de moradores pode sustentar que um prédio abandonado está em risco de derrocada e deve ser demolido, porque nos últimos tempos tem havido queda de pedaços de reboco e telhas no passeio. Também neste caso, convém que o fenómeno constatado esteja efetivamente ligado à sua origem e que não haja qualquer outra explicação possível. Se o clima de insegurança for causado por boatos, rumores ou desconfianças com origem em rivalidades étnicas, isso não significa necessariamente que a criminalidade tenha aumentado. E se os detritos do prédio foram causados pelas crianças que andaram a brincar às guerras, a argumentação, justamente porque tem de se basear no real, cai, como se costuma dizer, pela base.

2.4.2. *Argumentação por coexistência*
Surge aqui uma situação muito semelhante à da argumentação por coexistência, ainda que esta acompanhe em geral um raciocínio de tipo indutivo. Qualquer biólogo consegue sustentar que uma espécie de animais vive num

---

[16] Não tratamos aqui um caso em que uma aparente argumentação por causa-efeito associa o conteúdo da afirmação ao próprio acto de a enunciar. A diferença é nítida se compararmos *Como o anticiclone dos Açores não está na sua posição habitual, choveu muito* (verdadeira argumentação por causa-efeito) e *Choveu porque a rua está molhada* (*Digo que choveu e digo isto porque constato que a rua está molhada – a causa de eu dizer que choveu é...*).

dado local através das pegadas, ramos partidos e outros vestígios que indiciem a sua presença, chegando ao ponto de determinar o porte de cada exemplar a partir de dimensões como a profundidade, a distância e a altura das pistas, e isto sem nunca os ter visto. Para tanto, porém, não pode apenas utilizar o raciocínio efeito-causa, terá igualmente de investigar numerosas pistas semelhantes e, ainda, de as confrontar com as encontradas noutras situações, até que o possa sustentar.

Note-se ainda que este ponto de chegada, mais uma vez baseado em dados reais, é, na verdade, estabelecido por quem analisa os dados e não pela realidade em si, embora existam fortes probabilidades que sustentem as conclusões. Esta caraterística permite-nos perceber como estes argumentos podem ter um aproveitamento retórico. Assim, um governo dirá que bons resultados económicos se devem claramente às suas corretas opções políticas, mas preferirá sustentar que maus resultados económicos são consequência inevitável de uma conjuntura global desfavorável. Em suma, os factos evocados existem na realidade, mas a ligação resulta de uma operação discursiva do orador – é essa ligação que é argumentativa e pode, por conseguinte, tornar-se persuasiva.

2.5. *Uso de argumentos que fundamentam a estrutura do real*

2.5.1. *Caso particular*

O uso argumentativo dos casos particulares – *exemplos, ilustrações* e *modelos* – apenas difere nas ligações estruturais que cada um deles permite, já que a sua origem é idêntica. No primeiro caso, o exemplo consiste num argumento de pleno direito que, junto com outros, fundamenta uma regra – comprovamos assim a sua força. Convém não esquecer, uma vez mais, que o orador tem de construir a semelhança do conjunto no seu próprio discurso, sob pena de não conseguir convencer a audiência. Isso não o impede, porém, de jogar com o efeito de surpresa. Por exemplo, se, usando a pergunta retórica, interrogarmos a nossa audiência sobre o que têm em comum Jodie Foster e Joan K. Rowling, haverá uma certa perplexidade, sobretudo se tal for feito no contexto de um evento promocional de estabelecimentos de ensino. A resposta que interessa – são bons exemplos de pessoas de sucesso que têm formação em Francês – transforma-se então numa argumentação implícita a favor da aprendizagem desta língua, o que poderá ser feito optando pelo curso X. O recurso é empregue com muita frequência pela maioria das instituições de ensino superior, tanto públicas como privadas, e não apenas em painéis publicitários. No entanto, nada tem de reprovável: afinal, a maioria dos contos tradicionais faz exatamente a mesma coisa, utilizando uma "narrativa de exemplo" para fundamentar um provérbio, uma máxima ou um princípio moral.

Utilizamos as ilustrações, também bastante habituais, para ajudar a sustentar uma afirmação, ou um conjunto de afirmações, mas, sobretudo, para uma maior clareza das nossas propostas. As ilustrações não são, portanto, fundamentos de uma argumentação, como os exemplos, e sim episódios, casos, histórias, que ajudam a audiência a compreender melhor o que dizemos. De certa maneira, é assim que funciona a presente obra, uma vez que todos os conceitos, depois de definidos e explicados, são ilustrados com histórias, anedotas ou situações verdadeiras, ou de base verdadeira. Este método funciona bem porque aproveita o gosto natural das pessoas pelas narrativas, tanto mais interessantes quanto invulgares ou cómicas forem. Além disso, apela à visualização concreta, o que é bastante mais eficaz do que o raciocínio abstrato. Na verdade, as ilustrações têm uma utilidade acessória, por ajudarem a fixar na memória. Daí, aliás, o seu uso tão frequente em contextos didáticos, sobretudo em faixas etárias mais jovens.

Por último, o recurso a modelos pretende suscitar na audiência o desejo de imitação. É por esse motivo que muitas vezes se convidam pessoas ilustres para serem entrevistadas ou para virem falar a uma escola, instituição de solidariedade social ou espetáculo de beneficiência. A sua presença atua ainda como atração, levando as pessoas a tentarem imitá-las ou a acorrerem ao evento, apenas para as verem. Uma situação muito comum ocorre, por exemplo, em reuniões científicas sobre pintura, música, cinema, literatura ou qualquer outra arte: um ou vários artistas serão sempre convidados, porque se pretende ter diante dos olhos uma imagem viva da própria arte. Novamente aqui, aproveitamos as imagens, mas, ao mesmo tempo, os sentimentos de emulação que suscita em qualquer audiência a atração de uma celebridade.

2.5.2. *Associação: comparação, analogia e metáfora*

Ainda no âmbito dos argumentos que fundamentam a estrutura do real, temos outros tipos, todos baseados na associação de caraterísticas, mas que as teorias da argumentação distinguem claramente. Assim, uma analogia fundamenta uma metáfora, e esta, por sua vez, poderá ser uma transformação da comparação. Uma vez que continuamos no domínio discursivo, é importante compreender que se usa uma eventual semelhança entre as ideias associadas como argumento, mas que essa associação é, na verdade, construída pelo orador. Ou seja, usamos na comunicação pública imagens verbais das coisas reais, mas os traços que salientamos são escolhidos por nós, de maneira a fazer sobressair uma qualquer semelhança, seja das coisas em si mesmas, seja das relações que diferentes objetos sustentam entre si. Não é por acaso que comparações e metáforas são consideradas como figuras básicas e fecundas da Retórica, tendo por isso conservado uma aura de "ornamento" que, às vezes, prejudica o seu estatuto. Na verdade, as associações integradas num discurso argumentativo podem, inclusive, ter uma dimensão estruturante desse mesmo discurso, por fundamentarem uma qualquer posição.

Enquanto fundamento argumentativo, a *comparação* funciona de maneira retórica, por assim dizer, uma vez que a a sua principal utilidade é a de uma simplificação pedagógica. Na verdade, a comparação é, em certa medida, o uso exacerbado da relação de identidade (ver 2.3.2.). Ao compararmos, sabemos muito bem que nenhum conceito, ideia ou facto é verdadeiramente semelhante a outro, desde logo porque não seriam então dois factos, mas sim duas ocorrências do mesmo facto. Além disso, a comparação, contrariamente à analogia, pode constituir-se até como uma redução, sobretudo se não indicar o critério que serviu de base à aproximação, aproximação essa feita muitas vezes por traços meramente conotativos bastante exagerados (Robrieux 2000: 153-154). Em terceiro lugar, permite manipulações argumentativas, nalguns casos francamente abusivas, por via do subentendido.

O caso é flagrante no discurso político, que pode usar os termos de uma comparação sugerindo determinadas associações. Consideremos, por exemplo, os votos obtidos por diferentes candidatos numa eleição. A perspetiva e a impressão deixada no público será diferente se se considerar como termo de comparação o que teve menos (cf. *O candidato X obteve 37% dos votos, ficando portanto à frente dos 29% do adversário Y...*) ou os que tiveram mais (*Os 29% do candidato Y aproximam-se assim dos 37% do candidato X, deixando bastante para trás os 15% do candidato Z*). Uma situação semelhante é, aliás, a das comparações implícitas que subentendem tendências positivas ou negativas. Assim, 46,8% dos votos – uma percentagem objetiva, se considerada isoladamente – pode ser apresentada no discurso do candidato derrotado como *quase 50%*. Perante uma audiência que queiramos convencer pela positiva, a impressão deixada é a de que essa percentagem corresponde a *quase metade dos votos*, ou, em termos mais simples, a "um copo meio cheio". Já o objetivo inverso – diminuir a importância dessa percentagem – pode ser alcançado pelo candidato vitorioso mencionando o "copo meio vazio", isto é, que o seu rival obteve *menos de metade dos votos*. Note-se que ambas as afirmações são verdadeiras, mas o seu impacto não é o mesmo, tal como não será o mesmo se um terceiro candidato, que obteve percentagem residual, insistir em que *retirou aos grandes partidos mais de 1% do eleitorado nacional...*[17] Todas estas comparações partem de factos reais – no caso, percentagens indiscutíveis, porque apuradas por entidades idóneas, como a Comissão Nacional de Eleições, ou outras. No entanto, a apresentação de percentagens numa comunicação pública, sobretudo num discurso feito num contexto político, nunca é feita independentemente de uma persuasão particular, motivo pelo qual são, as mais das vezes, objeto de comparações deste género.

Embora não resulte de uma imitação, nem seja puramente empírica, a *analogia* pode ser compreendida como uma similitude de estruturas, construída discursivamente, mas, apesar de tudo, com alguns pontos de contacto na realidade. Numa fórmula simplificada, a analogia traduz-se da seguinte maneira: A está para B assim como C está para D (Perelman e Olbrechts-Tyteca 1996 [1958]: 424). A analogia não é, pois, uma identidade nem uma comparação de objetos, mas uma semelhança da relação entre esses objetos.

Num nível mais simples, a sua utilidade torna-se clara na construção de imagens que permitem ao público visualizar uma ideia abstrata, ou concretizá-la e, também, fixá-la na memória. Podemos, por exemplo, estabelecer uma analogia entre a caldeira de uma locomotiva e uma panela com água a ferver, mostrando como, em ambos os casos, é o vapor que produz energia. No domínio das ciências, é frequente que se comece uma investigação a partir de analogias. Assim, os ratos são usados para experimentar novos medicamentos destinados aos seres humanos, tal como o comportamento dos chimpanzés, orangotangos ou gorilas é muitas vezes usado para estabelecer paralelos, por serem primatas como nós. Inversamente, certos comportamentos desses primatas também são perspetivados pelo crivo humano: um conferencista pode explicar as relações hierárquicas dos orangotangos associando-as às de uma tribo, ou então descrever o comportamento agressivo dos grupos de chimpanzés estabelecendo uma analogia com gangues rivais de um mesmo bairro. Em ambos os casos, encontramos o aproveitamento do que é familiar à audiência para introduzir um dado novo, pelo que se constrói progressivamente conhecimento novo a partir do antigo. Este recurso argumentativo é assim bastante eficaz por despoletar associações cognitivas habituais.

---

[17] Todos os enunciados recorrem ao implícito. A interpretação dada assenta no contexto em que são proferidos, aproveitando os princípios da teoria da argumentação propostos por Anscombre e Ducrot (cf. nota 1), nomeadamente a análise de exemplos congéneres (Ducrot 1980b: 25-28).

Isto explica que, num nível mais complexo, a analogia se possa tornar estruturante, no sentido em que ajuda a construir o aparelho concetual subjacente à globalidade do discurso, nalguns casos com ramificações muito extensas. Um exemplo muito célebre no discurso científico é o da energia elétrica, que hoje não concebemos de outra forma que não seja a de uma "corrente", porque a analogia original que serviu para a explicar se baseava na circulação hidráulica, ou seja, nas correntes de água (cf. Perelman e Olbrechts-Tyteca 1996 [1958]: 438-439). Por isso, as designações dos fenómenos relacionados com a eletricidade acabam por ampliar essa analogia a um campo semântico muito mais vasto: há corrente que "passa", ou que "não passa", "bons condutores" e "maus condutores", "contacto" e "mau contacto", "circuitos", etc.

A terceira forma de associação – a *metáfora* – é uma forma condensada da analogia (Perelman e Olbrechts-Tyteca 1996 [1958]: 453). Se tem, como dissemos, uma "fama ornamental", por outro lado, a sua óbvia utilidade argumentativa advém do uso corriqueiro. De facto, a metáfora pode mesmo ser vista como uma forma de conhecimento do mundo, porque a sua criação assenta na necessidade de categorização, que fazemos através da nossa experiência sensorial. Pela metáfora, a linguagem é usada para configurar esse mundo, como se percebe facilmente a partir da expressão *limpeza étnica* (Mercer 2000: 80). Contudo, enquanto fundamento do nosso próprio sistema percetivo e enquanto recurso explicativo, é-nos tão familiar que nem sequer a reconhecemos no discurso quotidiano.[18] Muitos dos clichés da nossa linguagem são metáforas, razão pela qual podem ter algum impacto cómico ou demagógico numa audiência, por via da familiaridade.[19] Na maior parte dos casos, as metáforas partem de traços reais ou

---

[18] De alguma maneira, esta forma de ver a metáfora torna-a diferente dos recursos que vimos até aqui. Assim, pode ser encarada como um processo concetual, que configura o nosso pensamento, e não apenas como um artifício de linguagem (Lakoff e Johnson 1980: 3-6). Não desenvolveremos esta vertente, admitindo muito embora que possa ter os seus fundamentos, porque, para o ponto que nos interessa, o seu uso nunca é inocente na comunicação pública. Poderá, quando muito, admitir-se que a sua eficácia argumentativa resulta dessa essência concetual.

[19] Não devemos esquecer que as metáforas muito repetidas se desgastam e ficam "adormecidas", isto é, tornam-se impercetíveis (Perelman e Olbrechts-Tyteca 1996 [1958]: 459). Basta pensar em expressões como *o desgaste de anos de governação, os portugueses têm de apertar o cinto, as taxas de juro dispararam* e *o país está de tanga*. Neste caso, a excessiva familiaridade pode tornar-se contraproducente, sendo necessário reabilitar a metáfora. Num caso concreto, em vez de usarmos o cliché bíblico *período de vacas magras*, podemos falar num *período de vacas anoréticas*, ou mesmo num *período de vacas inexistentes*.

conotativos – isto é, que os objetos do real possuem, ou que suscitam associações linguísticas –, que se podem relacionar com algo conhecido. Se dissermos, numa apresentação pública de um projeto arquitetónico, que tem linhas esbeltas e elegantes, estamos a aproveitar uma semelhança entre as proporções de uma pessoa e as do objeto, isto é, uma metáfora de tipo físico e antropomórfico. Já no caso de falarmos em proporções faraónicas e em ambições napoleónicas, estamos claramente a despertar na audiência memórias históricas, isto é, a aproveitar conotações construídas pela linguagem e pela própria cultura.

Ainda que a natureza da metáfora seja semântica, é possível considerar metáforas gramaticais ou sintáticas, como a opção pela passiva, como equivalente a uma metáfora. Por exemplo, afirmar que *os impostos serão aumentados* desculpabiliza quem o faz (que nem sequer surge como agente, tanto no sentido literal como no sentido sintático e semântico), ao passo que *vamos baixar os impostos* responsabiliza quem o afirma, com consequências na sua imagem (cf. Mercer 2000: 81). Não discutindo se é legítimo considerar ou não esta construção como metafórica, podemos, em todo o caso, classificá-la como argumentativa por suscitar uma interpretação implícita.

Note-se que algumas destas associações contêm termos subjetivos, mesmo se a linguagem tendenciosa não é, em geral, bem aceite – nem uma definição a deveria, por princípio, utilizar, pelo menos no âmbito de uma argumentação considerada séria, sobretudo quando se trata de refutar uma opinião alheia (Weston 2005 [1986]: 25-26). No entanto, pouco eficientes seríamos se não aproveitássemos quando útil as conotações que uma dada palavra ou expressão pode despertar numa audiência (cf. Perelman e Olbrechts-Tyteca 1996 [1958]: 167-8). Qualquer escolha será, neste sentido, subjetivamente marcada, não só porque corresponderá ao que pensamos ser o horizonte de expetativas da audiência, como também porque conduzirá o raciocínio e até a validação das nossas afirmações.

Um exemplo apenas comprova isto mesmo a partir das opções lexicais permitidas pelos eixos paradigmáticos (ver cap. 1, 1.1. e 1.3.1.). Um comandante da GNR pode apresentar a diferentes membros do governo um programa de controlo do trânsito nas grandes cidades, identificando os "objetos" com os termos *veículo – automóvel – motorizado*, mas dificilmente se referirá a *chapinhas* ou *latinhas*, porque esse não é o registo adequado à ocasião, nem interessa evocar o mau estado do parque automóvel por meio desses termos afetivos. Por outro lado, é pouco provável que se dê ao trabalho de mencionar caraterísticas não essenciais, como as de um *veículo a gasolina – híbrido – diesel*, porque o tipo de combustível não será nem um pouco pertinente para explicar os maiores ou menores engarrafamentos. Por fim, se utilizar expressões como *estudos do INE revelam*... *de acordo com os dados da Direção-Geral de Viação*... *estes números demonstram*, a força das suas afirmações será muito mais convincente do que a de um discurso em que cite *a opinião dos mais conceituados especialistas do Observatório Nacional de Trânsito*... ou *as estatísticas do INE que apontam nesse sentido*. O primeiro discurso é argumentativamente convincente, o segundo muito menos.

Neste sentido, toda a linguagem é, de alguma maneira, tendenciosa, no sentido em que é preparada para a melhor adesão do público. O mesmo se dirá das definições retóricas que podemos considerar metafóricas. Sendo baseadas numa interpretação subjetiva, ou no aproveitamento das conotações dos termos, em muitos casos contextuais e contingentes, conduzem a interpretação da audiência para um determinado sentido, sob uma aparência legitimante como a que vimos para a definição lógica (cf. 2.3.2.). Por esta razão, dizer de alguém que *é militante antifascista* terá um impacto particular junto de uma audiência de mais de 50 anos, seja ela de esquerda ou – mais significativamente, de direita – mas passará despercebido, ou nem sequer será bem compreendido num auditório de menos de 20 anos. De maneira mais subtil, a definição retórica também pode condensar-se numa simplificação extrema, assumindo até a forma de um *slogan* e, por essa mesma razão, torna-se muito eficaz em termos de persuasão, ainda que com um valor lógico absolutamente nulo, como em *A Administração é a mãe desta empresa* (ver Robrieux 2000: 149-153).

2.6. Disposição dos argumentos

2.6.1. Partes do discurso

Compreendidos alguns dos principais recursos da argumentação, é tempo agora de vermos como se concatenam numa situação concreta, de maneira a maximizarem as suas potencialidades. Na raiz desta preocupação está o facto de qualquer questão, por mais óbvia que seja, ser sempre mais compreensível se estiver dividida em pequenas partes encadeadas entre si. Podemos pensar que cozer ovos é elementar, mas basta imaginar que nunca o havíamos feito antes para mentalmente dizermos: *primeiro... depois... por fim...* Uma fácil compreensão do que queremos dizer pode também ser obtida usando linguagem acessível, explicando os termos mais técnicos ou menos conhecidos, e recorrendo a exemplos ilustrativos. Nada impede que o mesmo aconteça em contexto diádico ou de comunicação em grupo restrito, mas existem aí facilidades para nos entendermos que não são praticamente possíveis quando falamos em público (ver 3.1.).

A esta primeira contingência externa junta-se uma segunda, que é interna mas tem reflexos no exterior: qualquer plano estruturante de uma argumentação é, no fundo, um esquema interpretativo em que o orador orienta o pensamento dos membros da sua audiência num dado sentido (Perelman e Olbrechts-Tyteca 1996 [1958]: 161), favorecendo portanto a construção conjunta da mensagem no sentido que deseja. Todos conhecemos a tradicional divisão de um discurso argumentativo em três partes: a *introdução*, que é, no fundo, uma espécie de cartão de visita, o *desenvolvimento*, a parte mais substancial, e uma *conclusão*. De acordo com o velho aforismo tautológico, na primeira anunciamos o que iremos dizer, na segunda dizêmo-lo, na terceira resumimos o que acabámos de dizer. Para percebermos exatamente o que isto implica, é importante ter em conta que essas partes, de extensão variável conforme o tema, a perspetiva a defender e a quantidade de argumentos disponíveis, concorrem todas para o mesmo fim, que é a persuasão da audiência. Tal é feito pela apresentação inicial de uma tese, que o discurso irá comprovar ou demonstrar, aproveitando os momentos estratégicos em que a atenção dos ouvintes está mais desperta, e que deverá ser fixada na memória da audiência no fim (Adler e Rodman 2006: 354).

A *introdução*, dado o seu posicionamento privilegiado no início da comunicação, é justamente a parte que permite captar a atenção e o interesse da audiência, ou pela familiaridade, ou, pelo contrário, pelo choque – caso que ocorre muitas vezes quando uma tese é polémica e pretendemos projetar uma imagem de ousadia. Podemos, por exemplo, apresentar uma anedota, uma história ou um exemplo flagrante ou que interpele, revelar uma notícia escandalosa ou espantosa, ou, em alternativa, integrar a audiência no discurso, utilizando uma citação ou uma imagem com que possa simpatizar, mencionando o tema em terminologia simplificada, explicando por que motivo é importante, ou ainda, referindo a ocasião (um congresso, uma comemoração).

Sejam quais forem as nossas preferências, é neste ponto que a perspetiva particular do discurso deve ser anunciada, de maneira a vincar a importância do que temos para dizer, levar o público a querer saber mais, e a estabelecer uma relação connosco, ou com base na confiança, ou na atração, ou no poder. A introdução deve, pois, informar desde logo sobre o tema e o estilo escolhido (humorístico, corrente, erudito, solene...), os objetivos e os pontos principais do discurso, para que o público possa pelo menos calcular para onde vamos conduzi-lo (Adler e Rodman 2006: 362-366). Começar uma comunicação de acordo com estes conselhos simples e óbvios tem dois efeitos importantíssimos:

mostra que sabemos o que estamos a fazer e, em simultâneo, que o público não perderá o seu tempo ouvindo o nosso discurso.

É habitual anunciar na própria introdução o ponto de partida junto com o ponto de chegada, o que significa remeter para a *conclusão*. O plano do discurso é, por conseguinte, simétrico, até porque esta última deverá resumir as ideias principais e reenunciar a tese. Na verdade, enviamos ao público a mensagem de que o fim do nosso discurso se aproxima quando não surgem novos pontos, e sim uma recapitulação do que já foi dito, com um reforço da importância da tese enquanto explicação para o problema inicial. A conclusão é, por conseguinte, um ponto em que se verifica a justeza, ou, pelo menos, o grau de probabilidade da tese como explicação para este ou aquele problema, este ou aquele fenómeno, ou a opinião ou posição sustentadas. A conclusão deve, aliás, marcar o público de forma inolvidável (se possível), e daí conter com frequência um apelo ou desafio, usar uma citação ou uma ilustração fortes, anunciar algo de diferente, ou, no contexto científico, uma linha para trabalho futuro (Trenholm 2001: 282-284). Também em contexto científico – mas não no político nem no jurídico, por razões óbvias –, é neste ponto que costumamos indicar algumas falhas ou faltas da própria tese. Se, por um lado, esta humildade pode prejudicar a ideia de "completude" ou de "perfeição" do discurso, por outro indicia que a investigação continua, ao mesmo tempo que reforça a credibilidade. Por outras palavras, esta estratégia cria a impressão de que o discurso não é apenas uma peça de retórica, mas uma genuína busca da realidade... ou da verdade tal como a entendemos e queremos transmitir ao nosso público.[20]

O *desenvolvimento* tem por função organizar e ampliar os principais argumentos de forma a que o público possa reconstruir uma sequência de pensamento, apoiando-se em anúncios prévios, ligações entre ideias e sínteses parciais, o que tem de ser facilitado pelo orador. Tal como no silogismo, o raciocínio é montado partir de premissas, isto é, de pontos aceites por todos, e que devem ser estabelecidos no início. Uma definição convencionada, uma citação muito

---

[20] A argumentação redunda aqui numa busca de conhecimentos, ou, pelo menos, de novas formas de explicar as coisas, o que nos faz perceber como é essencial à própria investigação científica, ainda que, como é evidente, não seja esse o seu único campo de aplicação. De maneira mais abrangente, a argumentação torna-se inclusive numa maneira de *pensar as coisas*, precisamente o que lhe confere estatuto em Filosofia. Como vimos, não cabe no nosso âmbito uma discussão sobre os fundamentos filosóficos das teorias da argumentação, mas alguns dos conceitos que usamos em todo o ponto 2. têm neles as suas raízes.

conhecida, ou uma afirmação consensual baseada num conhecimento prévio da audiência, estabelecem um campo de referências comuns – o que terá de ser contrabalançado, no entanto, com a perda em interesse e novidade.

Uma premissa também pode corresponder a algo tão indiscutível e conhecido que lhe chamamos mesmo *lugar-comum*, como, por exemplo, *A Terra gira em volta do Sol* ou *Os cães são dotados de um faro extraordinário*. Recorde-se, todavia, que as constipações dos cães afetam as suas capacidades olfativas – o que diminui o valor da premissa se estivermos a tentar provar um crime com base no faro de um cão específico, que por azar estava doente. Mais seriamente, nem sempre a primeira afirmação foi tão indiscutível quanto isso, embora haja boas probabilidades de, nos dias de hoje, ser aceite por todos. Uma premissa polémica, surpreendente ou pouco plausível será por isso mesmo muito mais difícil de aceitar: *Meus amigos, dado que o futebol é o novo ópio do povo, vamos hoje apresentar medidas que permitam o seu controlo apertado pelo governo* não cai bem numa assembleia em que estejam presentes alguns entusiastas da modalidade – eventualidade mais do que provável. Talvez não convenha então que a fraqueza da argumentação resida precisamente em pressupor este ponto de partida. É que da aceitação das premissas por parte do público depende o quadro em que se desenvolverá a nossa argumentação. Preferível então, se queremos mesmo defender este ponto de vista, será utilizar como premissas o tempo e o dinheiro quiçá excessivos que um tal desporto exige, o facto de eventualmente distrair os cidadãos de problemas sérios, etc. Táticas como estas são particularmente importantes no início de uma apresentação, já que esses primeiros momentos são os de maior expetativa por parte da audiência (Denny 2006: 97).

Em segundo lugar, o desenvolvimento das premissas passa pelas estratégias argumentativas que considerámos já, todas elas postas ao serviço da sustentação da *tese*. Sobretudo no contexto científico, em que existe uma clara preferência pelos fundamentos factuais e pela argumentação quase-lógica, as provas usadas deverão provir, como é óbvio, de fontes idóneas, sejam elas documentos autênticos, observações, opiniões ou pareceres de especialistas ou trabalhos credenciados (Huber 2005 [1964]: 71-75). Contudo, o mais importante é a ordenação destes dados em pontos distintos, que correspondem justamente às ideias principais e ao fio condutor que nos interessa. Também por facilidade de compreensão, existe uma regra de divisão, de acordo com a qual um discurso argumentativo, tal como um ensaio escrito, não deve ter menos de dois pontos nem mais do que cinco, respeitando-se esta proporção também nas subdivisões – dois a cinco sub-pontos e assim por diante (Adler e Rodman 2006: 356). Por razões de clareza, cada ponto deve ocupar um máximo de 5 minutos de discurso (Denny 2006: 98).

A divisão e subdivisão dos pontos deve obedecer ainda a um único princípio taxonómico, isto é, uma classificação uniforme, onde não haja sobreposições (Huber 2005 [1964]: 24-25). A título de contra-exemplo, uma argumentação sobre os malefícios do tabaco não pode basear-se na seguinte divisão: (i) componentes maléficos de cigarros e charutos; (ii) impostos excessivos sobre consumidores; (iii) peso excessivo na Segurança Social por via dos tratamentos necessários aos fumadores. De facto, esta organização é inaceitável, porque emprega princípios distintos, já que (i) e (ii) abordam questões relacionadas com a saúde, além de apresentar sobreposições, uma vez que (ii) e (iii) versam sobre problemas económicos.

2.6.2. *Tipos de planos*

A maioria dos discursos segue canonicamente padrões de estruturação paralelos, em que uma lista de perguntas – os problemas ou questões a desenvolver – é acompanhada por uma lista de respostas – os pontos da tese a sustentar. Dentro desta base, existem planos distintos: cronológicos, espaciais, lógicos, por tópicos, psicológicos (Huber 2005: 34-38). Tal como no caso de outras estratégias argumentativas, a opção por um ou outro plano depende do tema, da perspetiva a desenvolver e, acima de tudo, do tipo de raciocínio que a audiência estará disposta a seguir.

Assim, uma comunicação sobre projeções económicas segue, em princípio, um plano cronológico, apresentando as metas a alcançar, os meios para o fazer e a calendarização ordenada das tarefas. Os planos cronológicos organizam-se sempre de acordo com uma sequência temporal, geralmente do mais antigo para o mais recente (Huber 2005 [1964]: 34-35).[21] Já um plano de tipo espacial, adequado a visualizações geográficas, por exemplo, estrutura-se do geral para o particular (Huber 2005 [1964]: 35). Neste caso, um projeto de desenvolvimento turístico pode ser apresentado começando por uma panorâmica do país ou da região, para de seguida se focar numa localização mais específica. Por fim, na organização por tópicos, as diferentes partes são conjuntos de ideias próximas que se encadeiam em assuntos, subtemas, subtópicos e assim por diante (Huber

---

[21] Existe uma preferência nítida por esta forma de organização cronológica, uma vez que a maioria das pessoas entende o mundo através de narrativas. Recordando aqui a argumentação por sucessão (cf. 2.4.1.), é fácil perceber que a cronologia sustenta assim uma relação causa--efeito, ou seja, a descoberta pessoal do porquê das coisas.

2005 [1964]: 35). Na mesma apresentação, o projeto em causa pode subdividir-se nos quatro tópicos seguintes: alojamento e alimentação, transportes, atividades de lazer e condições especiais.

Uma alternativa bastante comum é a que aproveita a ligação fundamentada pelos factos reais – ou aceites como tal pelo público –, construindo uma proposta em duas partes, o problema e a sua solução. Assim, começamos por revelar ao público uma situação, que se avalia como negativa. Pode tratar-se, por exemplo, de uma falta, falha ou prejuízo. Estando a audiência disso convencida – o que não será difícil, se o quadro real for pintado com cores excessivamente negativas – a solução ou soluções propostas pelo orador surgirão como as consequências desejáveis de uma dada intervenção (Huber 2005 [1964]: 37-38). O processo é extremamente popular no discurso de campanha política. Assim, um candidato pode traçar um quadro bastante desagradável da atual situação da freguesia, aldeia, cidade, região ou país, para de seguida se propor – ou propor o seu partido, ou o seu programa eleitoral – como a solução desejada e exequível, se nele votarem. Uma variante desta possibilidade consiste, aliás, na apresentação de diferentes soluções – inclusive recorrendo às da oposição – para as eliminar gradualmente, em função dos seus efeitos menos desejáveis. Suponhamos que uma dada região é descrita como estando carenciada em termos de apoios médicos, ou na rede escolar, ou em transportes, ou em qualquer outra infraestrutura de base. Isto é algo que qualquer audiência, em geral, aceita sem muita discussão, porque apela a uma necessidade afetiva que sente, independentemente de ser ou não privilegiada em termos relativos. Existem várias soluções possíveis para estas carências, que passam todas ou pela criação de novas estruturas, ou pela reorganização das já existentes. Supondo então que a primeira solução é a proposta por outro candidato, convém argumentar que exigirá mais impostos, levará muito tempo a concretizar, ou não é de todo possível, pela falta de recursos. Em compensação, a solução alternativa – a de quem fala – deve ser apresentada como viável, fácil, rápida – em suma, suscetível de obter os mesmos efeitos com menos custos. Como corolário, pode mesmo ser apresentada como a única possível.[22]

---

[22] De alguma maneira, é legítimo aproximar esta estratégia do chamado argumento *pragmático* (num sentido distinto do que temos visto até ao momento): as boas consequências de uma proposta constituem, para muitos públicos, uma prova suficiente da sua verdade, ou, pelo menos, da sua validade (Perelman e Olbrechts-Tyteca 1996 [1958]: 305). Neste sentido, a argumentação é persuasiva pelo juízo de utilidade que o público faz. Ou seja, funciona eficazmente porque o conseguimos convencer de que tem bastante a ganhar com um dado curso de ação, e, inversamente, bastante a perder com o seu oposto.

2.6.3. *Um caso particular: o plano dialético*

O desenvolvimento de uma tese segue, com frequência, o chamado plano "dialético" ou "de dissertação". O desenvolvimento, neste caso, configura-se arrumando os argumentos em três lugares estratégicos. O primeiro, o da *tese*, apresenta premissas, factos e argumentos que corroboram, comprovam ou ilustram a nossa posição pessoal. O segundo utiliza estratégias de refutação, sendo por isso chamado *antítese*. Nele se incluem todos os dados que, ao invés dos anteriormente utilizados, vão contra a nossa tese. Como é óbvio, serão devidamente enquadrados num discurso que, lançando mão dos recursos adequados, lhes retira validade, força, ou os torna menos importantes. Por fim, o terceiro momento, considerado *síntese*, conjuga os pontos principais, incluindo até os que puderem ser aproveitados a partir da antítese. O discurso terminará então com a conclusão canónica, reafirmando a tese.

A maioria dos ensaios escritos recorre igualmente a esta disposição, motivo pelo qual nos pode parecer familiar. Apresenta justamente essa vantagem porque a maioria das audiências aceita com facilidade um esquema de pensamento que conhece. Assim, suponhamos que uma empresa decide apresentar em público um projeto de exploração de biogás. Será de esperar que comecem por fazer uma pequena apresentação da própria empresa e das suas credenciais (estabelecendo, portanto, as referências para o resto do discurso, e criando desde logo uma impressão favorável). No mesmo momento, considerações que esclareçam conceitos básicos sobre o próprio biogás também são úteis, haja ou não haja especialistas na audiência. De facto, se não houver, convém que os leigos compreendam o que se lhes diz. Se houver, verificarão que a equipa possui a informação necessária para trabalhar na área, o que constitui uma credencial implícita. Nos pontos seguintes, que pertencem ao desenvolvimento, estas premissas deverão estar tão presentes no espírito de todos os assistentes que cada afirmação seja contada como uma espécie de ponto a mais na confiança inicialmente estabelecida. A equipa, ou o orador principal, apresentará então vários tópicos, como as etapas do projeto, o aproveitamento de infraestruturas já existentes, a construção de novas estruturas, o orçamento, a calendarização, etc.

Diremos que todos estes tópicos são expositivos, e não argumentativos, e assim será, de facto, mas apenas na aparência. Em muitos casos, optamos deliberadamente por nos "ater aos factos", quando jogam a nosso favor. Quando isso não acontece, então precisamos de os apresentar como positivos, lançando mão dos recursos argumentativos vistos supra. Por exemplo, se o projeto aproveita algo que já existe, isso é quase sempre um ponto positivo. O tópico pode assim ser usado para conseguir a adesão da audiência – é isso que o torna parte integrante da tese, que lhe confere o carácter de argumento e o autoriza a figurar nesse lugar estratégico. Inversamente, se não for o caso, será remetido para o lugar da antítese. Novas construções – uma fábrica, máquinas, sistemas de transporte, etc. – envolvem grandes despesas, o que poderia jogar contra o projeto. Por isso mesmo, a menção deste tópico, de preferência como possível contra-argumento, deve ser mencionado na antítese a par da criação de novos empregos, o que é geralmente bem visto pelos autarcas de qualquer região. De objeção que poderia ser, torna-se no fim num ponto favorável, como a síntese revelará: *Ainda que o investimento inicial seja considerável, o retorno na criação de emprego e no desenvolvimento da região compensa-o amplamente.* De notar que a palavra *despesa*, que terá surgido na antítese, é substituída com óbvias vantagens por *investimento* na síntese, aproveitando assim conotações positivas (ver 2.5.2.).

2.6.4. *Refutação*
Mesmo que não seja sob a forma dialética da antítese, todos os discursos argumentativos incluem, por segurança, uma qualquer forma de refutação, isto é, o afastamento, ainda que parcial, de posições contrárias, de dados que não corroborem a tese, ou a menção de contra-exemplos. É necessário fazer de advogado do diabo, antecipando, se possível exaustivamente, as objeções que poderão ser levantadas no discurso. Retomamos aqui uma estratégia que a Retórica conhece desde os sofistas, a de considerar os dois lados da questão (cf. 1.2.). O objetivo é, no fundo, o de reduzir ou aniquilar a força dos potenciais adversários. Isto pode ser feito através do descrédito das teses contrárias, dos seus fundamentos factuais, dos seus autores ou até do seu desenvolvimento lógico (Huber 2005: 158-159 e 161-165). Utilizando o exemplo anterior, podemos antecipar algumas das objeções que serão feitas no final da apresentação. De facto, o biogás coloca problemas em termos absolutos e em termos relativos. Por exemplo, algumas matérias-primas são caras, sujeitas a especulações e necessárias para outros fins, como a alimentação. Outras colocam problemas de transporte, higiene e segurança, não podendo, além disso, ser transformadas junto de habitações. Os sistemas de exploração são morosos, ainda pouco testados, não têm retorno imediato, e as suas aplicações são limitadas. A todos estes argumentos negativos poderá ser contraposta uma bateria de outros positivos: é uma forma de energia ecológica por não depender de combustíveis fósseis, a matéria-prima é fácil de obter, o investimento em formas alternativas de energia é vital para resolver a crise mundial dos combustíveis... Sofista ou não, uma comunicação pública

pode sempre provar o que o orador deseja. Ajuda muito, porém, que acredite no que diz, quanto mais não seja porque facilita o manejo das outras formas de comunicação – a não verbal e a para-verbal –, menos controláveis e, por isso mesmo, mais denunciadoras (cf. cap. 1, 2.3.1. e 2.3.2.).

3. Apresentação

3.1. *Contingências físicas*

3.1.1. *Desigualdade e distância*

A apresentação da comunicação pública, independentemente do seu conteúdo, incorpora na montagem o não verbal e o para-verbal como outras tantas formas de comunicação trabalhadas para obter os mesmos efeitos persuasivos de qualquer argumentação. Aliás, mais ainda do que no tipo quase-lógico, outras estratégias, como a argumentação psicológica (ver 4.2.), optam por trabalhar neste âmbito, também de uma maneira que lembra muito a representação teatral. O jogo engloba a proxémica conjugada com a cinésica, tanto no corpo dos oradores, como no espaço físico que os rodeia e que deve ser preparado como um cenário. As condicionantes físicas da comunicação pública, não obstante a latitude de espaços em que pode ocorrer (uma sala, um teatro, uma assembleia, uma igreja, um estádio de futebol...), têm um impacto particular nos próprios interlocutores. Com efeito, posicionam-se agora de maneira desigual, refletindo em simultâneo as relações de poder que os unem (ver 3.1.2.). A proporção de um só orador ou oradora, que domina o discurso perante um coletivo de ouvintes, cria, de facto, uma espécie de paradoxo na distribuição de influências, subvertendo as leis da própria democracia.

Isto reflete de forma evidente a disposição relativa, dado que uma distância física às vezes considerável, em todo o caso superior a 1,65 m, separa oradores e audiências, sendo mesmo um dos critérios definitórios deste tipo de comunicação (Hall 1994 [1959]: 206-207; cf. cap. 1, 2.3.3.). Normalmente, as audiências encontram-se compactadas num espaço onde a liberdade de movimentos é diminuta e a posição relativamente rígida: todas as pessoas deverão, em princípio, estar voltadas para a frente e para o centro, muitas vezes num desnível em relação aos oradores, o que restringe ao máximo a comunicação. Ao invés, quem fala pode, se quiser, deslocar-se e mudar de posição, até quando lhe for destinado um lugar fixo. Contudo, e numa espécie de compensação psicológica, a relativa liberdade de movimentos é sempre acompanhada da consciência da exposição, já que todos na audiência terão os olhos postos em nós. Em certas circunstâncias, nem conseguimos ver as pessoas com quem estamos a tentar comunicar, como acontece quando, sob a luz dos holofotes, nos dirigimos a uma audiência mergulhada na penumbra.

A desigualdade reflete-se, em segundo lugar, na distribuição dos tempos de palavra, uma vez que as participações de quem fala são muito longas, tal como, simetricamente, os períodos de audição de quem ouve. Em consequência, o intercâmbio que define a essência do ato comunicativo encontra-se drasticamente reduzido. Mesmo contando com um período de perguntas ou de esclarecimento de dúvidas no final da sessão, o *feedback* recebido da audiência é muito menor e a hipótese de interrupção quase nula, sem esquecer que podemos até encurtar esse período antecipadamente nas nossas refutações. Na maioria dos casos, o público só pode comunicar através de sinais não verbais.[23] No entanto, nunca é possível estabelecer um diálogo, o que determina a sua participação passiva, por assim dizer: é um conjunto de pessoas que *ouve*, muito mais do que *fala*. Isto explica a necessidade absoluta de trabalharmos a apresentação do discurso, para o tornar capaz de prender a atenção das pessoas e para o fixar na sua memória, ao menos nas partes essenciais (Trenholm 2001: 259).

3.1.2. *Reflexos na relação de poder*

As contingências físicas da distância física e temporal ditam parâmetros comunicativos específicos também para a relação entre os interlocutores. Em certa medida, refletem um facto evidente: se falamos, não fazemos parte do público, nem podemos trocar de papel com os nossos interlocutores, contrariamente ao que se produz na díade e no grupo restrito. Por conseguinte, a identificação com outrem, que considerámos uma competência importante da comunicação, não pode aqui ser considerada da mesma maneira. A empatia não surge de forma espontânea, nem se proporciona um intercâmbio que entrelace a relação social com o desenvolvimento do episódio comunicativo. Numa díade e num grupo, os

---

[23] Isto não quer dizer que lhe falte eloquência: uma chuva de tomates ou de ovos podres pode ser bastante mais potente do que um chorrilho de insultos, por exemplo. Embora sejam exemplos clássicos, são também muito raros atualmente, quanto mais não seja porque poucas pessoas se dão ao trabalho de transportar géneros alimentícios para este fim específico. Mais habitual será o dilúvio de bagos de arroz ou de aviões de papel numa sala de aula, com a diferença de que geralmente se efetuam quando o professor estiver de costas. Não deixam por isso de ser reações do público à pessoa que domina – ou pensa dominar – o discurso. Será, no entanto, mais comum o comportamento verbal e para-verbal de rejeição: assobios, insultos, berros ou quaisquer outras formas vocais. Note-se que esta forma de "participação" tem por efeito imediato destruir a própria comunicação pública.

participantes estabelecem, como vimos, pontes e redes entre si, de que resulta uma construção conjunta da comunicação. Ao invés, a grande dificuldade da comunicação pública assenta num protocolo comunicacional que, por comparação, é difícil: tentamos construir uma relação, tanto discursiva como pessoal, com um conjunto de pessoas distanciadas no espaço e cuja participação se encontra fortemente limitada.

A relação de poder assume então uma faceta muito própria, com alguma sorte e treino controlada com mestria por quem fala. Uma hipótese legítima no âmbito da argumentação é a de tratar a audiência como uma entidade cognitiva de estatuto igual, transformando-a numa espécie de macrointerlocutor. Algumas pessoas preferem jogar a carta da solidariedade, isto é, compensam a proxémica diminuindo a distância psicológica. Nestes casos, tentam estabelecer uma proximidade metafórica, como acontece com quem diz *Também eu já fui operário e sei o que custa a vida...* Sem cair necessariamente no patético ou no demagógico, um estilo descontraído e humorístico pode obter o mesmo efeito. A tática é extremamente eficaz quando acompanhada de uma integração da audiência, sobretudo pelo uso de pronomes pessoais como *nós* (Denny 2006: 119). Outros oradores, pelo contrário, preferem aproveitar a distância para se apresentarem como autoridades superiores num dado assunto, o que significa que, maximizando a proxémica, também se colocam simbolicamente acima da audiência, usando as suas credenciais, os seus pergaminhos políticos, científicos, sociais ou outros. Nem sempre esta é a melhor solução, sobretudo se for esquecida a necessidade de contacto com a audiência (Denny 2006: 113). Em qualquer caso, é destas táticas que depende a relação com o público, mas também o sucesso da apresentação – e o da própria comunicação.

3.1.3. *Receio do público*

Para oradores principiantes, a ideia não é muito confortável, porque a consciência da esfera pública torna difícil dominar os nervos. Um axioma de qualquer orador experiente diz que uma boa comunicação implica stress, ansiedade, angústia ou mesmo pânico (Kenny 2006: 88-89). Dado que nos encontramos perante tantos outros, não podemos deixar de nos sentir intimidados por uma situação biologicamente tão semelhante à da ameaça por um grupo de predadores. Daí que, em matéria de comunicação não verbal, o nosso principal receio seja o interlocutor coletivo, o que se traduz nos nervos inerentes ao falar em público. Quiçá por perfeccionismo irracional, expetativas exageradas ou medo de falhanço, este é um sentimento muito comum.

Ora, existem muitas técnicas, idênticas às utilizadas pelos atores antes de um espetáculo, que permitem dominar tais receios (ver Campbell 1993: 24-26). Um dos mais importantes consiste nos exercícios respiratórios, utilizando os movimentos do diafragma. O truque de respirar fundo a partir da barriga tem a vantagem de distrair a nossa atenção. Ajuda ainda a uma melhor projeção da voz, além de a poupar (cf. 3.3.). Um segundo truque consiste nos exercícios que descontraem as partes móveis do corpo: rodar a cabeça a partir do pescoço, abanar as mãos e dar pontapés no ar com as pernas (ver Denny 2006: 89). Por ridícula que pareça a nossa figura – convém, de facto, fazer isso nos bastidores e não à frente de toda a gente –, estas atividades preparam o corpo para o que é, no fundo, uma performance física. O melhor truque de todos, no entanto, é o de ensaiar a comunicação, uma e outra vez, de preferência perante uma audiência experimental, como os familiares ou os amigos. À falta de audiência, uma câmara de video, que nos permita rever o resultado, ou um simples espelho, também funcionam.

Não é tão pouco frequente como isso que oradores inexperientes lidem com os nervos livrando-se da sua comunicação o mais depressa possível. Todos nós já assistimos a episódios comunicativos em que os oradores se limitam a despejar o seu texto, como se de um espirro se tratasse. Escusado será dizer que este é o meio mais eficaz para alienar o público, já que pouco ou nenhum interesse terá em ouvir uma comunicação que o orador não tem visivelmente qualquer prazer em transmitir. Para contrabalançar, devemos ter sempre presente que uma certa dose de adrenalina pode mesmo facilitar a performance, suscitando uma maior atenção e concentração no que estamos a dizer (Adler e Rodman 2006: 388).[24]

3.2. *Contingências formais*

3.2.1. *Código oral e estilo formal*
Apesar da distância entre oradores e audiências, a comunicação pública faz-se sempre em copresença, o que, por sua vez, implica, por princípio, o código oral.

---

[24] A reação natural de nervosismo perante o falar em público, que é o aumento da adrenalina, corresponde também à reação biológica natural perante um perigo, já que permite desencadear toda uma série de reações, entre as quais uma respiração mais ampla e rápida e o acelerar do ritmo cardíaco, para fornecer o oxigénio e outros elementos químicos de que o nosso corpo precisará, ou para enfrentar o perigo, lutando, ou para fugir rapidamente... ou para debitar o discurso (Beebe *et alii* 2005: 285).

Corrobora esta tendência o recurso aos sinais não verbais e para-verbais, que são maximizados para causar impactos variados, nalguns casos até ao exagero dramático da súplica ou da ameaça. Por outro lado, a esfera da comunicação pública, com todas as suas contingências de programação prévia e de persuasão da audiência, é um contexto que favorece a leitura de um discurso *escrito*, situação muito frequente na política ou na diplomacia, em que o improviso é um risco demasiado grande.[25] Esta opção, no entanto, oferece o inconveniente de impedir o contacto visual com o público, porque quem lê se encontra condicionado pela necessidade de acompanhar com o olhar o que escreveu, mesmo usando teleponto. A leitura de um texto é visualmente pouco apelativa, ainda que possa ser parcialmente compensada pela comunicação para-verbal (ver 3.3.). Sopesados todos os fatores, a apresentação de uma comunicação pública tem componentes mistas: as orais, como a copresença e os meios não verbais, e as escritas, como a preparação e a subsequente artificialidade. Isto também a torna num híbrido difícil de classificar, mesmo sem considerarmos a intervenção de tecnologias "recentes" como a CMC, por exemplo (cf. cap. 2, 4.1.).

Assim, nas situações mais recorrentes, a combinatória que se entende ser mais apropriada para esta comunicação recorre ao estilo formal, acompanhado do código oral e do registo cuidado. Ao conjunto, preferido pela maioria dos oradores em contexto académico e científico, pode acrescentar-se ainda a linguagem especializada, sem cair no exagero de uma linguagem demasiado técnica, hermética, que afaste a audiência por ser incompreensível (Denny 2006: 122). A conjugação destes vetores indicia um género discursivo muito próprio, por assim dizer, aquele que melhor corresponde ao horizonte de expetativas do público. Com efeito, a reunião de uma assembleia, sendo um contexto comunicativo de certa maneira excecional, só fará sentido se a mensagem em causa também o for, o que constitui uma espécie de matriz contextual obrigatória para a formalidade da comunicação pública.

---

[25] Nestas situações, qualquer palavra ou expressão pode desencadear reações imprevisíveis, mas também é verdade que a empatia com o público, às vezes constituído em exclusivo por jornalistas, nem sempre é um objetivo crucial (Denny 2006: 93). Por outro lado, se alguma Retórica mais antiga se apoiava em registos escritos, tinha sempre em conta as circunstâncias da apresentação, ou, em termos mais claros, era uma escrita feita para ser declamada oralmente (Robrieux 2000: 21). O paralelo tem, no entanto, os seus limites, já que o binómio oral – escrito foi tendo impactos diferentes ao longo da História (ver cap. 1, 1.4.2., esp. nota 13).

3.2.2. Reflexos nas estratégias verbais

Isto não significa que não possa surgir um ou outro excerto pontual que recorra a outros registos ou ao estilo informal. Não obstante, não é essa a marca principal das comunicações públicas, antes constitui um efeito deliberadamente programado, que tem por objetivo, via de regra, ajudar a descontrair, captar a atenção da audiência ou diminuir a distância em relação a quem fala. Por exemplo, uma apresentação sobre formas psiquiátricas de tratamento que envolvam complexos conceitos médicos pode conter um ou outro caso ilustrativo, referido de forma mais brejeira ou relaxada (*É um pouco como uma tourada... há que agarrar o touro pelos cornos...*). Não é isso que diminuirá a credibilidade da pessoa ou da equipa de cientistas responsável pela comunicação, uma vez que o juízo da audiência se baseará no conteúdo científico da comunicação e nas estratégias argumentativas que o sustentarem. Contribuirá sim para fazer rir o público, o que leva a uma predisposição psicológica favorável. Trata-se, pois, de um claro artifício retórico, muito bem planeado, ainda que a sua aparência seja justamente a de uma observação espontânea. Para percebermos que assim é, basta lembrar que o recurso surge também com frequência no discurso político, uma vez que um bom entretenimento suscita sempre a simpatia das massas.[26]

É também a aparência de espontaneidade que leva os falantes a comunicarem por frases curtas e simples, mas completas, ligadas pelas expressões caraterísticas da coordenação sindética ou da subordinação mais elementar: *Para demonstrar, apresentamos as tabelas estatísticas e os gráficos seguintes... A presença de glóbulos vermelhos diminui porque...* Há bastantes reguladores da interação verbal, que apelam à participação da audiência e remetem para o contexto presencial, deítico: *...como veem aqui... vamos agora considerar... a partir destes dados podem pensar que...* No entanto, ao contrário do que acontece na "verdadeira" oralidade, repetições de bordões linguísticos, pausas ou onomatopeias incontroladas do tipo *... eeee ... aaaaa...* são evitadas, precisamente porque a preparação do discurso as eliminou à partida. O que é importante é multiplicar previsões e anúncios como *Vou falar de... Há dois pontos que têm de ser esclarecidos...* Também convém usar e abusar das transições, como *Vamos passar à questão seguinte...* e, por fim, fazer

---

[26] Pelo menos no contexto político, tem havido uma evolução no sentido de favorecer as caraterísticas mais marcantes da oralidade, tendência que podemos explicar em parte pela consciência crescente que oradores e audiências terão do aparelho mediático responsável pela difusão dos discursos (ver Kovalyova 2005: 48).

sumários internos sempre que houver necessidade de recapitulação: *Todas estas razões justificam, como dissemos, que...* (cf. Trenholm 2001: 283-284).

São ainda frequentes as repetições, que servem um duplo propósito: preencher momentos em que o raciocínio se organiza e ajudar o interlocutor a fixar a informação. Um truque retórico muito comum é o da organização tripartida, que pode até ser uma mera repetição: *o projeto é inovador, dinâmico e diferente... queremos uma sociedade forte, justa, igualitária... a experiência comprova a tese inicial, corrobora os dados dos nossos colegas e sugere novas pistas de investigação*. O discurso didático recorre com frequência a repetições deste género, porque são uma das formas mais simples de vincar uma ideia, para além de, colateralmente, acentuarem a sua importância (Perelman e Olbrechts-Tyteca 1966: 164). O mesmo se dirá, por exemplo, dos contrastes, já que o público tende a captar e a fixar com facilidade os pares de opostos: *céu e terra, bem e mal, preto e branco*.[27] Por fim, é o caso da estratégia dita da *pergunta e resposta*, que recorre à pergunta retórica para provocar uma reação na audiência (ver 2.3.4.).[28] No entanto, este último recurso exige que a audiência esteja, de facto, controlada. Se tal não acontecer, pode ou não fornecer o *feedback* desejado, ou não o dirigir a quem se deseja (Mercer 200: 76-77). É o caso dos comentários irónicos que alguns membros de uma audiência trocam entre si sobre o que acabam de ouvir, em geral em esquema diádico, e que são, em certa medida, um ato de anticomunicação pública.

Estratégias de apresentação como estas eram antigamente aprendidas no âmbito da *declamação* de um discurso e tinham muitas utilidades, entre as quais a de maximizar o impacto da argumentação propriamente dita e de facilitar a construção conjunta da mensagem. No contexto da comunicação pública, não obstante a distância e a desigualdade, o esforço de adaptação acaba por configurar um mesmo quadro de referências a respeito da própria "oratória", isto é, das regras de apresentação do discurso, tanto mais fortes quanto operarmos

---

[27] É inevitável associar os contrastes à estratégia argumentativa da dissociação nocional, que opera por pares, característica do pensamento filosófico: *aparência e realidade, linguagem e pensamento, geral e particular, teoria e prática*, etc. (Perelman e Olbrechts-Tyteca 1996 [1958]: 467-483). Note-se, contudo, que não é necessário ter formação filosófica para pensar desta maneira, razão pela qual os contrastes usados numa comunicação pública não serão mais do que um dos muitos recursos usados pelas pessoas para argumentarem umas com as outras.

[28] Para ter uma ideia do alcance da estratégia, quando levada aos seus limites, basta lembrar como funciona em certas congregações religiosas: a cada afirmação/pergunta de quem prega, a audiência reage com uma palavra-frase curta, e entusiástica (*Yessir! Uhuh! Amen! Jesus lives!*), ou repete o ponto essencial do discurso. Audiências mais sóbrias – ou menos fervorosas – não reagirão da mesma maneira, evidentemente.

nos mesmos sistemas culturais (Mercer 2000: 75-76).[29] O fenómeno dos pares contrastivos é apenas um dos muitos casos de partilha entre oradores e audiências. O público espera o que lhe damos e damos ao público aquilo que ele quer. Por isso, todas as pistas de encadeamento, todas as formas de raciocínio de que lançamos mão, como o plano dialético, por exemplo (cf. 2.6.3.), todas as localizações estratégicas dos argumentos (no princípio ou no fim), correspondem a outras tantas estratégias de *captatio benevolentiae* – mais do que isso, de sedução da própria audiência.

3.3. Estratégias para-verbais

Ora, às vezes, a consciência da exposição torna também muito difícil recorrer à cinésica ou à proxémica, uma vez que os movimentos estão tolhidos pelos nervos. Por maioria de razões, oradores que optarem por ler um texto escrito têm um problema semelhante: apenas podem usar os membros superiores, não podem deslocar-se pelo espaço nem movimentar muito a cabeça, ou seja, não têm praticamente acesso aos meios de comunicação não verbal (ver 3.4.). Isto justifica que desenvolvam uma espécie de compensação na comunicação para-verbal, o chamado *trabalho vocal* e o *trabalho cinésico*. As técnicas usadas são, no entanto, extensíveis a todos os episódios comunicativos, mesmo quando estivermos a falar de improviso.

O trabalho vocal incide na entoação, na altura da voz e nas pausas. É verdade que nem todos possuímos um timbre agradável, mas podemos, pelo menos, treinar a articulação, o que ajuda a falar com clareza. Para isso, é importante controlar a respiração, o que, por sua vez, permite subir e descer o tom de voz para destacar certos pontos (por exemplo, perguntas retóricas, expressões-chave ou momentos-charneira do discurso). Ao mesmo tempo, o débito também deve ser controlado: se alienamos uma audiência ao falar com demasiada lentidão e tom monocórdico, por outro confundimo-la se debitarmos o discurso à cadência

---

[29] Esta ressalva é importante, porque a esquematização do discurso argumentativo obedece a padrões distintos conforme as culturas, o que pode estar associado tanto aos padrões sintáticos das diferentes línguas, como às diferentes evoluções das estratégias retóricas. Assim, na tradição das línguas românicas, tende-se a apresentar um ponto principal, construindo gradualmente a ideia por meio de exemplos e ilustrações. Já as culturas asiáticas preferem partir de ilustrações, muitas vezes narrativas, que atingirão o ponto principal num momento avançado do discurso. Por sua vez, o modelo anglo-saxónico aparenta ser linear e direto (Beebe *et alii* 2005: 266, Bennett 2011: 16-20). Provavelmente, existem crivos paralelos na própria declamação, mas esta afirmação carece de estudos semelhantes aos que existem para as comunicações diádicas e em grupo, em contexto multicultural (ver cap. 3, 2.1.5.).

de uma máquina de enfardar feno. Por fim, há que ter em conta o tamanho da sala, o da audiência, e as nossas capacidades vocais, ainda que, dentro destas contingências, haja alguma latitude para nos adaptarmos ao discurso a apresentar. Via de regra, um assunto polémico exige um tom mais alto e agressivo, pelo que o volume da voz deve alterar-se. Já as pausas ou uma diminuição da velocidade ajudam a compreender uma ideia mais complexa ou que se quer fixar na memória da audiência (Denny 2006: 116). Uma história, um exemplo ou um apontamento mais humorístico admitem um tom mais ligeiro e rápido, e assim por diante.

O trabalho cinésico é muitas vezes negligenciado, sobretudo num contexto científico. Podemos considerar que uma comunicação científica com suportes técnicos exige dos oradores um trabalho suplementar, pelo que não recorrem tanto aos gestos. Já um discurso que seja lido e que não tenha qualquer apoio visual – as campanhas políticas e as defesas ou acusações dos tribunais são contextos óbvios – permite, ou melhor, exige que trabalhemos os gestos para-verbais, "mimando" com eles o nosso discurso. O dedo indicador estendido, ameaçador ou em advertência, as mãos abertas na direção do público, acolhendo, o punho fechado e o murro no púlpito, denotando firmeza, raiva ou entusiasmo empolgado são gestos tornados célebres pela maioria dos políticos famosos. Num contexto totalmente diferente, o da docência, é frequente recorrer a gestos icónicos, por exemplo, mencionando *um círculo vicioso* e desenhando-o no ar, ou referindo três pontos a enumerar com o indicador, marcando-os no dedo mínimo, anelar e médio da mão oposta, ao mesmo tempo que enunciamos *primeiro... segundo... terceiro....* Utilizamos ainda gestos metafóricos, sopesando as duas mãos, uma de cada lado do corpo, como se fôssemos o fiel de uma balança, ao mesmo tempo que referimos a necessidade de considerar dois pontos de vista contraditórios. E é bem conhecido o sinal feito com dois dedos de cada mão no ar, simetricamente, mais ou menos à altura dos ombros ou dos olhos, enquanto dizemos *entre aspas*.

De um ponto de vista prático, todos os comportamentos miméticos em que os gestos reforçam, complementam ou substituem a linguagem verbal contribuem para um melhor entendimento entre interlocutores. Sobretudo, os gestos didáticos de desenhar no espaço os objetos verbalizados, porque se integram numa cultura fortemente visual, ajudam a memorizar esquemas pictóricos na nossa mente, sendo por isso treinados pelos apresentadores para as exposições orais – é claramente o caso dos gestos ilustrativos acima referidos. Extrapolando um pouco, todo e qualquer auxiliar visual (por exemplo, desenhos, imagens, gráficos, diagramas, esquemas) funciona como extensão destes meios mais rudimentares e disponíveis. No entanto, existem muitos outros meios mais subtis. Sendo ela própria um espetáculo, compreende-se que a utilização do espaço, dos objetos e dos gestos seja, na comunicação pública, uma arte, mais do que um recurso. Por outras palavras, o que comunicamos visualmente ao público terá tanta importância como aquilo que esse público ouve. Esse é, como sabemos, o domínio da comunicação não-verbal.

3.4. Estratégias não verbais

Cinesicamente, a apresentação de uma comunicação pública exige, via de regra, a postura em pé, em frente da audiência. Isto é tão habitual que se reflete mesmo na proxémica. Existem objetos preparados no espaço físico, como um palanque – que permite uma posição mais elevada –, um púlpito – para apoio de papéis, e que assinala a colocação do orador –, e um microfone, estrategicamente colocado. Não é apenas a melhor projeção da voz que exige tais objetos, ou o peso que isso confere às nossas palavras, mas também, e sobretudo, o respeito que a posição de pé permite mostrar, simbolicamente, em relação à nossa audiência. Uma comunicação pública é, em certa medida, uma cerimónia que merece uma liturgia. Por contraste, terminada a comunicação, no momento em que se esclarecem as dúvidas, podemos sentar-nos, assinalando a alteração no episódio comunicativo. A mudança de posição marca a mudança da relação, que assume contornos diádicos e, por isso mesmo, se torna mais próxima. Automaticamente, diminuem tanto a distância como a desigualdade, ao mesmo tempo que se caminha gradualmente para a informalidade (Denny 2006: 113). Verificamos então que o próprio estilo da linguagem se altera, o que é muitas vezes acompanhado por um sinal não verbal claríssimo: o sorriso (de alívio? de satisfação? de reflexo condicionado?) que passamos a ostentar.

Independentemente de se tratar de uma prova difícil, existem algumas tentações na comunicação pública às quais devemos resistir, mesmo que sejam inconscientes. A exposição da comunicação pública e o espaço mais ou menos amplo tanto podem tornar-se vantagens proxémicas como problemas a resolver. Por culpa de nervos mal dominados, algumas pessoas tendem a ficar paralisadas, hirtas, imóveis, outras percorrem o espaço como se de uma pista de exercícios se tratasse. Nenhuma destas hipóteses é grande ideia, a primeira porque aborrece e retira vivacidade ao discurso, a segunda porque cansa a audiência e a distrai do propósito da comunicação.

Um problema semelhante ocorre com a cinésica involuntária. Todos conhecemos oradores cujo nervosismo se traduz em gestos descontrolados: brincam com a lapiseira, chacoalham as chaves nos bolsos, coçam o nariz, as orelhas, o pescoço, arrumam e desarrumam fichas e papéis, chegam mesmo a tamborilar irritantemente com as mãos (Denny 2006: 115). Ora, há que perceber que as mãos e outras partes móveis do corpo são na verdade adereços cinésicos, e como tal estão reservados à comunicação para-verbal. Quando muito, ocupam-se com o manejo dos suportes técnicos, se os houver: projeção de acetatos, esquemas escritos num quadro ou bloco gigante, controle do *datashow* (o que, aliás, pode também ser feito por quem colaborar na comunicação).

No que toca justamente aos suportes técnicos, há que distinguir os que chamamos públicos, isto é, que são vistos por todos, e os de uso privado, destinados apenas a quem fala. Os segundos contêm geralmente os primeiros, mas podem fazê-lo de forma mais resumida. O que interessa é que uns e outros estejam não apenas concatenados entre si, como adaptados à parte verbal do discurso, como, sobretudo, adaptados às preferências de quem faz o discurso e de quem o ouve. Certas pessoas preferem fichas numeradas, onde registam apontamentos que correspondem a tópicos – e que a mais elementar segurança recomenda estejam unidas entre si, ou, pelo menos, organizadas de tal maneira que seja fácil resolver o problema de as deixar cair no chão no momento menos indicado. Outras optam por uma folha única – que pode corresponder, simplesmente, ao que é projetado, ou mesmo ao *handout*, a folha-guia que o público também recebe, para poder seguir o discurso. Outras pessoas têm suficiente confiança em si próprias para usar apenas os acetatos que projetam ou os diapositivos do *Powerpoint*, eventualmente com anotações escondidas. E, claro, há os que leem o discurso, como já vimos uma opção pouco aconselhada (cf. 3.2.1.).

Os suportes públicos podem assumir as mais diversas formas, desde as mais simples, como as de uma aula tradicional, às mais tecnológicas, como as de uma projeção multimédia. Aplica-se aqui também a regra da adequação – num exemplo caricato, ainda está por descobrir um meio mais simples e eficaz para ensinar a resolução de equações do que um quadro e um pau de giz. Para além disso, os apoios visuais devem ser simples, visíveis (o tamanho da letra, por exemplo, importa bastante numa projeção), atraentes, sóbrios e fiáveis (Adler e Rodman 2006: 379). Tanto assim é que a maior parte dos oradores experientes nunca se separa de uma cópia de segurança da sua projeção *Powerpoint*, e alguns mais perfecionistas preferem mesmo carregar consigo os meios técnicos de reserva. Sem chegar a este exagero, é bom, no entanto, ter a certeza de que dominamos esses suportes, e que não acontece o caso inverso, ou seja, que não nos dominam a nós. De facto, um dos piores efeitos do entusiasmo pelos suportes é o perder de vista que não é com eles que comunicamos, mas sim com a audiência.

O respeito para com o público, implica, além do mais, termos a elementar cortesia de respeitar o tempo. Não é sequer profissional e torna-se até inútil ultrapassar o que está previsto, porque a relação com a audiência se degrada automaticamente (Denny 2006: 119). Por outro lado, sabendo que o período máximo de atenção de uma audiência adulta é de 20 minutos, convém cronometrar as mudanças do discurso, se este for mais longo, de maneira a voltar a despertá-la, uma e outra vez. Podemos, por exemplo mudar o tópico, contar uma história, fazer um comentário extemporâneo, recapitular, mudar uma imagem (Denny 2006: 103). Será sempre preferível jogar pelo seguro, com períodos de 12-15 m, até porque, quanto mais jovem for a audiência, menor será o ciclo de atenção.

Por fim, um dos reforços mais eficazes da comunicação pública é a imagem projetada, quer através do vestuário, quer através desse acessório essencial que é a expressão facial. Consideremos, por exemplo, num exagero algo caricatural, o congresso de um partido mais conservador, tendencialmente de direita, a que pertencem grandes empresários. Para qualquer orador ou oradora, impõem-se cores discretas, como o preto, o cinzento, o azul-escuro, vestuário cuidado e conservador também (o fato completo, seja para homens, seja para mulheres), gestos firmes, voz forte e decidida. Na caricatura de contraste, o congresso de um partido de tendências opostas apresenta cores mais vivas, vestuário menos cuidado (neste aspeto, a cultura portuguesa ainda pode assinalar a diferença através da presença ou da ausência de uma gravata, pelo menos nos homens), mas também gestos firmes. Evidentemente, depende do estilo pessoal de cada um e da audiência que tem à frente, bem como do tipo de discurso e das alusões que fará – cómicas e jocosas, trágicas e sérias, indignadas ou divertidas. Por outras palavras existe uma coerência interna entre as três formas de comunicação – verbal, não verbal e para-verbal – que, neste caso concreto, não pode deixar de ser respeitada (ver cap. 1, 2.3.1.).

Contudo, seja qual for o vestuário, o contacto visual com diferentes membros do público é, talvez, a maneira mais simples e mais eficaz de os captar. Por um lado, olhar para as pessoas permite-nos avaliar o *feedback*, reagindo em conformidade, adaptando a expressão facial, o discurso e os suportes. É pelo olhar que podemos perceber a desatenção ou a incompreensão das pessoas e corrigir o que dizemos. Acima de tudo, porém, a sua principal função é a de fazer com que cada pessoa sinta que estamos a falar para ela, ou seja, se sinta pessoalmente incluída no nosso discurso. Devemos evitar, por isso, fixar o olhar acima do público, nas janelas, ou noutro ponto qualquer da sala, porque dirigir o olhar para os outros será, com toda a probabilidade, o supremo meio de comunicação não verbal que temos à nossa disposição. Afinal de contas, é provavelmente o olhar o primeiro e mais forte meio de sedução de que dispomos, sobretudo se optarmos por formas de persuasão de tipo psicológico.

4. Limites éticos da comunicação pública

4.1. *Manipulação da audiência*

Conforme temos vindo a constatar, a argumentação em contexto de comunicação pública foge a uma classificação simplista em termos de objetividade. No entanto, mesmo neste quadro, certas formas de persuasão não têm um estatuto legítimo, o que não significa que não sejam eficazes, ou que não sejam usadas, até com bastante frequência. Colocam é o problema ético de não constituirem, no verdadeiro sentido do termo, argumentos, mas sim ataques e falsidades. Estão neste caso os erros de lógica, que tanto podem ser cometidos no nosso próprio discurso como podem ser usados para refutar as posições alheias. Por exemplo, em vez de atacar um tese ou uma ideia, podemos atacar o seu autor – na sua integridade moral, científica, ideológica, ou mostrando a incoerência entre o seu discurso e as suas atuações. Trata-se dos chamados argumentos *ad hominem*, literalmente "contra o homem", e *ad personam*, "contra a pessoa" (cf. Robrieux 2000: 187-188). Podemos também exagerar o impacto de um argumento, ou de uma alternativa, levando-os às suas últimas consequências (Robrieux 2000: 165-166). Um exemplo de *reductio ad absurdum* (redução ao absurdo) seria dizer que o melhor protesto contra o aumento do preço da gasolina seria o de deixar de andar de carro para sempre – algo certamente eficaz, mas absurdamente impossível. O mesmo acontece com a opção extremista de que *Quem não apoia o líder, deve ser expulso do partido*. Por fim, a estrutura causa-efeito, que vimos antes, cai pela base se, justamente, não houver qualquer relação causal entre ambas as partes. Embora nem sempre seja fácil desmontar este problema, podemos dizer que alguns argumentos contra os subsídios de desemprego usados por certos políticos enfermam deste problema: são vistos como um *encorajamento à preguiça*, quando a verdade é que não são os subsídios que fazem com que as pessoas queiram estar desempregadas.

Duas outras formas de persuasão igualmente dúbias, mas difíceis por vezes de detetar são as que partem de opiniões alheias, sejam elas comuns ou não. Por exemplo, afirmar que *todos estão de acordo em que...* não é legítimo se ninguém se deu ao trabalho de verificar os dados estatísticos. Também não é suficiente invocar uma autoridade, ainda que esta última tática possa ser, como veremos, absolutamente respeitável. Na verdade, a dificuldade em avaliar a persuasão inerente à comunicação pública em termos éticos decorre não tanto destes exemplos mais extremos como do fato de todos os recursos legítimos usados poderem ser desviados para usos menos aceitáveis. No fundo, a ética ou a falta dela assentam nas intenções dos oradores – algo para que não existe bitola quantitativamente objetiva.

4.2. *Apelo ao sentimento: o* pathos

É o que acontece com as formas de persuasão que não usam a argumentação quase-lógica, nem a empírica. Sendo eventualmente mais raras no discurso científico, são ainda assim bastante utilizadas – e bastante eficazes – no discurso jurídico, político ou de propaganda. Falamos, em primeiro lugar, nas estratégias persuasivas baseadas na atração, que podem ser correlacionadas com o *pathos* de Aristóteles, ou seja, uma forma de conseguir a adesão da audiência pela sua sensibilização (ver 1.3.1.). Esta forma de argumentação tem um cariz emocional, psicológico, sendo eficaz sobretudo junto de públicos predispostos para um determinado procedimento, ideia, ou causa (Huber 2005 [1964]: 3). Note-se que, muito embora se utilize em conjunto linguagem verbal e comunicação não verbal, a maior parte desta argumentação não é explícita, antes trabalha com o não-dito. Encontramos exemplos disto mesmo nos apelos contra a fome em África acompanhados de imagens de crianças a morrer de fome, ou sessões de angariação de fundos para combater a prostituição infantil que mostrem as condições de vida das vítimas. É uma forma de persuasão que joga com os sentimentos da audiência, que pretende consciencializá-la, ou até convencê-la a seguir um procedimento (por exemplo, fazer um donativo, assinar uma petição).

Em exemplos menos dramáticos, o *pathos* utiliza, via de regra, o plano problema-solução, baseando-se numa *necessidade* da audiência, que tanto pode ser real como criada por quem domina a comunicação (Huber 2005 [1964]: 36; ver 2.6.2.). Trata-se também de persuasão psicológica, mas a atenção é agora despertada porque o público se convence de que lhe falta qualquer coisa. Em resposta a essa falta, é proposta uma solução, um produto, uma ideia ou um procedimento. Como reforço, o orador visualiza um resultado positivo, para, no fim, apelar à ação, seja de maneira explícita, seja de maneira implícita (Trenholm 2001: 284-286). Reconhecemos perfeitamente nesta tática os fundamentos da mais elementar publicidade.

Uma persuasão deste tipo, que assenta na argumentação por *motivação* pode, por exemplo, convencer uma audiência dos malefícios ou dos benefícios dos alimentos à base de transgénicos, independentemente de os dados científicos disponíveis jogarem a favor de uma ou outra das posições. Uma bióloga que insista *nos perigos dos transgénicos para a saúde das populações e nos efeitos imprevisíveis, a longo prazo, na evolução das espécies, tanto vegetais como animais, e especialmente dos homens*, convencerá facilmente uma audiência constituída por pais com filhos pequenos, ou por jovens macrobióticos, precisamente porque já estarão predispostos a preocupar-se com a alimentação saudável, mas também porque suscita uma preocupação acrescida. Ao invés, um empresário que foque a sua argumentação nos *enormes benefícios económicos* e *na facilidade de produção em grandes quantidades*, bem como no *fornecimento de alimentos muito baratos aos países em vias de desenvolvimento, inclusive os que apresentam situações de extrema pobreza ou até de fome*, convencerá facilmente uma outra audiência constituída por representantes de ONGs encarregados de resolver situações dessas em África ou na Ásia, ou por pequenos agricultores em dificuldades. No entanto, se atentarmos bem nos "argumentos" invocados, nenhum se encontra verdadeiramente comprovado por factos ou dados estatísticos nestes discursos, trata-se apenas de afirmações que, de um ponto de vista puramente factual, podem ser todas questionadas. O seu impacto resulta então de corresponderem a algo a que a audiência, mesmo que inconscientemente, já aspirava.

Em situações-limite, e por injusto que nos pareça, o impacto que queremos ter na audiência pode aproveitar facetas mais reprováveis, que, no entanto, constituem uma parte importante da nossa cultura. Por exemplo, ser-se atraente é, com frequência, sinónimo de eficácia, competência e sucesso, seja essa atração física, intelectual ou afetiva. Também oradores que agradam pelo que dizem – o que chamamos depreciativamente "demagogia" – têm em geral um efeito positivo. Isso sucede ainda porque tendemos a confiar ou a gostar das pessoas que se parecem connosco, ou com quem queremos parecer-nos. Podemos então aderir às ideias que estão a ser apresentadas apenas porque nos são familiares, semelhantes às que já temos, ou até porque quem as veicula se nos assemelha (Trenholm 2001: 269-271). Estarão neste caso, por exemplo, os jovens que assistem a uma conferência sobre o álcool e os acidentes de viação, se quem lhes fala também for jovem e estiver numa cadeira de rodas, ou uma associação de pais e encarregados de educação de uma escola, junto de quem uma professora defende um projeto em que os seus próprios filhos participam. De facto, a empatia permitida por uma argumentação deste tipo é bastante forte, porque parte de uma semelhança (real ou construída) entre os oradores e os membros da audiência, semelhança essa que também contribui para eliminar psicologicamente a distância física que isola os oradores (cf. 3.1.1.).

4.3. *Peso da autoridade: o* ethos

Outras formas de persuasão assentam na projeção de uma imagem credível, ou seja, procuram fazer com que a audiência acredite no que lhe é dito, quer por força dos valores subjacentes ao discurso, quer por força da autoridade do orador. Trata-se, no fundo, de variações do que Aristóteles chamava o *ethos*, isto é, da argumentação baseada na própria personalidade do orador e na sua credibilidade enquanto fonte de informações, ideias e opiniões. Argumentações baseadas na autoridade podem assim ser bastante adequadas aos especialistas de uma dada área (Medicina, Agricultura, Geologia, Contabilidade, etc.), de quem se espera que possuam muita informação atualizada, fiável e precisa. Uma audiência ideal para este tipo de argumentação seria, como é óbvio, a que soubesse menos do que a autoridade em causa, sem, no entanto, ser completamente ignorante sobre o assunto. Novamente neste caso, encontramos marcas na linguagem verbal e na comunicação não verbal, mas o maior peso reside no que não é dito, ou seja, em subentendidos construídos em torno da pessoa do orador.

Em contextos deste tipo, os argumentos partem da autoridade *científica* dos oradores, e, se são comuns nas comunicações de âmbito académico, por exemplo, ocorrem ainda mais em atos de divulgação, porque o público em causa aceita melhor a suposta infalibilidade dos especialistas. Numa conferência, a imagem correspondente pode ser previamente divulgada através do *curriculum vitae*, ou de um pequeno resumo das competências, títulos académicos ou publicações da pessoa que fala. Quando ouvimos *é antropóloga e participou em mais de cinquenta expedições à Amazónia*, sentimo-nos inclinados a aceitar como verdadeiras todas as informações que nos der sobre as populações de índios dessa zona. A informação teria de ser outra se a ouvíssemos numa conferência sobre os benefícios do aleitamento materno, caso em que ser mãe de cinco filhos contaria certamente como credencial. Da mesma forma, se um comunicado da O.M.S. desacreditar um dado medicamento, mesmo que não apresente dados estatísticos que comprovem os seus malefícios, ninguém o quererá tomar porque a simples autoridade da instituição garante a nossa confiança. Repare-se que em momento algum é necessário desenvolver o raciocínio lógico e total que subjaz à argumentação por autoridade, no caso *Se a OMS é a autoridade máxima de saúde a nível mundial, possui certamente especialistas sobre o assunto e efetuou estudos fiáveis. Por conseguinte, tudo o que a OMS afirma está cientificamente provado. Então, se a OMS afirma que este medicamento é perigoso/ineficaz/inútil, isso está cientificamente provado também. Logo, não o devemos utilizar...* Pelo contrário, a força da afirmação reside justamente em não ser necessário explicitar tal raciocínio.[30]

Do ponto de vista retórico, a linguagem verbal do próprio discurso também pode ajudar a construir uma imagem de autoridade, de forma implícita. Por exemplo, a utilização de citações oriundas de especialistas ou de obras com nomes sonantes, de autores conhecidos, de editoras prestigiadas, até o recurso a experiências ilustrativas, sobretudo se efetuadas em condições cientificamente válidas, têm como efeito impressionar a audiência e fazê-la aceitar sem discussão as ideias defendidas. Aliás, em tempos, citações da Bíblia constituíam uma argumentação de peso para convencer um público de fiéis, precisamente porque esse público acreditava na origem divina da sabedoria aí contida. A maior parte dos sermões em contexto religioso aproveita assim valores considerados inatacáveis, e que são partilhados pela própria audiência.[31]

É possível conseguir o mesmo efeito se a imagem projetada assentar no sentimento de *confiança*, isto é, se a audiência sentir que quem fala se preocupa genuinamente com a questão em debate, com o bem-estar das pessoas a quem se dirige, que está a dizer a verdade, que atuará consoante com o que diz. Muitos políticos utilizam esta estratégia, projetando no discurso a imagem de quem deseja servir o país, a população e o regime em vigor (seja ele democrático ou não). Os juramentos de lealdade obedecem, aliás, ao mesmo princípio. Como

---

[30] Tal como demonstrado no cap. 1 (cf. 1.3.3.) a propósito de *Não há leite no frigorífico/Vou ao supermercado hoje*, a maior força do implícito é justamente o não ser explicitado. O exemplo aqui citado funciona nos mesmos moldes.

[31] Cf. neste aspeto os numerosos debates públicos originados pela publicação de *A Origem das Espécies* de Darwin (1859). Com frequência, as partes mais conservadoras utilizavam a argumentação axiológica, invocando a autoridade suprema de Deus, cuja manifestação se encontrava na Bíblia, mais especificamente no Génesis, para condenarem a obra. Por seu turno, oradores mais progressistas utilizavam argumentação quase-lógica ou axiológica, invocando neste caso a autoridade da ciência para a defenderem. Apenas como curiosidade, note-se que, pontualmente, uns e outros também usavam a argumentação de motivação, os primeiros quando solicitavam com ironia ao orador da outra parte que se identificasse com os macacos, os segundos quando ridicularizavam os cálculos cronológicos bíblicos, pelo menos se entendidos no sentido literal.

é evidente, a afirmação de intenções não implica obrigatoriamente que os correspondentes efeitos venham a verificar-se, ou, em linguagem mais simples, que todas as promessas venham a ser cumpridas. O que interessa é causar na audiência um impacto tal que a leve a acreditar nisso. Trata-se, mais uma vez, de uma forma de lidar com a distância que, paradoxalmente, a aumenta por um lado e a diminui por outro, já que quem fala se coloca numa posição superior, de poder, ao mesmo tempo que projeta uma imagem de quem sente os problemas das pessoas.

4.4. Comunicação pública e democracia

A imagem de autoridade pode, assim, cruzar-se com o que se pode chamar de persuasão baseada no poder, se a audiência se convencer de que quem fala tem acesso a informação privilegiada ou tem uma posição superior. De facto, qualquer das estratégias referidas joga com o poder exercido sobre a audiência. Por outras palavras, o estatuto, a capacidade para recompensar ou punir, muitas vezes simbolicamente, ou o acesso a determinados privilégios, seja de bens materiais, seja de informação, atuam como formas de convencimento da audiência (Trenholm 2001: 268-271). Os líderes, em contexto laboral – sejam gerentes, dirigentes sindicais, chefes de equipa ou presidentes de conselhos de administração –, têm igualmente poder para influenciar a atuação de outros trabalhadores, uma vez que não só podem despedir ou promover as pessoas como também – espera-se – terão, pela sua posição dentro do grupo, acesso privilegiado a informação e direito jurídico para impor determinadas condutas. Num caso bastante mais imediato e dramático, o poder surge também quando é invocada uma autoridade jurídica perante uma assembleia: ninguém pensaria em desobedecer a um bombeiro que ordenasse a evacuação de um teatro, tal como não deveria passar pela cabeça de um grupo de reféns não cumprir as ordens do sequestrador. Por fim, independentemente das possibilidades reais, todos acreditamos que os membros de um governo têm poder para baixar os impostos. Por isso mesmo, é característico de qualquer político prometer, quando em campanha eleitoral, a sua baixa (ou o aumento dos subsídios e pensões, ou a introdução de benefícios fiscais, ou a diminuição da inflação...), por contraste com a ameaça de que os membros do partido rival farão exatamente o contrário.

Estes últimos exemplos mostram-nos como a utilização da comunicação pública no contexto político sustenta afinal essa vertente essencial que é o próprio poder, o que até a caracteriza desde as suas origens. Na verdade, se nasceu nos tribunais, a Retórica atingiu a maturidade com o apogeu da democracia ateniense dos séculos V e IV a.C., não apenas pela importância da expressão oral na cultura grega, como também e sobretudo pela necessidade de debate público (Kempf 2004: 31). Consequentemente, existe uma ligação muito forte entre a democracia enquanto forma de governo para os cidadãos e pelos cidadãos, e o conceito de "liberdade de expressão" (Huber 2005 [1964]: 2). Não é, então, de estranhar, que, em última instância, a prática da comunicação pública seja um exercício superior de linguagem e comunicação, que fundamenta a existência da nossa própria sociedade (Wolton 2006: 21-22).

CONCLUSÃO

Independentemente da complexidade da sua análise, a comunicação humana é tão natural quanto o ato de respirar. Afinal, comunicar é o que todos fazemos quando contactamos com os nossos semelhantes, o que, como foi visto, deve acontecer durante a totalidade do tempo em que estamos acordados, e, até, em parte do tempo em que estamos a dormir. Ressonar ou falar ao telefone, ler um livro ou contemplar uma paisagem podem sempre, de um ponto de vista semiótico, ser olhados como episódios comunicativos, mesmo que nem todos recorram à linguagem verbal. Na verdade, se não estamos sós, não é tanto porque o universo terá outras populações – ainda que a ideia ponha desde logo um problema filosófico interessante –, mas sim porque, como foi dito na Introdução, não conseguimos não comunicar e, ao fazê-lo, nos revelamos imediatamente (Adler e Rodman 2006: 155). Até a recusa da comunicação é comunicativa, no sentido em que informamos alguém das nossas fobias, indisposições ou mau feitio, em suma da nossa existência e da pessoa que somos.

O grande desafio que se põe à comunicação humana é, pois, o do direito à expressão da identidade, conjugada com o respeito pelo outro. Como corolário, pelo menos nas sociedades modernas, ou que se podem considerar como tal, comunicar tornou-se também um direito humano fundamental e inalienável (Wolton 2006: 12 e 79). Não se trata apenas de cada um de nós se poder exprimir enquanto sujeito individual, mas também de as comunidades, pequenas ou grandes, terem adquirido o direito de se pronunciarem e de serem ouvidas sobre qualquer assunto que lhes diga respeito, por forma a que a sua opinião seja tida em conta no momento de tomar decisões, no momento de agir, no momento de as afetar, quiçá irremediavelmente. Como vimos, os diferentes tipos de comunicação incorrem com frequência em divergências e discussões, mas é essa dimensão que constrói a relação com o outro e, por extensão, a cooperação com esse outro.

Pode então concluir-se que, de alguma maneira, a comunicação deixou de ser definitivamente a transmissão de informações – algo que os modelos semióticos há muito assimilaram –, para passar a ser sinónimo de *relação com o outro*, numa recuperação simbólica da própria etimologia do termo. De alguma maneira, o século XXI será, em comunicação, o século do triunfo alheio (Wolton 2006: 18 e 26-29). Desse ponto de vista, o funcionamento dos mecanismos verbais, para-verbais e não verbais que estudámos nos três tipos possíveis de comunicação – diádico, em grupo restrito ou público – mais não é do que o esforço humano para a construção da vida em comunidade. Compreendemos agora muito melhor por que motivo a nossa espécie é, ao mesmo tempo, *loquens* e *comunicans* (cf. Introdução).

Ora, não podemos esquecer que esse outro, seja individual ou coletivo, se tornou entretanto mais exigente e mais inteligente. Afinal, tanto o aumento da literacia das pessoas, como o da participação nas decisões políticas, como, até, o dos seus direitos enquanto consumidoras são, neste momento, inegáveis. Além disso, os meios técnicos globalizaram a troca de informações, que passou a avolumar-se a cada segundo que passa. Isto implica que, cada vez mais, refinamos o que sabemos, tornando-nos interlocutores críticos e atentos, mas igualmente que a massa de informação a tratar aumentou e, por outro lado, que os profissionais da comunicação se tornam mais sofisticados e eficazes, com o consequente aumento de perigo de manipulação alheia. Aqui, surge o maior dilema posto ao *homo comunicans*. Citando um axioma bem conhecido, podemos dizer que "este excesso de informação pode matar a informação" (Wolton 2006: 74). Há que considerar o quanto estamos sujeitos a influências externas, a demagogias e manipulações (cf. cap. 4). De alguma maneira, o facto de termos acesso fácil e rápido aos discursos de quem nos governa – e não apenas no sentido político do termo – torna-nos mais vulneráveis, porque dispomos de menos tempo para tratar a informação e para decidir o que devemos fazer com ela.

Daqui decorre que a omnipresença da comunicação nas nossas sociedades tem uma outra faceta, esta talvez mais inquietante. Com efeito, ainda que nem sempre tenhamos consciência disso, a simples comunicação de uma mensagem verbal transforma o que dizemos, transformação essa que aumenta, aliás, com o número de intermediários. Exemplos que dão que pensar são os dos meios de comunicação social, ou, mais ainda, os que se ramificam pelo mundo inteiro através das redes sociais da Internet. O fenómeno recente das "convocatórias" para manifestações populares, às vezes em diferentes países, ou, até, continentes, comprova a força e o alcance dessas redes, mas tal força deixa na sombra duas incógnitas: a primeira, a da sua origem real, a segunda, a da transformação sucessiva dessa eventual origem. Quem teve a ideia? Quais as suas intenções? Quem a transmitiu? Quem a modificou? Em que sentido? Com que objetivos?

Situações como estas, em que os outros tipos de comunicação, sejam eles não verbais ou para-verbais, não podem ser chamados em nosso auxílio, porque pura e simplesmente não existem, ampliam os quadros mais tradicionais sobre a interação humana, levando ao extremo a coconstrução da leitura do mundo que fundamenta as sociedades e a vida comunitária. Num certo sentido, a comunicação não transmite a realidade, cria realidades múltiplas. Lidar com esse poder será, certamente, o maior desafio que se colocará no futuro aos seres humanos.

BIBLIOGRAFIA

ABREU, J.L. Pio de (2007) – *Quem nos faz como somos*. Lisboa: Dom Quixote.
ADAIR, John (2003) – *The Concise Adair on Communication and Presentation Skills*. Londres: Thorogood (edição de Neil Thomas).
ADAMSON, Robin (2007) – *The Defence of French: a Language in crisis?* Clevedon: Multilingual Matters Ltd.
ADLER, Ronald B. & George RODMAN (2006) – *Understanding Human Communication*. New York/Oxford: Oxford University Press (9ª. edição).
AKMAJIAN, Adrian, Richard E. DEMERS, Ann K. FARMER & Robert M. HARMISH (1990) – *Linguistics. An Introduction to Language and Communication*. Cambridge, MA: The MIT Press (3ª edição).
ANOLLI, Luigi, Rita CICERI e Giuseppe RIVA (Eds.), (2002) – *Say Not To Say: New Perspetives on Miscommunication*. Amsterdão: IOS Press.
ARGYLE (1972) – *The social psychology of work*. Londres: The Penguin Press.
ARREDONDO, Lani (2000) – *Communicating Effectively*. Nova Iorque: The McGraw-Hill Companies.
AUSTIN, John (1962) – *How to do things with words*. Harvard: Harvard University Press.
BARRET, Mary & Marilyn J. DAVIDSON (Eds.), (2006) – *Gender and Communication at Work*. Aldershot & Burlington: Ashgate Publishing Company.
BARTHES, Roland (1994 [1965]) – *Eléments de Sémiologie*, in *Oeuvres complètes*, t. 1. Paris: Seuil.
BARTHES, Roland (1994 [1973]) – "Texte (Théorie du)", in *Oeuvres complètes*, t. 2. Paris: Seuil (texto publicado originalmente in *Encyclopaedia Universalis*).
BECK, Andrew, Peter BENNETT & Peter WALL (2004) – *Communication Studies: The Essential Resource*. Londres: Routledge.
BECK, Andrew, Peter BENNETT & Peter WALL (2005) – *AS Communication Studies: The Essential Introduction*. Londres: Routledge (2ª edição).
BEEBE, Stephen A., Susan J. BEEBE, Diana K. IVY & Shannon WATSON (2005) – *Communication: principles for a lifetime*. Toronto: Pearson.
BENNE, Kenneth & Paul SHEATS (1948) – "Functional roles of group members", *Journal of Social Issues* 4, p. 41-49.
BENNETT, Karen (2011) – *Academic Writing in Portugal. I: Discourses in Conflict*. Coimbra: Imprensa da Universidade.
BENVENISTE, Emile (1966) – *Problèmes de Linguistique Générale*. Paris: Gallimard. Tomo I.

BLOOMER, Aileen, Patrick GRIFFITHS & Andrew J. MERRISON (2006) – *Introducing Language in Use – a coursebook*. Londres: Routledge.
BOUGNOUX, Daniel (1998) – *Introduction aux sciences de la communication*. Paris: Editions La Découverte & Syrios.
BROWN, Penelope & Stephen C. LEVINSON (1987 [1978]) – *Politeness. Some universals in language use*. Cambridge: Cambridge University Press.
BÜHLER, Karl (1978 [1934]) – *Sprachtheorie – Die Darstellungsfunktion der Sprache*. Stuttgart: Gustav Fischer Verlag.
CAMERON, Deborah (2000) – *Good to Talk? Living and Working in a Communication Culture*. Londres: Sage Publications.
CAMERON, Deborah (2001) – *Working with Spoken Discourse*. Londres: Sage Publications.
CAMERON, Deborah (2003) – "Gender and Language Ideologies", in Janet Holmes & Miriam Meyerhoff (Eds.) *The Handbook of Language and Gender*, Oxford: Blackwell Publishing, p. 447-467.
CAMPBELL, John (1993) – *Técnicas de Expressão Oral*. Lisboa: Editorial Presença (tradução do inglês de Manuela Madureira).
CARLI, Linda L. (2006) – "Gender Issues in Workplace Groups – Effects of Gender and Communication Styles in Social Influence", in Mary Barret & Marilyn J. Davidson, *Gender and Communication at Work*. Aldershot & Burlington: Ashgate Publishing Company, p. 69-83.
CARSTON, Robyn (2002) – *Thoughts and Utterances. The Pragmatics of Explicit Communication*. Oxford: Blackwell Publishers Ltd.
CARVALHO, José Gonçalo Herculano de (1983) – *Teoria da Linguagem*. Coimbra: Coimbra Editora Ltd., vol. I.
CHERRY, Colin (1996 [1957]) – *On Human Communication: a Review, a Survey and a Criticism*. Cambridge MA: The MIT Press.
CHOMSKY, Noam (1965) – *Aspects of the Theory of Syntax*. Cambridge MA: The MIT Press.
CHOMSKY, Noam (1975) – *Reflections on language*. New York: Pantheon Books.
CHOMSKY, Noam (1996) – *O Conhecimento da Língua, Sua Natureza e Uso*. Lisboa: Caminho (coord. Inês Duarte, trad. do original inglês de 1986 por Anabela Gonçalves e Ana Teresa Alves).
CORBETT, Greville (1991) – *Gender*. Cambridge: Cambridge University Ptess.
CRYSTAL, David (2001) – *Language and the Internet*. Cambridge: Cambridge University Press.
DENNY, Richard (2006) – *Communicate to Win*. Londres: Kogan Page Ltd (2.ª edição).
DESCARTES, René (1978 [1637]) – *Discurso do Método*, seguido de *As Paixões da Alma*. Lisboa: Livraria Sá da Costa Editora (tradução, prefácio e notas de Newton de Macedo).
DIAMOND, Jarred (1998) – *Guns, Germs and Steel. A short story of everybody for the last 13,000 years*. Londres: Vintage.
DIMBLEBY, Richard e Graeme BURTON (2005 [1985]) – *More than Words. An introduction to communication*. Londres: Routledge, 3ª. edição.
DOHERTY-SNEDDON, Gwyneth (2003) – *Children unspoken language*. Londres: Jessica Kingsley Publishers.
DUCROT, Oswald (1980a) – "Analyses pragmatiques", *Communications* n.º 32, p. 11-60.
DUCROT, Oswald (1980b) – "Analyse de textes et linguistique de l'énonciation", in *Les Mots du Discours*. Paris: Minuit, p. 7-56.

DUCROT, Oswald (1984) – "Présupposés et sous-entendus", in *le Dire et le Dit*. Paris: Minuit, p. 13-31.
ECKERT, Penelope & Sally McCONNELL-GINET (2003) – *Language and Gender*. Cambridge: Cambridge University Press.
EKMAN, Paul (1999) – "Facial Expressions" in Dalgleish M. & T. Pauley (Eds.) *The Handbook of Cognition and Emotion*. Nova Iorque: John Wiley & Sons, p. 301 – 320.
ELLIS, Andrew & Geoffrey BEATTIE (1986) – *The Psychology of Language and Communication*. Londres: Heidenfeld and Nicholson.
ELLIS, Richard (2002) – *Communication Skills: Stepladders to Success for the Professional*. Bristol/ Portland OR: Intellect Books.
ERICSSON, Jon M., James M. MURPHY & Raymond B. ZEUSCHNER (2003 [1961]) – *The Debater's Guide*. Carbondale: Southern Illinois University Press.
FARIA, Isabel Hub *et alii* (1996) – *Introdução à Linguística Geral e Portuguesa*. Lisboa: Caminho.
FERIN, Isabel (2002) – *Comunicação e culturas do quotidiano*. s/l: Quimera.
FISKE, John (1990) – *Introduction to Communication Studies*. Londres: Routledge.
FREGE, Gottlob (1970 [1892]) – "On Sense and Reference", in Peter Geach & Max Black (Eds.). *Translations from the Philosophical Writings of Gottlob Frege*. Oxford: Basil Blackwell, p. 56 - 78.
FREIXO, Manuel João Vaz (2006) – *Teorias e Modelos de Comunicação*. Lisboa: Instituto Piaget.
GIBSON, Robert (2000) – *Intercultural Business Communication*. Oxford: Oxford University Press.
GIL, Francisco, Carlos-María Peiró & José-María Peiró (2005) – *Work Team effectivness in organizational contexts: research and applications in Spain and Portugal, Journal of Managerial Psychology*, vol. 20, 3/4.
GOFFMAN, Erving (1993 [1959]) – *A apresentação do eu na vida de todos os dias*. Lisboa: Relógio d'Água (trad. de Miguel Serras Pereira).
GOUDAILLIER, Jean-Pierre (2001) – *Comment tu tchatches! Dictionnaire du Français Contemporain des Cités*. Paris: Maisonneuve & Larosse (3ª. edição).
GREIMAS, A. J. & J. COURTÉS (1993) – *Sémiotique – Dictionnaire raisonné de la théorie du langage*. Paris: Hachette.
GRICE, Paul (1989 [1967]) – "Logic and Conversation", in *Studies in the Way of Words*. Cambridge MA: Harvard University Press, p. 22-40.
GUIRAUD, Pierre (1971) – *La Sémiologie*. Paris: P.U.F.
GÜNTHNER, Suzanne & Thomas LUCKMANN (2001) – "Asymmetries of Knowledge in Intercultural Communication – The relevance of cultural repertoires in communicative genres", in Aldo di Luzio (Ed.) *Culture in Communication: Analyses of intercultural situations*. Amsterdão/Philadelphia: John Benjamins Publishing Company, p. 55-85.
HALL, Edward T. (1994 [1959]) – *A linguagem silenciosa*. Lisboa: Relógio d'Agua (tradução do original *The silent language* de Manuela Paraíso).
HALL, Edward T. (1988 [1977]) – *Beyond Culture*. Nova Iorque: Doubleday.
HANDY, Charles (1999 [1976]) – *Understanding organizations*. Londres: Penguin.
HARTLEY, Peter (1997) – *Group Communication*. Londres: Routledge.
HARTLEY, Peter (1999) – *Interpersonal Communication*. Londres: Routledge (2ª. edição).
HASLAM, S. Alexander (2004) – *Psychology in Organizations: the Social Identity Approach*. Londres: Sage Publications Inc. (2.ª edição).

HAVELOCK, Erik A. (1982) – *The Literate Revolution in Greece and its Consequences*. Princeton NJ: Princeton University Press.
HAYES, John (1991) – *Interpersonal Skills: Goal-Directed Behaviour at Work*. Londres: Routledge.
HOFSTEDE, Geert (2001) – *Culture's Consequences: Comparing Values, Behaviours, Institutions and Organisations across Nations*. Thousand Oaks CA: Sage.
HOFSTEDE, Geert et alii (2010) – *Cultures and Organizations: software of the mind – Intercultural cooperation and its importance for survival*. Nova Iorque: Mc-Graw-Hill.
HOLMES, Janet & Maria STUBBE (2003) – " 'Feminine' Workplaces: Stereotype and Reality", in Janet Holmes & Miriam Meyerhoff (Eds.) *The Handbook of Language and Gender*, Oxford: Blackwell Publishing, p. 573-599.
HUBER, Robert (2005 [1964]) – *Influencing Through Argument*. Nova Iorque: The International Debate Education Association (ed. revista por Alfred C. Snider).
HUNTINGDON, Samuel P. (2001) – *O Choque das Civilizações e a Mudança na Ordem Mundial*. Lisboa: Gradiva (2ª. edição).
JACKENDOFF, Ray J. (2001) – *Foundations of language. Brain, Meaning, Grammar, Evolution*. Oxford: Oxford University Press.
JAKOBSON, Roman (1963) – *Essais de Linguistique Générale*. Paris. Editions de Minuit, vol. 1 "Les fondations du langage" (trad. do russo por Nicolas Ruwet).
JAMES, Williams (2002) – *Team Development for High Tech Projet Managers*. Boston/Londres: Artech House, Inc.
JANIS, Irving (1972) – *Victims of Groupthink*. Boston: Houghton Mifflin.
KEMPF, Daniella (2004) – *Argument and Audience*. International Debate Education Association.
KENNEDY, George A. (1999) – *Classical Rhetoric and its Christian and Secular Tradition from Ancient to Modern Times*. Chapel Hill/Londres: University of North Carolina Press.
KERBRAT-ORECCHIONI, Catherine (1981) – *L'énonciation. De la subjetivité dans le langage*. Paris: Librairie Armand Colin.
KERBRAT-ORECCHIONI, Catherine (1990) – *Les interactions verbales*. Paris: Librairie Armand Colin. Tomo I.
KOTTER, John P. (1996) – *Leading Change*. Boston: Harvard Business School Press.
KOVALYOVA, Natalia (2005) – "Presidential inaugural addresses – A study in a genre development", in Janne Skaffari (Ed.) *Opening Windows in Texts and Discourses of the Past*. Amsterdão: John Benjamins Publishing Company, p. 39-52.
LAKOFF, George & Mark JOHNSON (1980) – *Metaphors We Live By*. Chicago/Londres: The University of Chicago Press.
LANGACKER, Ronald W. (1987) – *Foundations of Cognitive Grammar*. Stanford: Stanford University Press. Vol. I "Theoretical Prerequisites".
LEHTONEN, Mikko (2000) – *Cultural Analysis of Texts*. Londres: Sage Publications.
LEVINSON, Stephen C. (1992 [1983]) – *Pragmatics*. Cambridge: Cambridge University Press.
LILLEKER, Darren (2006) – *Key Concepts in Political Communication*. Londres: Sage Publications.
LITTLEJOHN, Stephen W. (1982) – *Fundamentos Teóricos da Comunicação Humana*. Rio de Janeiro: Zahar Editores (tradução de Álvaro Cabral).
LOWNEY, Chris (2006) – *Liderança Heróica*. s/l: Editorial Verbo (tradução de Teresa Elói de Sousa).

LYONS, John (1992 [1968]) – *Introduction to Theoretical Linguistics*. Cambridge: Cambridge University Press.
LYONS, John (1977) – *Semantics*. Cambridge: Cambridge University Press, vol. I.
MADEIRA, Ana Carla & Maria Manuel ABREU (2004) – *Comunicar em Ciência – como redigir e apresentar trabalhos científicos*. Lisboa: Escolar Editora.
MANDOKI, Katya (2007) – *Everyday Aesthetics: Prosaics, the Play of Culture and Social Identities*. Hampshire: Ashgate Publishing Ltd.
MARTIN, Henri-Jean (1996 [1988]) – *Histoire et pouvoirs de l'écrit*. Paris: Albin Michel.
McELHINNY, Bonnie (2003) – "Gender in Sociolinguistic and Anthropology", in Janet Holmes & Miriam Meyerhoff (Eds.) *The Handbook of Language and Gender*, Oxford: Blackwell Publishing, p. 21-42.
McLUHAN, Marshall (2002 [1962]) – *The Gutenberg Galaxy: The Making of Typographic Man*. Toronto: Toronto University Press.
McQUAIL, Dennis (1975) – *Communication*. Londres & Nova Iorque: Longman.
MERCER, Neil (2000) – *Words and Minds – How we use language to think together*. Londres: Routledge.
METCALFE, Beverly D. (2006) – "Gender, Communication and International Business", in Mary BARRET & Marilyn J. Davidson, *Gender and Communication at Work*. Aldershot e Burlington: Ashgate Publishing Company, p. 95-110.
MORTENSEN, Christian D. (1994) – *Problematic Communication: The Construction of Invisible Walls*. Westport CT: Greenwood Publishing Group.
MOURA, José d'Almeida (2005) – *Gramática do Português Actual*. Lisboa: Lisboa Editora.
OGDEN, C.K. & I. A. RICHARDS (1969 [1923])-*The Meaning of Meaning*. Londres: Routledge & Kegan Paul.
O'GRADY, William (2005) – *How Children Learn Language*. Cambridge: Cambridge University Press.
PERELMAN, Chaïm (1993 [1977]) – *O Império Retórico*. Lisboa: Edições ASA (tradução do original francês de Fernando Trindade e Rui Alexandre Grácio).
PERELMAN, Chaïm & Lucie OLBRECHTS-TYTECA (1996 [1958]) – *Tratado da Argumentação – a Nova Retórica*. São Paulo: Editora Martins Fontes (tradução do original francês de Maria Ermantina Galvão G. Pereira).
PINKER, Stephen (2000) – *The Language Instinct. How the Mind Creates Language*. New York: Harper Collins.
PLANTIN, Christian (1990) – *Essais sur l'argumentation – introduction linguistique à l'étude de la parole argumentative*. Paris: Editions Kimé.
PLANTIN, Christian (1996) – *L'argumentation*. Paris: Seuil.
POYATOS, Fernando (2002) – *Nonverbal Communication across Disciplines*. Vol. 1 *Culture, sensory interaction, speech, conversation*. Amsterdão: John Benjamins Publishing Company.
RICE, John (2001) – *Creating Digital Content*. Nova Iorque: McGraw-Hill Professional.
ROBRIEUX, Jean-Jacques (2000) – *Rhétorique et argumentation*. Paris: Nathan.
ROSENFELD, Robert H. & David C. WILSON (1999) – *Managing Organizations – Text, Readings & Cases*. Londres: McGraw-Hill Publications.
SAUSSURE, Ferdinand de (1985 [1915]) – *Cours de Linguistique Générale*. Paris: Payot (edição crítica de Tullio de Mauro).

SCHIFFER, Michael (1999) – *Material Life of Human Beings: Artifacts, Behaviour and Communication*. Londres: Routledge.
SEARLE, John (1981 [1979]) – *Expression and Meaning*. Cambridge. Cambridge University Press.
SILVERTHORNE, Colin P. (2005) – *Organizational Psychology in a Cross-Cultural Perspective*. Nova Iorque: New York University Press.
SPERBER, Dan & Deirdre WILSON (1986) – *Relevance: Communication and Cognition*. Cambridge MA: Harvard University Press.
TALBOT, Mary (2003) – "Gender Stereotypes: Reproduction and Challenge", in Janet Holmes & Miriam Meyerhoff (Eds.) *The Handbook of Language and Gender*, Oxford: Blackwell Publishing, p. 468-486.
THOMAS, Linda *et alii* (2004) – *Language, Society and Power. An introduction*. Londres: Routledge.
THURLOW, Crispin, Laura LENGEL & Alice TOMIC (2004) – *Computer Mediated Communication: Social Interaction and the Internet*. Londres: Sage Publications Inc.
TOULMIN, Stephen (1994) – "Racionalidade e razoabilidade", in *Retórica e Comunicação* (Coord. e prefácio de M. M. Carrilho). Lisboa: Edições ASA, p. 19-30.
TRENHOLM, Sarah (2001) – *Thinking through Communication. An Introduction to the Study of Human Communication*. Boston: Allyn and Bacon.
TUCKMAN, Bruce W. (1965) – "Developmental sequences in small groups", *Psychological Bulletin* 63, p. 384-399.
TUCKMAN, Bruce W. & M. A. JENSEN (1977) – "Stages in small group development revisited", *Group and Organizational Studies* 2, p. 419-427.
Van KNIPPENBERG, Daan & Barbara van KNIPPENBERG (2004) – "Leadership, Identity and Influence: Relational Concerns in the Use of Tactics", in D. van Knippenberg & Michael A. Hogg (Eds.) *Leadership and Power: Identity Processes in Groups and Organizations*. Londres: Sage Publications, p. 123-137.
WATZLAWICK, Paul, Janet BEAVIN & Don JACKSON (1976) – *Pragmatics of communication: a study of interactional patterns, pathologies and paradoxes*. Nova Iorque: Norton.
WEBER, Sandra & Claudia MITCHELL (2008) – "Imagining, Keyboarding and Posting Identities: Young People and New Media Technologies", in *Youth, Identity and Digital Media*, David Buckingham (Ed.). Cambridge MA: The MIT Press (disponível no site "The John D. and Catherine T. MacArthur Foundation series on Digital Media and Learning", doi: 10.1162/dmal. 9780262524834.025, acedido a 29 de Maio de 2008).
WESTON, Anthony (2005) – *A arte de* argumentar. Lisboa: Gradiva (tradução de Desidério Murcho).
WILLIAMS, Raymond (1962) – *Communications*. Hardmondsworth: Penguin.
WILMOT, William (1987) – *Dyadic communication*. Nova Iorque: Random House (3ª. edição).
WOLTON, Dominique (2006) – *É preciso salvar a comunicação*. Lisboa: Caleidoscópio (trad. de Isabel Gomes Magalhães).
YULE, Georges (2001 [1985]) – *The study of language*. Cambridge: Cambridge University Press.